1905年

歷史的轉換期 X

革命的浪潮與團結的夢想

1905年
革命のうねりと連帯の夢

Turning Points
in World History

小松久男
KOMATSU HISAO
｜編｜
八尾師誠、長繩宣博、山根聰、藤波伸嘉——著
蔡蕙光——譯

出版緣起

在空間的互動中解讀歷史，在歷史的纏繞中認識世界

中央研究院近代史研究所助研究員、「歷史的轉換期」系列顧問　陳建守

歷史是什麼？來自過去的聲音？人類經驗的傳承？還是帝王將相的生命史？個人有記憶，所以人類也有集體記憶。表面上這些記憶是由事件及人物所組成，更往下分疏縷析，則風俗、習慣、語言、種族、性別等，無不在背後扮演重要的角色。而由這些基點延展開來的歷史研究，則有社會史、文化史、宗教史、性別史、思想史等不一而足的研究取徑。正因為人類無法忘卻過去的一鱗半爪，我們才有了「歷史」(history)。

上個世紀六〇年代英國著名史家卡爾（E. H. Carr）推出的《何謂歷史？》(*What is History?*) 迄今剛好屆滿一甲子。卡爾當年「何謂歷史？」的鏗鏘命題，不僅是歷史學者在其漫長的從業生涯中無法迴避的提問與質疑，直至今日，我們仍與之不斷地進行對話。然而六十年過去了，我們現在對「何謂歷史？」這個問題提出的解答，與卡爾提供的答案已經有很大的不同，唯一相同的是「歷史是過去與現在永無止盡的對話」。雖然隨著討論的課題與人們討論方式的改易，對話的本質可能已

經改變，但這樣的對話至今仍不斷地在進行。

與卡爾當年身處的情境不同，現今歷史學研究的興趣從探究因果關係轉向對意義的追尋，由解釋轉向理解。近年來更出現兩項重大的轉向：第一，在過去十年，以全球史為名的出版品有逐漸增加的趨勢，相關研究書文不斷地出現在各大期刊的篇目當中。基於全球史取徑的興起，觀看歷史的視角也從歷時性轉為空間的共時性（from time to space/ place）。第二，大眾史學的出現，歷史做為大眾文化與市民生活的元素，與民眾日常切身相關的歷史研究蔚為風潮，也培養出一群重視在地連結與歷史感的閱讀大眾。

全球史取徑的意義在於打破單一的國族和語言，展現跨地區的相遇（encounter）和連結，同時也直接挑戰了預設地理疆界的「方法論國族主義」。將研究對象置於全球視野之下，一方面可以解構所謂的「歐洲中心化」概念，另一方面則可以指出一個歷史交纏打造的世界。全球視野下的歷史研究跳脫了歐洲中心普世論與國族主義特殊論的二元對立，將視角置於區域發展的自身脈絡以及整體歷史變遷上。至於大眾史學，強調的則是「歷史感」的課題，意圖帶領讀者感受歷史影響我們生活的諸般方式；透過瞭解與參與歷史，我們終將更加了解自己與身處的世界。

呈現在讀者眼前的這套「歷史的轉換期」叢書，就是從這兩大面向切入，編輯而成的套書。整套叢書共計十一冊，是臺灣商務印書館繼二〇一七年推出「中國．歷史的長河」系列套書後的又一鉅作，目的是提供臺灣讀者不同觀點的世界史。其中挑選我們熟知歷史大敘事中的關鍵年分，將之視為探索的起點，卻不囿於時空的限制，而是以一種跨地域的比較視野，進行橫切式的歷史敘事。

過往的世界史往往是各國按照年代時間序列組合而成的宏大敘事，全球史的敘事則是要將時空的框架重組，既有縱向的時代變遷，又有橫向的全球聯繫。這正與當前一〇八歷史課綱所提出的理念不謀而合，亦即注重空間（區域）的歷史思考，非常適合做為第一線中學教師補充一〇八歷史課綱的知識點。特別值得一提的是，這套叢書採取與日本同步的翻譯速度，希望能夠在最短的時間內，將最新的研究成果推送到臺灣讀者手中。

歷史學的地貌會改變，新的歷史斷層地圖也會隨之產生。讀者可以發現，專業歷史知識生產已然轉變，大一統的歷史書寫文化業已瓦解。「歷史是過去與現在永無止盡的對話」，自從卡爾為歷史下此定義之後，過去與現在之間彷若有了一條光亮的通道。而這套「歷史的轉換期」叢書，正是另一道引人思索的靈光乍現。

內文左方註釋為譯者或編者註，特此說明。

導讀

一九〇五年立憲浪潮：日俄戰爭後的蝴蝶效應

輔仁大學歷史系副教授　陳立樵

歐亞大陸之串連

絕對沒有人想到，一九〇五年前後，歐亞大陸會有一連串一致的變動，即憲法制訂的浪潮。起因是十九世紀末以來日本與俄國在東北亞的勢力爭奪，到了二十世紀初期釀成了戰爭，最後是日本擊敗了俄國。

戰爭結果令人訝異，畢竟是在那時期看起來比較屈居弱勢的亞洲國家，打敗了相對強勢的歐洲國家。這免不了讓人思考為什麼會這樣，最有可能的原因，就是日本在明治維新之後，於一八九一年制訂了符合日本國情的西式憲法，誕生了以天皇為中心掌握政黨與國會的憲政日本。於是，這成了俄國在一九〇五年制訂憲法的起因之一。

同一時期，伊朗與中國也受日俄戰爭結果的影響，紛紛出現了立憲運動，一九〇八年鄂圖曼帝國一樣如此。伊朗的立憲運動，在中國報刊，例如《申報》、《大公報》都有若干報導。這也代表當下各地在制訂憲法之際，也在觀察周邊的發展。本書並沒有寫到中國，但提供了讀者有關孟加拉、克里特、希臘的情形，例如在日本擊敗俄國的情勢下，讓原本就在抵抗英國殖民的印度、在鄂圖曼帝國與希臘影響之下的克里特，提高了追尋自主的動力。

因此，一九〇五年成了世界歷史（至少是北半球歷史）中相當重要的年代，即使各地制訂憲法的過程與結果不同，卻是日俄戰爭之後對歐亞大陸造成的一場蝴蝶效應。

立憲浪潮的反思

由於近代歐洲勢力對於非歐洲地區影響頗大，促使不少非歐洲的有志之士，想藉由歐化或西化的方式進行改革，讓自己能夠與歐洲勢力抗衡。制訂憲法是個可以讓國家改變的選項，當然這都是醞釀許久的運動，只是在日俄戰爭之後，更促使了立憲主義者達到目的。

然而，變革之後究竟國家會變成什麼樣子，沒有人會知道。不代表有了憲法、國會，一切就立即切換到新的體制且沒有爭議地進行下去。即使立憲成為重要的趨勢，但仍是有所謂保皇派、以及其他不同立場的勢力存在。例如伊朗的憲法雖在一九〇六年年底由國王批准，但國內還是有對憲法持不同立場的競爭勢力，導致了一九〇九年內戰。而且，不少國會議員不瞭解議會進行程序，甚至有人不出席會議。儘管是有關伊朗立憲運動中的問題，但肯定在俄國、鄂圖曼帝國、中國都會有類似的案例。

再以鄂圖曼帝國為例子，一八七六年的時候雖已經過政局動盪而有了一套西式憲法，但在一八七七年到一八七八年對俄國的戰爭落敗，顯示新式政體仍然沒有辦法為帝國帶來勝利，也就代表有沒有憲法與國家是否強盛沒有直接關係，不能劃上等號，鄂圖曼君主遂停止憲法運作。但是，在一九〇五年中國、伊朗、俄國都有立憲運動之後，鄂圖曼帝國也受到影響，於一九〇八年讓憲法重現，只是一九〇九年仍然有反對憲政政府之事。

而且，就算是歐洲國家，也是得經歷過諸多動盪才能逐漸讓新的政治體制穩定下來。例如法國雖是十八世紀末歐洲最早走上共和路線的國家，但往後卻有第一共和、第一帝國、第二共和、第二帝國、第三共和等來回反覆的過程，直到一八七〇年之後才大致穩定成為共和制國家。同一時期若要其他地區的立憲運動都一次到位的話，似乎是要求過多了。即使憲政體制能讓國家更好，肯定都需要相當多次的奮鬥與經驗學習。

再者，人們要瞭解的是，立憲或者反對立憲者都不見得有崇高理想，憲法可能都是用來打擊政治敵手的工具而已。畢竟憲法是歐洲的產物，連歐洲人都不見得有特定作法了，移植到非西方地區肯定會呈現不同的面貌，執行的結果也會不同。制訂憲法並不代表就是正確的政治路線，持不同意見或者反對意見者也不代表會阻礙國家發展，在任何情況之下，國家朝野對於政策的施行都會有相當複雜的反應。

立憲穆斯林英雄的傳記

本書除了上述的大面向的歷史描述，諸多篇幅有如是立憲英雄的傳記。例如伊朗的遊俠薩塔爾汗、俄羅斯的穆夫提穆罕默德賈爾蘇丹諾夫、印度律師伊克巴勒、希臘總理韋尼澤洛斯。在大時代變化的背景之下，透過個別人物的視角，而且是對於當下發展情況有付出與貢獻的人物視角，也可讓讀者看到這些事情之中比較深層的面向。

除了韋尼澤洛斯之外，其他英雄都是以穆斯林為主。這也是本書特別之處，著重在這樣的時代變革之下，穆斯林有些什麼樣的回應。或許主編小松久男是中亞研究的專業學者，本書四章作者也都有伊斯蘭世界歷史研究的專業，故關注的焦點就有別於其他著作。這是本書所帶來的驚喜，也可讓讀者有跳脫既有觀念的機會。一九〇五年不僅是歐亞世界制訂憲法的重點時刻，也是穆斯林對於政治、社會、律法都感受到重大變化的時期，可作為伊斯蘭或穆斯林歷史裡值得書寫的部分。

本書結合伊朗、鄂圖曼帝國、孟加拉、克里特、希臘、高加索，呈現一九〇五年立憲浪潮的前後時期，一場歐亞與穆斯林世界的盛會，也是在一九一四年世界大戰爆發之前，歐亞大陸處在同一發展趨勢的關鍵年分，值得讀者一同來探索。

寫在前頭

今日，諸如「全球史」等從廣闊視野出發、多面向思考世界歷史的史學日益盛行，我們希望能夠立足於最新的學術知識，針對各個時期的「世界」，提供一種新的剖析方式——本叢書就是依循這樣的思維而開展的企畫。我們列舉了堪稱世界歷史重大轉換期的年代，探討該年代各地區的人們過著怎樣的生活、又是如何感受著社會的變遷，將重點放在世界史的共時性來思考這些問題。此即本叢書的核心主旨。

從全球視野來嘗試描繪世界史的樣貌，在今天已經不是什麼稀奇的事，可以說本叢書也是歷史學界在這方面集結努力的其中一環。既然如此，那在這當中，本叢書的目標及特色又是什麼呢？在這篇〈寫在前頭〉中，我們將從幾個面向來試著敘述。

首先要討論的是「轉換期」*一詞代表的意義。若從現在這個時間點回顧過去，每一個時期在「轉換」上的方向性，看起來都會是十分明確的；雖然因為地區不同，而有或早或晚的時間差異及個別的特色，但歷史應該還是會往一定的方向發展吧……？然而，這樣的看法卻很容易讓後來時代的人們在回顧歷史時，陷入認知上的陷阱。對於熟知後來歷史動向的我們而言，歷史的軌跡自然是「只會朝這個方向前進」；既然如此，那如果「不從今天來回顧當時的社會」，而是嘗試「站在當

＊ 配合各冊敘述需要，會斟酌譯成轉換期、轉捩點、轉換關鍵等詞。

時社會的立場來看未來」，情況又會變得如何呢？今天的我們，若是論起預測數十年後或數百年後的世界，應該沒什麼人有自信吧！這點對過去的人們來說，也是一樣的。綜觀當時世界各地人們的生活便會發現，儘管他（她）們深切感受到「世界正在經歷重大變化」，卻又無法預測這股推著自己前進的潮流將通往何處，因此只能在不安與希望當中，做出每一天的選擇。將這種各地區人們的具體經驗相互積累、結合後，歷史上的各個「轉換期」，便會在我們面前呈現出一副比起從今日視點出發、整齊劃一的歷史更加複雜，也更加活潑生動的姿態。

第二是世界史的「共時性」。本叢書的每一冊，都以一個特定的西元年分做為標題。對於這種作法，讀者理所當然會湧現疑問：儘管在這一年的前後數十年甚至數百年間，世界各地呈現了巨大變化，某種程度上也可看出一定的關聯性，但這樣的轉變會是在特定的某一年一口氣突然爆發出來的嗎？就算有好幾個地區同時產生了重大變革，其他地區也不見得就有變革吧？特別是，姑且不論日益全球化的十九、二十世紀，針對古代和中世紀世界史的「共時性」（synchronicity）進行推論，真的有意義嗎？當然，本叢書的編者與作者並不是要強硬主張所謂「嚴密的共時性」，也不是要對每一冊各章的對象僅就該特定年分的狀況加以論述。不僅如此，諸如世界史上的「交流」與「衝突」這類跨地域的變遷，以及在這之中肩負起重要任務的那些人，我們也不特別著墨；畢竟至少在十八世紀以前，絕大多數的人們對於自己生活的地區與國家之外發生了什麼事，幾乎是一無所知。而本叢書的許多章節裡，就是以這樣的普通人為主角。儘管如此，聚焦在特定年分、以此眺望世界各地狀況的作法，仍有其一定的意義——它開創了某種可能性，也就是不以零星四散的方式，而是透過宏觀的視野，針對當時各地區人們直接面對的問題，及其對應方式的多樣性與共通性進行分析。像是大範圍的氣候變遷與疫病，各個地區在同一時期，也可能直接面對「同樣的」問題。不只如此，也有像資訊與技術的傳播、商品的流動等，有著時間差而對世界各地產生影響的現象存在。然而，儘管問題十分類似，各地區的對應方式卻不相同；甚至也有因某些地區的對應，導致相鄰地區做出截然不同的對應態度。此外，面對類似的狀況，某些地區的既有體系因此產生了重大的動搖，但其他地區卻幾乎不受影響，這樣的情形也是存在的。當我們看到這種迥異的應對方式，從而思考為何會這樣的時候，便會對各個社會的特質產生更深一層的理解。儘管將生活在遙遠分離的地區、彼此互不相識的人們稱為「同時代人」，似乎不是件普通的事，但他（她）們確實是生活在同一時間、同一個「當代」(contemporary)的人們；我們所做的，就是讓讀者試著感受箇中的醍醐味。

第三個問題是，「世界史」究竟是什麼？今日，打著「全球史」名號的著作多不勝數；儘管它們都有著超越「國史」框架的共通點，採用的方法卻林林總總、不一而足。有的將氣候變遷、環境與疫病等自然科學方法納入研究取徑，來處理大範圍的歷史；有的利用比較史或系統論方法，將重點放在亞洲，對歐洲中心主義進行批判；此外，還有運用多語言史料的海域交流史，這種有時也被叫做「全球史」。雖然本叢書秉持「世界史的視野」，卻未必會使用「全球史」一詞，而是讓各位作者按照自己的方法執筆，在選擇探討對象上也抱持著開放態度。雖然稱為世界史，但本叢書並未採取將某個年代的世界分成好幾塊、然後對各塊分別撰寫概述的作法，而是在狹窄的範圍內，盡可能提供鮮明生動的實例。因此在每一冊中，我們並不見得徹底網羅了那個年代的「世界」樣貌。乍看之下，這樣的做法或許會讓人覺得是好幾個零星主題胡亂湊在一起，然而，我們也請作者在執筆時不將各冊各章的對象框限在一國或一地區之中，而是以面向世界的開放脈絡來處理它們。「世界」並不是像馬賽克一般集結拼湊，而是像漣漪一般，以具體事例為中心，不斷往外擴散又彼此重合；描繪出這些漣漪彼此碰撞接觸的軌跡，就是本叢書的特色。「世界史」並不是一大堆國別史綁在一起的集合物，也不是事先就預設出一個所謂「世界」這樣的單一框架；相反地，我們認為它是紮根於各個地區的觀點彼此碰撞、對話，而展現出的活潑鮮明姿態。

透過以上三點，我們簡略陳述了本叢書的概念。歷史的宏觀脈動，是上至大政治家和學者，下至庶民，由各個階層的人們共同摸索與選擇所形成的。本叢書的視野雖是全球性的，但並非從超越個別眾人經驗的制高點來鳥瞰世界史的全貌，而是試著從廣泛的、同時代的視野，去比較、檢討那些跟今天的我們一樣，面對不可預測的未來不斷做出選擇的各時代人們的思考和行動方式，從而以這樣的視角，對世界史上的「轉換期」加以重新思考，這就是我們關心的所在。透過這種嘗試，本叢書希望能將歷史發展中宏觀、微觀視角的交錯，以及橫向、縱向伸展的有趣之處，介紹給各位讀者。

本叢書的各冊構成如下：

第1冊　前二二〇年　帝國與世界史的誕生
第2冊　三七八年　崩解的古代帝國秩序
第3冊　七五〇年　普遍世界的鼎立
第4冊　一一八七年　巨大信仰圈的出現
第5冊　一三四八年　氣候不順與生存危機
第6冊　一五七一年　白銀大流通與國家整合
第7冊　一六八三年　近世世界的變貌
第8冊　一七八九年　追求自由的時代
第9冊　一八六一年　改革與試煉的時代
第10冊　一九〇五年　革命的浪潮與團結的夢想
第11冊　一九一九年　邁向現代的摸索

各冊除了每一章的主要敘述外，還收錄了簡短的補充說明「專欄」，開頭也編入概觀全書樣貌的「總論」。除此之外，扉頁設有地圖，書末附有參考文獻，希望能對各位讀者有所幫助。

「歷史的轉換期」叢書監修　木村靖二・岸本美緒・小松久男

目次

專欄

歷史的
轉換期

(10)

1905年

革命的浪潮與團結的夢想
革命のうねりと連帯の夢

Turning Points in World History

總論　革命的浪潮與團結的夢想

小松久男

來自維也納的眺望

一九〇五年之後，歐亞大陸處於革命與動亂的浪潮中。經歷過這段時期的人們如何看待這時代？有一位流亡的革命家曾如此寫道：

> 俄國革命的回音響徹雲霄，超越國境直至遠處。在西歐，帶動了無產階級運動的激化；在亞洲，促成了各國國民在政治上的覺醒，與高加索比鄰的波斯受高加索各樣事件的直接影響，觸發了革命運動，不見盡頭的狀態已持續超過兩年。無論是中國或印度，所到之處，人民大眾均站起來對抗自己國家的獨裁者以及來自歐洲的掠奪者（資本家、宣教士等），因為掠奪者不僅壓榨歐洲的無產階級，更使得亞洲各國民不聊生。俄國革命最新造成的影響，是今年（一九〇八年）夏季發生的土耳其革命。
>
> ——列夫·托洛斯基（Leon Trotsky），《巴爾幹戰爭》（*The Balkan Wars*）

這段話是托洛斯基（一八七九～一九〇四年）在一九〇八年末所寫下。他於日俄戰爭失利之際的一九〇五年革命期間極為活躍，那時他是聖彼得堡蘇維埃*的幹部。沙皇希望延續體制，因而頒布《十月詔書》，承諾了言論、集會、結社等公民自由與成立國會（Duma，杜馬）。然而托洛斯基並不滿足於此，他因進一步號召革命而遭當局逮捕，但在前往流放地西伯利亞的途中脫逃，最終顛沛流離來到了維也納。上面那段文字是他眼中一九〇五年革命後的世界局勢。

談到亞洲，所謂「波斯」的革命運動，是指始於一九〇五年的伊朗立憲革命。誠如上述文字所指出，這場革命與俄屬亞塞拜然（Azerbaijan）的革命運動有連動關係。這裡有當時世界最大的油田巴庫（Baku）在內的工業城市所催生出的勞工運動，和以混雜的多民族社會為背景所醞釀的民族運動，再加上君主制的搧風點火，彼此複雜糾結，遂成了名副其實的革命核心地區。在來自伊朗的眾多跨國工人及革命家推動下，革命的風氣、手段和組織方式傳播到以大不里士（Tabriz）為中心的伊朗屬亞塞拜然，伊朗的革命家亦在高加索一帶尋找庇護處。†關於伊朗立憲革命，將於第一章詳細說明。中國的變動指的是孫文等人的革命與立憲運動，而印度方面則是指反對印度總督寇松（Lord Curzon）的孟加拉分治（Partition of Bengal (1905)）而發起的印度人運動。此外，最新的土耳其革命則是指青年土耳其黨人革命，旨在恢復蘇丹阿卜杜勒哈米德二世（Sultan Abdulhamid II）專制統治下遭凍結的憲法和議會。托洛斯基親身經歷了這一段革命與動亂的浪潮。他在同年四月所寫的文章〈源遠流長之吾等祖國〉，表述得更為鮮明：

> 我鍾愛源遠流長之吾等祖國——身處二十世紀的狂風暴雨，她盡承生之雨露，體內蘊藏了無限可能。普天之下莫非吾土。與此相比，先前幾世紀的國祚猶如委於歷史之外、沙漠中微小的一彎綠洲。（中略）十八世紀，不，甚至十九世紀亦如此，對世界史簡直一無所知。直至吾輩身處的此刻，恐怕才正站在入口處。
>
> 德黑蘭已不再昏睡，將無所畏懼地挺身反抗。高舉西歐憲法之旗，封鎖東方市場，組織街頭遊行隊伍，抗爭，要勝過議會。議會震耳欲聾的嘈雜聲響，正逐漸掩蓋珍珠之泉的潺潺水聲。德黑蘭已不再昏睡！
>
> ——托洛斯基，《文學與革命》（*Literature and Revolution*）

雖然這段文字洋溢著文學矯造之氣，但仍反映出伊朗立憲革命的現實情況。身處德黑蘭的同時代觀察者、英國籍伊朗學者愛德華・布朗（Edward Granville Browne）指出，由於卡札爾（Qajar）王

---

* 全名為彼得堡工人代表蘇維埃（Petersburg Soviet of Workers' Delegates），成立於一九〇五年，是世界上最早的蘇維埃議會之一。蘇維埃一詞源於俄文，意為「會議」，後指由工人和農民組成的革命鬥爭組織。

† 此時的亞塞拜然大致以阿拉斯河（Aras River）為界，以北為俄羅斯屬地（今日的亞塞拜然共和國），以南則為伊朗屬地（今日伊朗的亞塞拜然省）。

朝的專制和失敗，不滿的聲浪日益高漲，目擊一切的他寫下了這段話：

> 俄國革命為這裡帶來了驚天動地的影響。人們高度關心俄羅斯的事件，彷彿為一種新的精神所擄。人們厭倦自己的統治者，紛紛以俄羅斯為榜樣，認為可以擁有更好的別種統治方式。不滿情緒在一九〇五年十二月達到高峰，烏理瑪（ulama，學者）都離開城市了；他們抗議政府的方式，是前往「聖陵」阿卜杜勒·阿齊姆沙阿（Shah Abdol Azim）進行「庇護」（bast，聖地避難）。六週後，他們得到開設「馬吉里」（Majlis，意指正義的議會）*的承諾，始接受說服，走上歸途。

於此同時，德黑蘭市集的罷工抗議方興未艾。在這場德黑蘭騷動後，相較於「在廣大亞洲大陸面前崛起的資本主義先驅」、藉日俄戰爭「給雅利安人嚴厲教訓」的日本，托洛斯基更關注的是使「看似永遠枯竭的歷史活力」復甦的印度人，與「抵抗滿人高壓王朝，共和制運動正在成長」的中國所具有的巨大能量。展望未來，「歷史發展的重心也許會轉移到亞洲」，他說道「亞洲正從『衰老』走向新的青春；富裕卻日漸衰老的歐洲，未來恐怕將變成只是銀行辦公室」。饒富趣味的是，他認為二十世紀初是世界史的實質起點，發展的動力就在亞洲。寫下這些文字後，托洛斯基便以烏克蘭左翼報紙特派員的身分，投入慘烈的巴爾幹戰爭。

一位布哈拉人的「日記」

約莫此時，帝俄保護國布哈拉酋長國首都布哈拉（Bukhara）的伊斯蘭法法官薩德里．濟亞（Muhammad Sharif-i Sadr-i *Ziya*，一八六七～一九三二年）以「日記」為題寫了一本自傳。布哈拉地理位置絕佳，不僅俄羅斯，更可俯瞰伊斯蘭世界，也就是鄂圖曼帝國、伊朗、阿富汗及印度等地。他的日記生動呈現了從布哈拉一隅所窺見的時代局勢。在一九〇五年，他最關注的是日俄戰爭的爆發、戰況以及日本對俄羅斯的優勢。舉例來說，義和團事件之後俄羅斯仍未從滿洲撤軍，日本再三提出抗議卻未獲回應，雙方最終開戰。在這裡，他以「天皇」的角度如此寫道：「屆時若無回應，吾將拾起棍棒挺身而出，讓此處成為阿夫拉西亞伯（Afrasiab）戰場。」他借用了波斯文學經典《列王紀》（*Shahnameh*）中，英雄魯斯塔姆（Rostam）與敵方戰士阿夫拉西亞伯的戰役場景。此外，他詳述了黑木〔為楨〕大將及奧〔保鞏〕大將率領的日軍攻勢、乃木〔希典〕占領旅順和施特塞爾（Stessel）中將投降的戰鬥過程。最後，對於繞了一大圈終於抵達朝鮮海域馳援的俄羅斯波羅的海艦隊，他如此敘述：

> 東鄉〔平八郎〕的攻擊像從埋伏中一躍而出的獅子，海水成了絕望的土塵，傾倒在士兵身上。俄羅斯的戰艦、魚雷艇、運輸船、驅逐艦算起來共有一〇五艘。羅傑斯特文斯基（Zinovy

* 這裡的 Majlis，即是之後於一九〇六年成立的國家級立法機關，伊朗國會（Islamic Consultative Assembly）。

Petrovich Rozhestvensky）司令官和幕僚乘坐的旗艦盡遭摧毀，全都成了俘虜。

在敘述完後續《樸資茅斯條約》的簽訂，薩德里．濟亞也花了些篇幅記錄明治天皇的駕崩，以及乃木將軍夫婦為天皇殉死的舉動。他的消息來源是喀布爾的波斯文報紙《消息之燈》及加爾各答的《堅固羈絆》。他引用這些報導，並從日本天皇已讓國民準備就緒的角度出發，描述了頒布憲法、舉辦議員選舉及設置議會和貴族院等措施，給予明治日本的君主立憲制高度評價。他亦寫了天皇歌頌詩，而做為對比的是「俄羅斯帝國衰退因素」之詩，大意如下：彼得大帝死後，公正的基礎被專制所取代、臣民的安寧遭破壞、猶太人和亞美尼亞人遭迫害、穆斯林亦被逼迫強制改宗。與全民為敵的俄羅斯，讓神賜下憤怒之劍，公正與慈悲的造物主在日本興起了尊貴血統的天皇。三十歲的雄壯日本打倒了高齡三百的國家。另一方面，他指出戰時的體制缺陷，使得戰爭大臣庫羅帕特金（Aleksey Kuropatkin）指揮下的俄軍未能得到充足的軍需物資；然而與日俄戰爭互為表裡的一九○五年革命，他則未做詳述。對馬海峽海戰敗北後，他的記述僅停在「俄軍司令官與將領已不再指望得勝，俄羅斯民眾明顯察覺到國內社會開始出現失序及叛亂」。

此外，雖然沒有如同描述日俄戰爭那樣詳細，但日記亦傳達了他對伊朗局勢的觀察。與其將伊朗是「世界上最古老國家之一」視為衰退的主因，他將重點訴諸於納賽爾丁（Naser al-Din Shah Qajar，一八八四～一八九六年在位）之後歷代國王的失政。與他們互為對比的是阿富汗的阿布杜爾．拉赫曼汗（Abdur Rahman Khan，一八八○～一九○一年在位），這位君王不僅為該國帶來統一與安定，還能夠承受抵擋英俄兩大國的干涉，因而得到了高度評價。另一方面，薩德里．濟亞對本書第一章的主人公薩塔爾汗（Sattar Khan）的描述卻是毫不留情面。他寫道，在亞塞拜然「長達兩年，敲響了獨立的大鼓，震耳欲聾，把地方搞得一團亂」。與其說薩德里．濟亞著眼於伊朗立憲革命，不如說他更關注英俄兩國的行動與作為：

在這暴動的漩渦中，俄羅斯入侵大不里士；另一方面，英國占領了伊朗南部。一方是張牙舞爪的英國獅，另一方是張開無饜大口埋伏的俄羅斯熊，伊朗兔在這兩者中間生不如死。（中略）獨裁的俄羅斯更加重了迫害，用血染紅了大不里士和拉什特（Rasht），使地荒蕪，吊死仕紳，〔馬什哈德的〕哈茲拉．伊瑪目．禮薩（Hazrat-e Imam Reza，意為神啊稱許他）聖陵遭砲擊摧毀。（中略）英國獅介入了俄羅斯熊的作為，且加以制止，一帶回營地，半死的伊朗兔即從爪中獲釋。

這段洋溢著薩德里．濟亞風格的摘要，記錄著在立憲革命的混亂中，俄羅斯軍隊如何蹂躪伊朗北部，最終兩國根據一九〇七年《英俄協約》在伊朗劃定勢力範圍的來龍去脈。

另外，他也留意到鄂圖曼帝國的動靜，並加以否定青年土耳其黨人革命。一九〇八年發生的事件裡，其中之一是「持續了七〇〇年的鄂圖曼專制國家變成了君主立憲制」。關於發生在「哈里發國首都」的革命，他這樣寫道：

一位熟知來龍去脈，曾閱讀鄂圖曼革命相關書籍的認真讀者，知道一群土耳其人以要求自由和立憲制為藉口，背叛了賢明的蘇丹阿卜杜勒哈米德汗（Sultan Abdulhamid Khan）。他們策劃陰謀，只想以自己的主張與準則來煽動人群，一面聚眾，一面伺機而動。土耳其因接連不斷的戰爭精疲力盡，無數的敵人從四面八方來襲，包圍了伊斯蘭的中心，正是此刻他們抬頭了……。

「一群混混」，也就是青年土耳其人背叛了蘇丹，由「名為雷夏德的無知者」* 取而代之。因為這起革命，曾經集各國羨慕於一身、伊斯蘭教中樞的強國消逝了，這是薩德里．濟亞的認知。他沒有感受到那股民眾擁戴立憲制君王的共鳴，他所感受到的，毋寧是伊斯蘭世界的脊樑已然崩塌、從中而生的失落感。

觀察一九〇五年後革命與動亂的薩德里．濟亞，我們可由接下來這段匯整過的章節，看出他的感慨：

對阿富汗的君王及伊斯蘭世界其他蘇丹來說，一般而言歐洲列強守法且公正，而且高度文明化，然而這場劍指西方的黎波里的戰爭（意指義土戰爭）卻無視正義，暴力而慘絕人寰，令人無法容忍。這些專橫者或祕密或公開犯下的野蠻行為，實在罄竹難書。這些文明人在克里特、塞普勒斯、大不里士和馬什哈德等伊斯蘭各地肆無忌憚地屠殺掠奪，文明大國的殘酷行徑完全喚醒了伊斯蘭世界，在穆斯林之間產生共鳴，並激起彼此互相認識的冀望。

這段話反映出同時期穆斯林知識分子所共有的時代氛圍。

伊斯蘭世界與日本

薩德里・濟亞是布哈拉首屈一指的飽學之士，儘管知曉諸如新式學校等改革運動手段，但他未曾發展並陳述自己的政治主張，更不用說策劃政治和社會運動。然而在一九〇五年，有位男子毅然決然地以他所提到的「伊斯蘭世界覺醒」為己任。在他的主要論著《伊斯蘭世界》序言中有以下的敘述：

> 很早以前，我就夢想長途旅行，但總因怠惰和各種阻礙而錯過時機。距今五、六年前，我下定了決心，但當時在俄羅斯發生（一九〇五年）的革命引發了民族間極大的衝突以及各地的覺醒運動，我們的穆斯林同胞亦捲入了洪流。我在思考（因君主制的動盪而）擺在眼前的民族未來之同時，考量到保護俄羅斯穆斯林的公民權和宗教相關權利才是神聖的使命，一度決定的旅行只能暫時延期了。

＊ 意指繼任的蘇丹穆罕默德五世（Mehmed V Reshad）。

這位男子是阿卜杜勒希德．易卜拉欣（Abdurreshid Ibrahim，一八五七～一九四四年），他將在第二章登場，是一位致力於俄羅斯穆斯林政治運動的活動分子。他出生於西伯利亞托波爾斯克（Tobolsk），之後留學麥地那（Medina）學習伊斯蘭教各種學問，曾擔任統管俄羅斯穆斯林的穆斯林宗務局法官，但他不滿該單位僅是俄羅斯政府的「御用機構」，便辭去公職。在賈邁勒丁．阿富汗尼（Jamal al-Din al-Afghani，一八三九～一八九七年）等先進的影響下，易卜拉欣體認到伊斯蘭世界的普遍危機與改革的必要，便以記者身分走訪各地，批判俄羅斯的穆斯林政策，因而成名。這段期間，據說他在歐洲接觸了俄羅斯的社會主義者，以及日俄戰爭期間對俄工作而聞名的明石元二郎等人。一九〇四年，他於派駐地伊斯坦堡遭俄羅斯政府強制遣返，收監於敖德薩（Odessa）。從俄羅斯政府的角度來看，他是跨越國界、煽動穆斯林覺醒和統一的「危險泛伊斯蘭主義者」。之後易卜拉欣因為同胞請願而獲釋，並在革命時展現了積極果敢的行動力：

> 俄羅斯革命才剛開始，我們韃靼人（Tartars）就毫不猶豫地跨出第一步，主張自己的政治權利。當彼得堡展開組黨運動時，我們體認到以「穆斯林聯盟」之名、將俄羅斯所有的伊斯蘭教徒組織成一個獨立政黨的必要性，便下定決心組織政黨。（中略）
>
> （杜馬開設後），穆斯林團結一體，無論是選舉，或是第一、第二杜馬中，均未見到無能或怠惰之人。眾人專心一致，為守護國民的權利及信仰的權利，展現了自己的政治性存在。

當易卜拉欣致力於建立全俄羅斯穆斯林聯盟之時，土耳其文報紙《友愛》（*Ulfet*）於一九〇五年在聖彼得堡創立。創刊號即刊載了關於自治的社論，之後除了穆斯林聯盟及杜馬的活動外，亦傳達了包括印度、中國和爪哇等伊斯蘭世界的動向，吸引了廣大讀者群。布哈拉的薩德里．濟亞極可能讀過這些文章。此外，該報刊載來自各地讀者的投稿，達到了穆斯林知識分子論壇的效果。舉例來說，當撒馬爾罕的知識分子貝布迪（Mahkmudkhodja Behbudiy）向俄羅斯穆斯林呼籲書同文的必要性時，該報便立即刊登了這項重要議題。因此如第二章所述，報紙對俄羅斯穆斯林公共領域的形成貢獻甚大。雖然托洛斯基並未提及，但對超過帝國人口百分之十（約一千九百萬人）的俄羅斯穆斯林而言，一九〇五年是很重要的轉換期。一九〇六年八月，窩瓦河畔的下諾夫哥羅（Nizhniy Novgorod）舉行了第三屆俄羅斯穆斯林大會，會中抗議俄羅斯當局煽動南高加索的民族衝突，同時向宣布導入立憲制的伊朗國王和獲得自由的伊朗穆斯林發出賀電。易卜拉欣如下寫道：

> 可惜的是，在俄羅斯，當專制的壓迫再次覆蓋在地平線上時，專制政府拉起狂暴的繮繩，人權和公民權被踐踏。印刷廠關閉，筆桿被折斷，大多數報紙都被堆疊起來。許多人更被送往安寧之國〔指監獄〕。

這股君主制的反動力量，也使易卜拉欣的報紙停刊並遭刑事起訴。放棄在俄羅斯活動的他，終

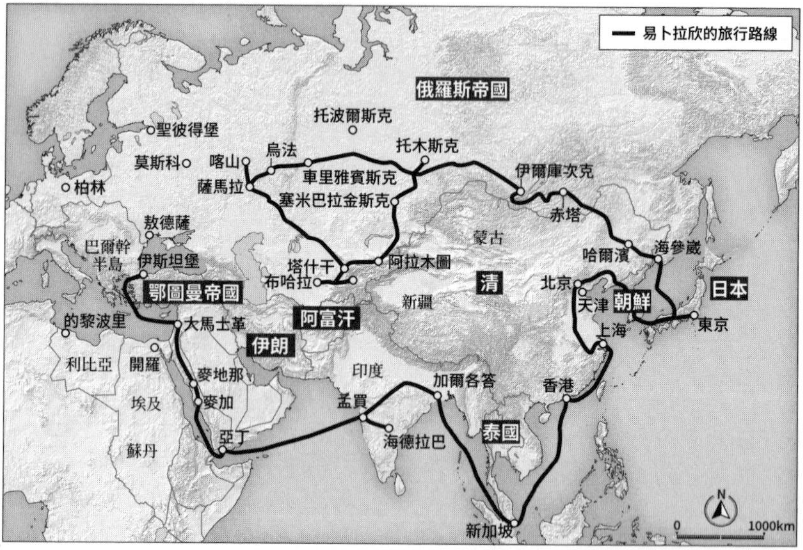

易卜拉欣的旅行路線

於決定實現多年來的旅行夢想。這是一趟仔細觀察伊斯蘭世界現況的旅行，在巡遊俄屬中亞之後，他途經西伯利亞、日本、朝鮮、中國、東南亞、印度和麥加，最後抵達伊斯坦堡——這果真是一趟周遊歐亞大陸的壯遊。其中他在日本停留時間最長，留下了詳細記錄。他在遊記裡曾記下「伊斯蘭教導的道德對日本人而言，皆是再自然不過的。」這位大氣豁達的貴客來訪一事，在明治末期的日本廣為人知，夏目漱石在日記（一九一○年六月十六日）中稱他是「韃靼人回回教領袖」；而徒步主義同志會幹事、正岡子規摯友的俳句詩人內藤鳴雪，更在邀約賞梅的易卜拉欣面前吟詠「與如梅花般之人相遇的好日子啊」。此外，易卜拉欣也親自見過乃木希典將軍。

與易卜拉欣保持最密切關係的，是那些因為甲午戰爭、日俄戰爭而信心倍增的亞細亞主義者。＊易卜拉欣的目標是穆斯林各民族的團結與統一，從歐洲列強的統治中解放伊斯蘭世界。這得藉由新興國家日本崛起、改變原有的國際秩序才可能實現，因此他必須與日本合作。這樣的想法，與頭山滿和犬養毅等細亞主義者的志向完全相符。他們公認易卜拉欣是對抗列強、為實現亞洲各民族聯合而奮鬥的「韃靼志士」。志氣相投的雙方，很快在一九〇九年六月結成了以亞洲的復興與團結為宗旨的亞細亞義會，伊斯坦堡的雜誌更記述了該組織的宗旨：

我們居住的亞洲，充滿崇高且神聖的思想，在世界上位居最重要的地位。遼闊的土地，雄偉的山河，人口的龐雜以及物產的豐富，亞洲在各方面均勝過其他大陸。

正因如此，最古老的文明是自亞洲誕生，最偉大的思想是從亞洲向外傳播。然而遺憾的是，現今的亞洲人不但欠缺聯繫，甚至不惜反目。彼此的敵對，正是導致西方侵略東方的真正原因。理解此點後，若不加以排除，亞洲人的未來將相當危險。蒙受優良倫理與習性、健全性格與思想之惠的亞洲人，務必要相信自己，致力於亞洲的改革與發展。亞細亞義會正是為此成立。在此向亞洲人士廣泛地呼籲我們的旨趣，並懇請參加與支援。

＊ 亞細亞主義亦稱亞洲主義、大亞洲主義或泛亞洲主義。英文為 Pan-Asianism。

印度的穆斯林

接下來，從香港往新加坡的船程中，易卜拉欣與中國、印度、伊朗的穆斯林商人就議會制進行了討論。當時中國也爆發了要求開設國會的大規模運動。商人們這樣說道：

國民的覺醒還不夠。我認為，即使開設議會也無法改革這個國家。這並非是要否定議會，而是想指出議會需要人才。由無知群眾選出來的導師，是不會帶來什麼改變的。俄羅斯的杜馬和伊朗的安卓曼（Anjoman）就是很好的例子。那麼，鄂圖曼帝國的議會到底在做些什麼呢？

一九〇九年秋，易卜拉欣前往印度。在那裡如同第三章所述，以一九〇五年的孟加拉分治為契機，在這片廣大土地上發生了穆斯林覺醒。全俄羅斯穆斯林聯盟成立的一九〇六年，這裡亦成立了全印穆斯林聯盟。他在此親身體會了英國對印度的嚴苛統治，以及印度人高昂的反抗情緒：

近年來，英國對印度的統治在各地受到嚴厲的批評。不僅如此，孟加拉省的怨聲與日俱增，而且也出現了公開的抗議行動。英國預測民眾的不信任終將對英國的統治造成阻礙，因而亟思解決方法。

圖總 -1　被虐待的印度穆斯林

英國人殖民者乘坐的貨車上，棉花、藍染、茶等特產堆積如山（《納斯雷丁》第 2 年，18 號，1907 年 4 月 5 日）。關於《納斯雷丁》雜誌請參照後方專欄。

其中一項對策，是設立印度國民大會（易卜拉欣誤解為國民議會），英國希望能藉此與印度人融合。然而易卜拉欣預言，這項對策將與英國的期望相反，反而讓印度人更加擁有自主權（事實上這亦是印度國大黨所追求的）。同時，易卜拉欣始終對英國人企圖離間印度教徒和穆斯林，特別是利用後者做為統治「工具」以穩定政局一事抱持警戒。留學英國的阿米爾・阿里（Ameer Ali，一八四九～一九二八年）是首位取得律師資格的印度穆斯林，他成立了全印穆斯林聯盟倫敦分部。這樣的政治家在易卜拉欣眼中看來，就是英國操縱印度穆斯林的「工具」。

那麼，印度的穆斯林處境如何呢？從加爾各答到拉合爾、海得拉巴德、孟買等地，易卜拉欣逐一作了觀察。首先，他們分為許多宗派且彼此對立，統一之路遙遙無期。一直以來伊斯蘭世界為何疲弊不振，宗派分裂即是重要原因。對於奉《古蘭經》經文「你們當全體緊握阿拉的繩索，不要分裂」*為圭臬的易卜拉欣來說，當下的分裂現實毋寧是十分沉重。易卜拉欣也在新加坡與古加拉特出身的什葉派（伊斯瑪儀派）伊瑪目討論，該怎麼做才能制止宗派間的對立。易卜拉欣認為談到什葉派的成立，也就是宗派分裂的原點——卡爾巴拉戰役（Battle of Karbala，西元六八〇年穆罕默德的女婿、第四代哈里發阿里〔Ali〕的兒子伊瑪目．胡笙〔Imam Husayn〕等人慘遭伍麥亞朝軍隊屠殺），與其一心一意想著復仇，他強調現在應該同心協力，起身抵抗那些統治並打擊伊斯蘭世界的敵人；但對於什葉派伊瑪目指出鄂圖曼帝國本應成為領導伊斯蘭統一的中心，卻因勢力薄弱而缺乏向心力這點，易卜拉欣則無言以對。儘管如此，他仍然承認什葉派在經濟上的優勢，也擁有許多開明的知識分子，因此如下敘述：

這是原本為一的兩個宗派。若從記憶中抹去一千三百年前的事件，僅去反思這三年到底發生了什麼事——或者去思考，比起以舊政治的故事為鑑，留心現今社會與烏瑪（共同體）的安寧及信仰的永久，遠遠更為適切與有效，這些應該都不難理解。

同時，易卜拉欣對英國派遣埃及人士兵攻打蘇丹的穆斯林、派遣印度人穆斯林士兵攻打阿富汗等暴行，也絲毫不掩飾其憤怒。

緊接著，他將目光投向印度穆斯林的啟蒙及教育活動上，特別著眼於拉合爾的「伊斯蘭擁護協會」(Anjuman-i-Himayat-i-Islam)，也是第三章的主角穆罕默德．伊克巴勒（Muhammad Iqbal）擔任理事的協會。該協會反對基督教傳教士和印度教徒批評伊斯蘭教，易卜拉欣肯定協會發表的論文，「因為他們用純正的烏爾都語（Urdu）書寫，雖說讀者限定為印度穆斯林，但榮譽由全體穆斯林共享」。另一方面，他亦批評英國當局干涉穆斯林使用以阿拉伯文字表記的烏爾都語，並改為「古吉拉特文字」(Gujarati script，正確來說是天城文〔Devanagari〕)。這無疑是指一九〇〇年英國政府決定在公家機關使用天城文一事。

易卜拉欣關注印度穆斯林的出版事業，但對教育普及這點，則嚴厲地評價為「五世紀的水準」。面對做為近代教育先驅的阿利加學院（Aligarh College），他如下表示：

> 距今二十年前，賽義德．艾哈邁德汗（Sayyid Ahmad Khan）這位重要人物在阿利加開設了學校。除了宗教等學問以外，也致力推行數學和自然科學，但似乎未得到預期的成果。

＊翻譯採馬仲剛譯本，古蘭經三章一〇三節。採用這版本是因與日文原文較相近。

對於使用烏爾都語，以順尼派伊斯蘭諸學教育聞名的迪奧班迪（Deobandi）學院，他亦抱持同樣態度：

> 我無意否定在迪奧班迪及阿利加等伊斯蘭學校（madrasa）的活動。特別是迪奧班迪的阿拉伯學院是值得稱許的高等教育機構。但是，擁有六、七千萬穆斯林的這個國家，卻只能列出這幾所學校名稱，是遠遠不夠的。

在這般現況下，他展望了印度的未來。印度人儘管十分多元龐雜，但發展出了同族同種的歷史共同體，而印度教徒和穆斯林在經濟方面亦相互結合，在面對共同的敵人英國時當然有可能團結，他也預測英國在印度的統治不會持續太久。另一方面他提到，若不與印度教徒合作，印度穆斯林的解放之日將遙遙無期。

東方問題

在孟買，易卜拉欣與首位朝聖麥加的日本人山岡光太郎會合，之後再度展開朝聖之旅，並在一九〇九年底抵達伊斯坦堡。他的旅遊記行《伊斯蘭世界》（副標題為「日本的伊斯蘭教」）* 獲得了很大的迴響。之後他成為泛伊斯蘭主義的記者，展開一連串活動。一九一一年，從布哈拉來到伊

圖總 -2　國會憂慮反革命派攻擊的諷刺畫
反革命派的軍隊與烏理瑪騎在獸上，有的還被惡魔扛起。左上者是翌年（一九〇八年）悍然發動反革命政變的伊朗國王穆罕默德・阿里（Mohammad Ali Shah Qajar）。（《納斯雷丁》第 2 年，35 號，1907 年 9 月 27 日）薩塔爾汗等人對此展開抗爭。

斯坦堡留學的阿卜杜拉烏夫・菲特拉提（Abdurauf Fitrat，一八八六～一九三八年），在他堪稱「言文一致」的啟蒙文學巨作《爭論》（*Munozara*）中這麼寫道：

> 想想看，尼亞齊貝格（Niyazi Beg）和恩維爾貝格（Enver Beg）為伊斯坦堡的立憲制所作的努力；除了基於人道主義之外，還有其他可能嗎？薩塔爾汗和巴基爾汗（Bagher Khan）為了立憲制不顧性命地奔走，擱置同胞的安寧；他們在考慮的是什麼？諾蓋（Nogai，韃靼人）的易卜拉欣老師，離家時身上僅帶了十二盧布，為了達成伊斯蘭統一

＊該書全名為《二十世紀初的伊斯蘭世界：中國與日本的伊斯蘭教》（*20 гасыр башында ислам дөньясы вә Японияда мөселманнар*），特此補充。

而遠赴中國與日本，在日本首都東京使數名權貴成為穆斯林，甚至成立伊斯蘭團體；除了服事伊斯蘭之外，還有其他可能嗎？

菲特拉提將易卜拉欣的壯舉，與青年土耳其黨人革命的兩位靈魂人物，以及捍衛伊朗立憲革命在大不里士起義的兩位英雄並列。菲特拉提大肆頌揚這些人物的行動主義，這部著作在中亞廣為流傳，更成為以社會改革為職志的扎吉德（jadid，革新派）知識分子的圭臬；這群知識分子比薩德里．濟亞年輕一輩，也就是所謂「革命世代」的青年人。

約莫同一時期，在聖彼得堡鎮壓一九〇五年革命的首相及內務大臣斯托雷平（Pyotr Stolypin，一八六二～一九一一年），如此報告泛伊斯蘭主義者的活動：

他們主要在土耳其活動。最近青年土耳其人的成功及土耳其國家的復興讓他們大受鼓舞，更以團結全世界的穆斯林、形成單一穆斯林國家為職志。（中略）泛伊斯蘭主義者在俄羅斯的穆斯林居民中尋找強力的支持。他們向我國前往麥加的朝聖者宣傳，吸引國內穆斯林青年前往土耳其，將宣傳的密使送入俄羅斯，尤其是沿著窩瓦河、土耳其斯坦，以至布哈拉及希瓦一帶。在君士坦丁堡，他們更以土耳其文及俄文發行對俄羅斯充滿敵意的雜誌和報紙，冀望這些刊物在俄羅斯境內廣為流傳。

圖總 -3　俄羅斯的恐嚇

因青年土耳其黨人政府的政策不公，畫中描繪了俄羅斯權威報紙《新時代》（*Новое время*）的姿態，該報敦促政府給予保加利亞人、希臘人和亞美尼亞人自治。（《納斯雷丁》第 3 年，39 號，1908 年 9 月 29 日）

圖總 -4

畫中把議員比喻為「雛鳥」，因為這些議員對於歐洲列強在東方及亞洲設置「議會」扮演遊戲的陷阱一事毫無所知。（《納斯雷丁》第 3 年，31 號，1908 年 8 月 4 日）

斯托雷平所指的「對俄羅斯充滿敵意」的雜誌，無非就是指易卜拉欣在伊斯坦堡出版的《與穆斯林有約》（*Мөселманнарның таньішмасы*，一九一〇～一九一一年），兩人可說是正面交鋒。然而，俄羅斯與鄂圖曼帝國的關係，不僅僅是泛伊斯蘭主義的問題，應還牽涉了列強及鄂圖曼的戰略關係，以及巴爾幹半島和鄂圖曼境內各民族之間錯綜複雜的利害關係，諸如此類的「東方問題」。

特別是十九世紀以來，鄂圖曼帝國陷入了所謂「東方問題」的國際關係困境。列強的干涉，以及支持巴爾幹各民族獨立的運動從沒間斷，長期以來共存的亞美尼亞人也日漸渴望獲得獨立。一九〇八年的青年土耳其黨人革命，是否可以成為帝國重整的契機？隔年年初，托洛斯基這樣寫道：

> 有一點很明確：革命的勝利，意味著民主土耳其的出現。民主土耳其將真正成為巴爾幹聯邦的基礎。此外，從近東的「蜂窩」到不幸的半島甚至全歐洲，巴爾幹聯邦將會把帶來烏雲的資本主義及王朝的陰謀一掃而空。
>
> ——托洛斯基，《巴爾幹戰爭》

確實，一九〇九年制定的《修訂憲法》，大幅恢復了過去被王權制約的《米德哈特憲法》，*一方面擴大人民的權利和國會的權限，一方面也明文規定伊斯蘭教為國教。在此基礎上，所有的鄂圖曼人在法律之前都平等。但即使如此，還是無法滿足各個基督教民族的要求，重新開啟的國會圍繞著宗教議題而紛爭頻仍。更何況列強不希望鄂圖曼帝國強大，自義大利入侵鄂圖曼的北非屬地（今利比亞）的義士戰爭（一九一一～一九一二年）開始，鄂圖曼帝國在第一次巴爾幹戰爭（一九一二～一九一三年）、第二次巴爾幹戰爭（一九一三年）等一連串的戰爭中精疲力盡，最終更參加了有「第三次巴爾幹戰爭」之稱的第一次世界大戰，迎來了一敗塗地的結局。然而，若僅以這番過程來談論帝國的衰退，實在過於單薄。如同第四章所說明的，我們必須從東方問題的結構面來解讀這番過程，否則將無法理解在這之後所衍生的問題。附帶一提，一九〇五年發跡於克里特的埃萊夫塞里奧斯・韋尼澤洛斯（Eleftherios Venizelos，一八六四～一九三六年），也將在一次大戰後對上領導土耳其獨立戰爭的穆斯塔法・凱末爾（Mustafa Kemal，一八八一～一九三八年，日後的阿塔圖克〔Atatürk，意為土耳其之父〕）。

義士戰爭爆發後，易卜拉欣為鼓勵恩維爾（日後的陸軍大臣）及凱末爾等青年土耳其軍官所領導的義勇軍而親赴現場。在此前夕，他寄信給亞細亞義會的同志，信中批評日本逕自宣布中立的舉動。此時正值義大利宣戰之際，日本如果向歐洲各國表態，質問義大利的不當行為，必可以向全世界展現其存在：

若貴國像過去一樣，再三重複萎靡不振的外交，這道從東海深淵持續蓬興、一飛衝天的旭日之光，恐怕至半途就失去光彩，無法發光照耀全亞洲。

＊ 正式名稱為《基本法》(*Kanun-u Esasi*)，土耳其的第一部憲法。由於推動者為時任宰相米德哈特・帕夏（Midhat Pasha），因此也被稱為《米德哈特憲法》。詳細介紹可見本套書第九冊《一八六一年・改革與試煉的時代》。

沒有跡象顯示亞細亞義會回應了易卜拉欣，但我們可從中讀出他對日本所寄予的厚望。

至此，雖然只挑了幾點來敘述，然而藉由幾位一九〇五年時人的著作，我們約略概觀了這個時代的伊斯蘭世界。在開啟「短暫的二十世紀」(Short twentieth century)* 的第一次世界大戰之前，該地區的大型革命浪潮幾乎都在同一時期接連湧起，其間各種因素相互影響。在這幾波浪潮中，各階層的人們向各方發出團結的呼聲，有時引起廣泛共鳴，有時產生激烈衝突，而下一波洶湧大浪亦將勃然而至。一九〇五年的十餘年後，身處世界史之中的托洛斯基，與身處伊斯蘭之中的易卜拉欣，兩者的路線最終交會於俄羅斯的蘇維埃政權 (Soviet Russia)。在記錄列寧領導蘇聯紅軍發動的布哈拉革命（一九二〇年），以及彼時正流亡中的恩維爾·帕夏 (ismail Enver Pasha) 參與策劃的內戰始末後，薩德里·濟亞描述了深深觸動著他的關東大地震慘狀。自日俄戰爭以來，他似乎從未減少對日本的關心。

這本著眼於一九〇五年的書籍由四章構成。第一章關注伊朗社會史，同時探究伊朗立憲革命英雄「國民將軍」薩塔爾汗的實際樣貌。第二章討論因一九〇五年革命而覺醒的穆斯林知識分子；他們雖順應了俄羅斯帝國的結構，並構築出俄羅斯穆斯林的公共領域，然而策劃者的構想事實上是非常多樣化的。至於第三章，則分析旅居倫敦的詩人伊克巴勒的生涯軌跡和詩作意涵，並試圖反映出以英國孟加拉分治為契機而勃興的印度穆斯林政治運動之發展過程。第四章則以一九〇五年克里特島的韋尼澤洛斯起義為切入點，一邊剖析克里特、希臘和鄂圖曼帝國憲法相互關聯性的同時，一邊解讀所謂「東方」的轉換期。我深切期望讀者能從中讀出該時代瀰漫的緊張氛圍，以及邁向現代的汩汩脈動。

＊主要由歷史學家霍布斯邦（Eric Hobsbawm）所定義，一般指稱一九一四年一次大戰開始至一九九一年冷戰結束的時期。是相對於「漫長的十八世紀」及「漫長的十九世紀」的稱呼。

◆ COLUMN ◆

諷刺雜誌《納斯雷丁》

一九〇五年革命後，俄羅斯帝國轄下的穆斯林地區出現了許多報紙雜誌，宣告大眾媒體的時代來臨。其中，高加索首府提弗利司（今喬治亞首都提比里西）的週刊雜誌《納斯雷丁》（*Mulla Nasr al-Din*，*1906-1917*）富含機智的評論及詩文，更以多彩多姿的諷刺畫針砭國內外政治及社會問題，因而大放異彩。* 雜誌名「納斯雷丁」是中亞到土耳其一帶廣泛流傳的故事主人公，他幽默機智的身影不時穿梭在雜誌的諷刺畫當中。該份雜誌也關注鄰國伊朗的局勢，更因批評卡札爾王朝的專制在伊朗國內遭禁，但私下仍擁有大批讀者。執筆者是亞塞拜然的穆斯林，諷刺畫則在提弗利司美術學院德籍教師的協助下繪製而成。亞塞拜然位於俄羅斯帝國邊境，是伊斯蘭世界的一部分，與伊朗和鄂圖曼帝國接壤而有地緣政治關係，各民族和文化在此交會，還兼有民族運動、工人運動與帝國統治相互競逐的地區性特徵。本雜誌的批判精神可說是從上述的土壤當中孕育出來的。一九〇六年四月七日的創刊號封面上描繪了納斯雷丁的揶揄神情。太陽都出來了，卻沒人起床；象徵著世界早已日新月異，但同胞卻依舊昏睡不醒。

總 -5　《納斯雷丁》創刊號
（1906 年 4 月 7 日）

總 -6　《納斯雷丁》（第 2 年，11 號，1907 年 3 月 17 日）
因激怒了右上方太陽而下墜的「帶尾的星星」。星星被畫成三體蠍子（被嫌棄者之意），其中兩隻蠍頭上戴著帽子，象徵了鄂圖曼帝國和卡札爾王朝的專制權力下墜。

＊雜誌全名為「穆拉・納斯雷丁」，穆拉是伊斯蘭世界「先生、大師」的尊稱，在此省略簡稱。納斯雷丁這個傳說人物在不同文化中有不同稱呼，阿拉伯人稱他朱哈（juha）、土耳其人稱他霍加（Hodja）。納斯雷丁這個名字也有不同拼法，較常見的是 Nasreddin。

第一章　薩塔爾汗的伊朗立憲革命

八尾師誠

1　近現代伊朗史的開展與立憲革命

從大不里士起義看立憲革命

艾哈邁德・卡斯拉維（Ahmad Kasravi）生於大不里士市街，並在此長大。在十六歲正值多愁善感的年紀，他被立憲革命（一九〇五～一九一一年）的動盪所吞噬，十八歲又親眼目睹了大不里士起義。三十年後，他將自己的深刻經歷寫成了《伊朗立憲革命史》（*History of the Iranian Constitutional Revolution*）一書。這本書擁有廣大的讀者群，至今仍是不可或缺的立憲革命史研究成果。此書於一九四一年首次出版，但一九七九年伊斯蘭革命後，卡斯拉維的反什葉派言行讓本書也遭受牽連。儘管它曾被敬而遠之（禁書處分），但之後捲土重來，至今仍是同性質出版品中的翹楚，近三十次的再刷紀錄可資佐證。此書與伊朗學者愛德華・布朗在立憲革命如火如荼的一九一〇年之際出版的《波斯革命：一九〇五～一九〇九年》（*The Persian Revolution of 1905-1909*）並駕齊驅，在立憲革命史研究裡皆位居前導地位，被奉為經典。同時，它以自身實際經歷為主軸，更是貴重的一手資料。

不過，它也的確因其主觀性敘述，導致評價褒貶不一。在這樣一本別具興味的書裡，卡斯拉維也彷彿受當時自己的高昂情緒所牽動，戲劇性地描繪了大不里士居民起義（一九〇八～一九〇九年）：

伊朗只剩下亞塞拜然。亞塞拜然只剩大不里士，大不里士只剩下阿米爾赫茲區（Amirkhiz）。在阿米爾赫茲的巷道中，只剩這條巷道——只剩薩塔爾汗繼續抵抗。其後，正是這條巷道通向阿米爾赫茲區，這區通向大不里士市街，市街又通向亞塞拜然，再擴展到全伊朗。

若將其看做歷史敘述，不免稍嫌誇張，太過情緒化。即使如此，透過卡斯拉維這番激動的情緒來體會當時的時代氛圍，同時思考大不里士居民起義在二十世紀初伊朗立憲革命這段政治大幅變動過程中之意涵，這段文字做為象徵性的表現，就很容易理解了。一九〇六年，伊朗史上首次的立憲體制還不到兩年，就在以國王（Shah）為首的反立憲派勢力面前脆弱地崩塌，近乎化為烏有。當時，只有位於伊朗一隅的亞塞拜然地方首府大不里士市街的居民，持續抵抗王軍；長達十一個月不間斷的頑強抵抗，為其他地區立憲派勢力的反撲製造轉機，最終復興了立憲體制。簡言之，該場起義為重啟國會（第二屆國會）發揮了決定性的功用。這樣的脈絡，透過這段文字盡皆呈現。

上述文字還可以解讀出另一個重點，那就是在這場伊朗立憲史上最艱難的危機中，薩塔爾汗這號人物至為關鍵。換言之，正是薩塔爾汗的不屈不撓，讓伊朗立憲體制的往後歷史透出了些許希望之光；說是薩塔爾汗帶來了復甦，一點也不為過。

德黑蘭、伊斯法罕和大不里士等伊朗的主要城市，現今仍存有以薩塔爾汗和巴基爾汗（同為大不里士起義的領導者）命名的街道，可見這段記憶依然在市民的日常中延伸。伊朗民眾對薩塔爾汗的關注無遠弗屆，一九七〇年製作的電影《薩塔爾汗》（阿里・哈塔米〔Ali Hatami〕執導），就開出極佳的票房。此外亦有幾篇以薩塔爾汗為主人公的小說問世。最早的代表作可追溯至一九三七年亞塞拜然作家薩默德・奧杜巴迪（Mohammad Said Ordubadi）用亞塞拜然文發表的長篇小說《霧的大不里士》(*Dumanlı Təbriz*)，小說的主角就是薩塔爾汗，內容描述起義時期的大不里士。一九七九

圖 1-1　薩塔爾汗

圖 1-2　巴基爾汗

年伊斯蘭革命後，本書被翻譯成波斯文，在伊朗擁有許多讀者。一九七三年侯尚・易卜拉希米（Houshang Ebrahimi）發表了《國民將軍薩塔爾汗》，也在伊斯蘭革命後不久就被收錄進伊朗的波斯語（國語）高中教科書。即使在革命後，薩塔爾汗的國民英雄地位也未曾改變。

依據上文，本章試圖探究下列問題：薩塔爾汗，或巴基爾汗，他們到底是怎樣的人物？還有，他們與當時的伊朗社會，特別是都市社會*，是如何互動，而這又反映出了都市社會的哪些面向？此外，這起事件與當時的國際社會又有什麼關聯？首先，讓薩塔爾汗在決定性的局面扮演關鍵角色的立憲革命，到底是一場怎樣的革命呢？接下來將稍作整理介紹。

伊朗視角的立憲革命

對伊朗史而言，西元十九世紀的初始，恰逢意義巧妙的兩大轉折。首先，此時正值卡札爾王朝的草創期，該王朝再度統一了伊朗高原上持續近一世紀的群雄割據情況（戰國時代）；再者，以英、俄為首的歐洲列強開始向中東伸出殖民主義的觸手，與伊朗正面對決。更直接點來看，整個十九世紀，伊朗踏上了歐洲列強競逐的舞臺，伊朗也在此過程中更加依賴這些國家。十九世紀前半，伊朗曝露在列強的外交攻勢下，被迫締結了如《土庫曼恰伊條約》（*Treaty of Turkmenchay*，一八二八年）等不平等條約。十九世紀後半，包括電報線路鋪設利權、漁業利權，銀行利權及菸草利權等讓渡，以及透過借款產生的經濟與金融依賴也持續加深。面對這樣的情形，伊朗方面的反應大致可分為兩種：抵抗，或試圖改革。去刺殺為監視土庫曼恰伊條約執行而派遣的格里博也多夫（Aleksandr Griboedov）俄羅斯使節團（一八二九年），即可視為一種原始的抵抗形式；始自一八四八年、延續數年的巴比教徒（Babism）叛亂，雖是一種新宗教運動的顯現，然從其主張對抗卡札爾王朝專制統治的意圖來看，也可解讀為是一種民族主義的表現。此外，伊朗民眾發起的菸草抗議運動（Tabacco boycott，一八九一～一八九二年）也迫使一度由國王發給的煙草利權被撤銷；這是抗議列強的殖民統治，亦是抗議卡札爾王朝的專制統治。

另一方面，伊朗王朝方面也並非毫無作為。包括從俄羅斯—波斯戰爭（Russo-Persian War）失利中得到教訓的王儲阿巴斯．米爾扎（Abbas Mirza）推行的軍事改革（十九世紀初）；展開對列強的消極外交，同時推行一系列包含軍事、行政、經濟和社會層面的阿米爾．卡比爾改革（the reforms of Amir Kabir，一八四八～一八五一年）；以引進外資為主軸展開積極外交，且致力於解決饑荒、改革政府機構並重建經濟的薩帕薩拉爾改革（the reforms of Sepahsalar，一八七一～一八七三年）等等，都是王朝主動嘗試改革的例子。只是，隨著領導人過世與下臺，這些努力全都煙消雲散。

＊ urban society，社會學用詞，包含城市生活、空間結構與社會共同體。urban 一詞通常譯為「都市」，通常指涉工業化後的新興城市，但作者借用此概念來討論伊朗的大不里士。由於是專有名詞，故沿用「都市」，但其餘部分仍使用「城市」一詞。

歐洲列強的殖民統治招致伊朗人民反感，另一方面卡札爾王朝的專制統治也促使人民越來越常發動各式各樣的批判及抵抗。在這樣的情況下，迎來了日俄戰爭及第一次俄國革命。當時的伊朗人對於日本的「勝利」感到欣喜雀躍，他們認為雖然日本引進立憲制的時日不長，卻擊敗了施行專制的強大俄羅斯；此外，俄羅斯人為了打倒專制政府而開設國會，此舉不僅暫時減緩了俄羅斯對伊朗的政治壓迫，更大大鼓勵了正在反抗卡札爾王朝專制統治的伊朗人。如此看來，一九〇五年末爆發、被稱為立憲革命的一連串政治動盪過程，與一開始的反專制及旨在伊朗自立的反列強活動，應視為不可分割的主題。

但是，反專制及反列強這兩個基本主題並未取得預期成果，立憲革命本身也是中途受挫。然而，也正是立憲革命的出現，整合了當時仍分裂的伊朗社會各層面，並股大型革命浪潮得以化為具體行動。政治和經濟方面毋需多言，包括社會和文化方面，甚至是居民認同，這股浪潮已無法遏止；伊朗已然步上通往民族國家的道路。本章的故事焦點，是那些在這波伊朗近現代史的洪流中，即使遭時代翻弄、仍拼命活出自我的人民。

2 伊朗境內的亞塞拜然，以及大不里士

伊朗境內的亞塞拜然

首先簡單整理一下，亞塞拜然這塊地區在伊朗近現代史中所處的地位。

今日的亞塞拜然是一個區域名稱，包含了伊朗伊斯蘭共和國西北部地區及亞塞拜然共和國。現今亞塞拜然共和國的所在位置，也就是阿拉斯河以北區域，要到一九一八年之後才被稱為亞塞拜然。那年，以穆沙瓦特黨（Musavat)為中心的勢力在提弗利司（Tiflis）宣布獨立建國。新國家命名（國號）為亞塞拜然人民共和國，亞塞拜然這一名詞首度在歷史上以國號登場。同年七月，該國將首都設在占賈（Ganja）；努里·帕夏（Nuri Pasha）麾下的鄂圖曼軍隊在九月控制巴庫後，首都便遷往該處。一九二〇年四月蘇俄紅軍攻占巴庫，滅了該國，但新成立的蘇維埃政權仍稱為亞塞拜然蘇維埃社會主義共和國。總之，亞塞拜然這一名稱即沿用至今。

言歸正傳，本章主要處理的是伊朗屬的亞塞拜然，若參考現在伊朗的地方行政劃分，指的是東亞塞拜然省、阿爾達比勒省（Ardabil，一九九三年四月自東亞塞拜然省分出），西亞塞拜然省等區域。亞塞拜然地區的主要居民是土耳其人（turks），但伊朗境內的土耳其人不只分布於亞塞拜然，而是遍布贊詹省（Zanjan）全境、加茲溫省（Qazvin）西部、庫德斯坦省（Kurdistan）東部，甚至

涵蓋哈馬丹省（Hamedan）及中央省（Markazi）部分區域。

亞塞拜然素有伊朗穀倉之稱，自然條件優越（降雨量較多），擁有肥沃的農地及牧場。相較於伊朗其他地區，這裡的人口密度及壓力高，再加上經歷二十世紀的政治危機，因此移往國內與國外的人口遷移現象相當明顯。伊朗國內的主要遷移地包括首都德黑蘭，以馬什哈德（Mashhad）為中心的呼羅珊省（Khorasan，現分為北呼羅珊省〔North Khorasan〕、禮薩維呼羅珊省〔Razavi Khorasan〕和南呼羅珊省〔South Khorasan〕）、艾布士省（Alborz）和庫姆省（Qom）等皆有，遍及伊朗全境。

至於國外遷移地，比較著名的是十九世紀中葉至二十世紀初大批移工前往相鄰的俄屬高加索（包含外高加索，也就是南高加索，這裡使用伊朗的稱呼方式）的工業地帶（特別是巴庫的石油工業區）。而在一九八〇年代到一九九〇年左右，每年到訪日本的伊朗人高達數萬人，大多數都是土耳其裔（其中德黑蘭居民占最多數），至今仍令人記憶猶新。

然而，即便伊朗這個國家的穆斯林比例已超過百分之九十八，從民族（qvam）的角度來看，它毫無疑問是多民族國家。伊朗的人口普查並不包括民族這項目，因此無法得知確切的數字，但許多研究者指出總人口之中，土耳其人的比例占百分之十五到二十五（即一千二百萬至兩千萬人），人口規模僅次於占全國人口一半以上的主要民族波斯人（fars）。儘管如此，做為伊朗國民一分子的民族，土耳其人仍被定位為少數民族。不過，跟其他少數民族諸如庫德人（Kurd）、阿拉伯人、土庫曼人和俾路支人（Baluch）相比，他們各自的民族問題都反映出不同的樣貌，因此不可等同論之。

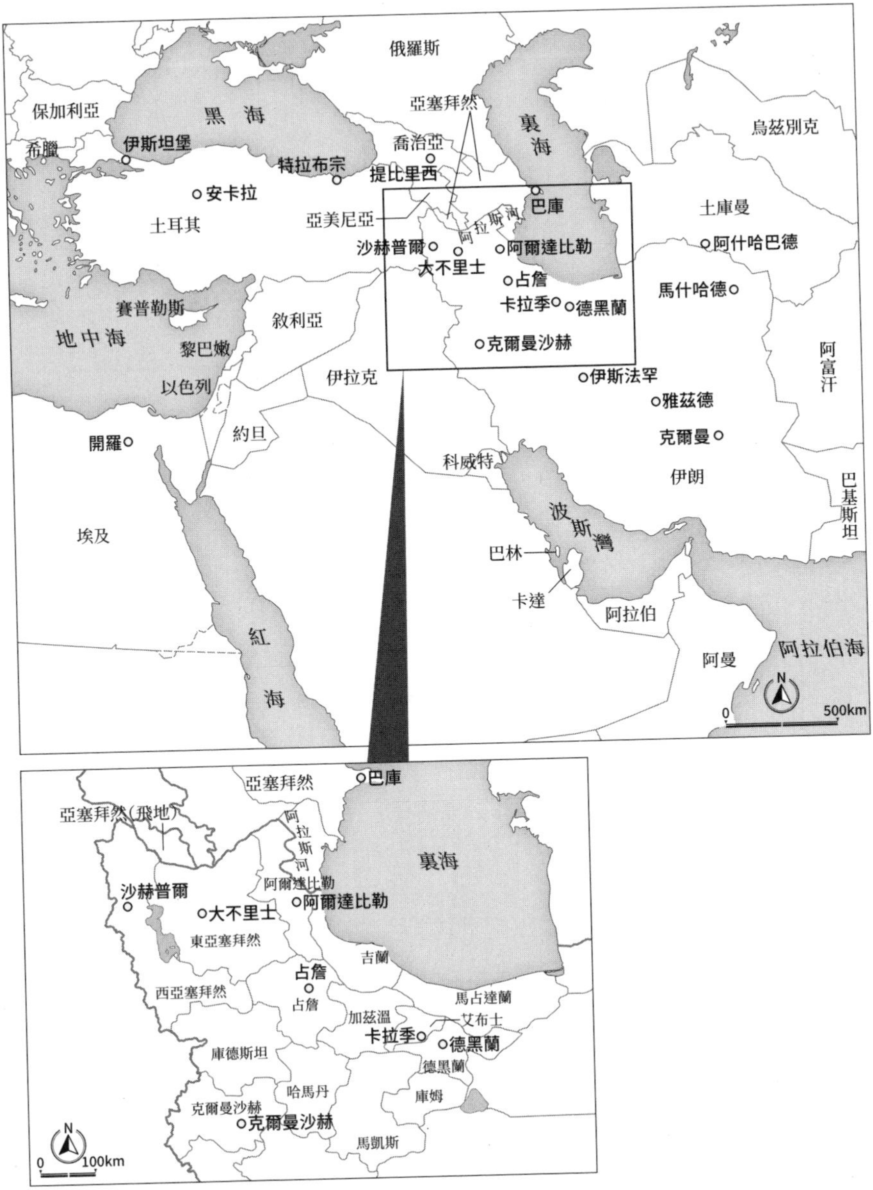
俄羅斯
保加利亞
黑海
亞塞拜然
裏海
烏茲別克
希臘
伊斯坦堡
喬治亞
特拉布宗
提比里西
安卡拉
巴庫
土庫曼
土耳其
亞美尼亞
阿拉斯河
沙赫普爾
大不里士
阿爾達比勒
阿什哈巴德
占詹
馬什哈德
賽普勒斯
敘利亞
卡拉季
德黑蘭
地中海
黎巴嫩
克爾曼沙赫
阿富汗
伊拉克
伊斯法罕
以色列
雅茲德
開羅
約旦
克爾曼
科威特
伊朗
巴基斯坦
埃及
波斯灣
巴林
卡達
阿拉伯
紅海
阿曼
阿拉伯海
N
0
500km
巴庫
亞塞拜然
亞塞拜然(飛地)
阿拉斯河
裏海
阿爾達比勒
沙赫普爾
阿爾達比勒
大不里士
東亞塞拜然
吉蘭
占詹
西亞塞拜然
占詹
馬占達蘭
加茲溫
艾布士
卡拉季
德黑蘭
庫德斯坦
德黑蘭
哈馬丹
庫姆
克爾曼沙赫
克爾曼沙赫
馬凱斯
N
0
100km

現今的伊朗及周邊地區

伊朗的土耳其人偶爾會高喊認同自己是伊朗人。但在日常生活中和波斯人及庫德人等其他民族互動時，土耳其人又會清楚地意識並界定自我。不僅他們這樣自稱，平常周遭人亦是這樣稱呼他們。同時，他們與境內的基督教團體嚴格區別，與安納托利亞的順尼派土耳其人及境內庫德人為主的順尼派團體亦劃清界線；他們跟伊朗其他多數國民一樣，強烈地自覺為什葉派穆斯林。正因他們抱持這種獨特的認同，當鄂圖曼帝國的青年土耳其黨人發起運動呼籲團結、以及新興的亞塞拜然人民共和國號召統一時，雖然有人立即響應，但總體來說這些聲音在伊朗屬亞塞拜然並沒有成為主流的政治主張，但強化了他們對伊朗的強烈歸屬感。

自二十世紀初以來，伊朗國內確實在努力實踐國民統合，藉由通婚等方式讓土耳其人和波斯人融合已是稀鬆平常。事實上，如今伊朗全國各地都看得見在各行各業努力的土耳其人；不只如此，在政治、行政、商業、宗教和學術等領域，他們也都高居要位。

在此舉一些具體的例子。巴勒維王朝第二代君主、巴勒維（Mohammad Reza Pahlavi）的母親塔吉・莫洛克（Tadj ol-Molouk），就是生於巴庫的亞塞拜然人；現今伊朗的最高領袖哈梅內意（Ayatollah Ali Khamenei）雖生於馬什哈德，但他的父親與阿扎迪斯坦（Azadestan）共和國元首穆罕默德・基亞巴尼（Sheikh Mohammad Khiabani）同樣來自大不里士郊區的哈馬內村（Khamaneh）；伊朗國民詩人穆罕默德・侯賽因・沙里亞爾（Mohammad-Hossein Shahriar）以及波斯語四大女詩人之一的帕爾文・埃特薩米（Parvin Etesami）都是生於大不里士的亞塞拜然人。至於體育界，曾活躍於德國的巴伐利亞．慕尼克（Bayern Munich），退役後仍家喻戶曉的足球選手阿里．戴伊（Ali Daei），以及雪梨、雅典奧運舉重一〇五公斤級金牌得主侯賽因．禮薩札德（Hossein Rezazadeh）都是生於阿爾達比勒的土耳其人。

另一方面，至少伊朗伊斯蘭共和國成立至今（將近四十年），仍沒有庫德人、土庫曼人、阿拉伯人和俾路支人擔任中央及政府要職的例子；相較之下，即使同為少數民族，土耳其人在伊朗的社會地位明顯不同。

以上概述了在伊朗這個國家框架下，亞塞拜然地區的政治意義，及其主要居民土耳其人立足在伊朗社會的樣貌。接下來要描述本章的主要舞臺——亞塞拜然的首府大不里士。現今的大不里士雖為主要城市，僅次於首都德黑蘭，然而若從心理層面來審視現在這個民族國家伊朗，大不里士距離德黑蘭六百公里之遠，位於邊陲，加上巴勒維王朝以來實行中央集權政策，相較於出類拔萃的德黑蘭，大不里士實在難望項背。然而若我們回顧歷史，特別在卡札爾王朝期間，大不里士展現了與現在完全相異的風貌。

王府大不里士的繁華

十九世紀末，在大不里士生活了數年的美國傳教士薩繆爾・威森（Samuel Graham Wilson）對當地的景象有如下的描述：

大不里士市街……位於有三十六哩深的平原前緣盆地斜坡，對面延伸直至烏魯米耶湖。小山丘是塊不毛之地，乍看之下毫無吸引力。……波斯的街道全都是泥壁，大不里士亦無例外，周圍的山丘及平原幾乎是一成不變的色調。平坦的家戶屋頂、圓頂市集及環繞的灰泥庭園圍牆，單調得無法感受到任何魅力，整體呈現陰暗的外觀。

此外，在立憲革命爆發後翌年（一九〇六年），法國人外交官尤金・歐班（Eugene Aubin）拜訪大不里士，他的印象如下：

建築物用耐久性極低的建材作成。這是由於歷史上的種種事件，市街發展載浮載沉，又因接二連三發生毀滅性的地震，進而加重惡化之故吧。若是說到此地的過往榮光，如今可說是幾乎沒有留存半分。

無論如何，十九世紀末到二十世紀初的大不里士，在歐美人眼中看來似乎是條缺乏吸引力的市街。然而，即使是這樣的大不里士，一旦回頭望向漫長的歷史，這條街可是留下了顯赫的足跡。市街歷史悠久，據說可以追溯到伊斯蘭時期以前。雖然在塞爾柱王朝期間尚未具備重要性，但在伊兒汗國時期，這裡成為首都長達半世紀之久，成了該地繁榮興盛的契機。一四〇四至一四〇五年造訪該地的克拉維約（Ruy Gonzalez de Clavijo）就對大不里士的美麗讚不絕口。接著，做為黑羊、白羊兩政權及草創期薩法維帝國的首都，該地發展更為興盛。自此之後，大不里士一直都位居亞塞拜然地區的中心，這也是該地之所以被稱為「王府」（Dar os-Saltane）的原因。然而，外來勢力及「移動部落民」諸集團（這個詞彙是按波斯語忠實譯出，但日本一般稱為「遊牧民」）的頻繁入侵，以及地震及洪水等自然災害，使得大不里士屢次遭受大型的天災人禍。隨著後繼各王朝將統治中心轉移到伊朗高原的中央，大不里士便明顯沒落了。有一種說法是，十九世紀初該地的人口已下滑到僅剩三萬人。

但是，在俄羅斯—波斯戰爭（第一次：一八〇四～一八一三年；第二次：一八二六～一八二八年）失利後，卡札爾王朝面對更加嚴峻的北方威脅，從警戒和防禦的立場來考量，亞塞拜然的戰略重要性一躍而升。王儲（Wali al-Ahd）在即位前以該地總督（Vali）的身分派任於大不里士，已成為慣例。除了地緣政治的重要性，經濟上的重要性亦不容忽視。始自大不里士、經由黑海港口城市特拉布宗（Trabzon）與歐洲貿易的路線，在一八五〇至六〇年代達到頂峰，占了伊朗對外貿易總額的五分之二。然而，進入十九世紀後半，隨著蘇伊士運河的開通，波斯灣航線顯著發展，大不里士經由特拉布宗的貿易路線重要性相對降低。雖然如此，一八八〇年代以來對俄羅斯貿易顯著成長，位居要衝的大不里士並未失去商業及貿易上的重要性，依然保有「歐洲商品的貯藏庫」、「大型批發商（tājir）據點」的地位。

如此一來，順遂發展的大不里士，人口也穩健成長。一八一〇年左右為四至六萬人，一八四〇年左右有十至十二萬人，一八七三年達到十五萬的人口數，成為卡札爾王朝首屈一指的大城市。一八八〇年前後，更進一步增長到約十七至二十萬人。附帶一提，雖然首都德黑蘭在二十世紀二〇年代以後的發展令人矚目，但於此之前、也就是卡札爾王朝末期，大不里士在人口規模上一直都超過德黑蘭，是伊朗的第一大城。

經由大不里士與歐洲世界連結的貿易路線，為伊朗所帶來的，並不只是商品而已。在伊朗，最先取得諸多歐洲文物及新情報的是大不里士的居民。不難想像，在這般環境下滋長的大不里士，包括先進的政治、經濟和文化背景，都在即將到來的立憲革命中扮演重要角色。

卡札爾王朝下的城市街區

我們先來概覽卡札爾王朝下的伊朗都市社會，之後再整理出有關「城市街區」（一般稱為mahalle，大不里士是koy）的重要問題。*

卡札爾王朝是由法警（kalantar，類似於市長）擔任城市治理工作，隸屬於地方總督及行政官之下。法警的職責是維持整座城市的法律及秩序，從處理各種糾紛、訂定日用品價格到核定各行會（Asnaf）的稅率及支付方法等等，涵蓋範圍極廣。法警的權限亦包括城市內部的警察權及司法權。法警一職通常由國王或其代理人從該地方或城市的名門豪強中選任。像總督和行政官這種職位，為了履行職責，有必要與地方上有影響力的人士合作，然而若要任命法警，還是不宜強行任命會招致居民不滿的人選，因為這反而會讓中央權威受到威脅，甚至有可能無法順利取得稅收。

卡札爾王朝下的伊朗各城市規模雖有不同，但均由多個街區組成。這些街區的存在從根本上定義了都市社會的樣貌，更是刻劃城市生活和居民意識的重要元素。各街區依照宗教、宗派、職業、出身地等條件，具相同背景者集居一處。依不同宗教而形成的街區，代表例子是伊斯法罕的猶太教徒區及亞美尼亞人區、克爾曼（Kerman）和雅茲德（Yazd）的祆教徒區，以及大不里士的亞美尼亞

＊作者在此使用「城市街區」一詞，對應的英文為urban block。但mahalle的原意為「定居、占領」，是穆斯林社會的社區或鄰里組織，有很強的團結意識跟凝聚力，在概念上與都市計畫下劃分出的街區不同，需特別注意。後方會交錯使用「街區」與「城市街區」，但均指城市（大不里士）裡的街區。

人區等等。不過，依宗教別集居的例子僅限於大型城市，多數的中小型城市一般主要依職業別，或什葉派十二伊瑪目派等內部的宗派別而集居。

對街區居民而言，所謂城市街區的基本樣貌，即是一種生活的共同體。各街區設有諸如清真寺（Mosque）、學校（Madrase）及集會所（Hoseyniye，一種多功能的聚會場所，類於日本的公民館）等伊斯蘭相關設施，以及公共浴池、防洪倉庫、咖啡館（qhahveh khaneh）、摔角場（Zurkhaneh，意指力量之屋，鍛鍊身體的場所）等設施，亦具備了陵墓（Mazar）和聖祠（Imamzada）等信仰場所，甚至會在街區後方形成獨立的小集市。

另一面，從為政者的角度來看，街區做為城市的基本行政管理單位，當然非常重要。街區長稱為「卡德胡達」（kadkhuda，村社首領），在以國王為頂點的卡札爾王朝地方統治和城市管理的金字塔結構裡，街區長位於最底層。街區長通常由法警從該街區的紳商階級中選任，一般是世襲。雖是由為政者正式認可的職位，但據稱並未支付俸給，而是一種榮譽職。即便如此，總督、行政官及法警都委任街區長徵收租稅，並由他負責維持街區的治安。因此，熟知街區內部大小事，同時與街區居民保持信任關係，是遂行職務的重要條件。街區長會回應居民的要求，根據狀況進行調解，從這層意義上來說，街區長是政府和居民之間的中間角色，相當於江戶時代的「名主」和「庄屋」。*

以某種程度的「自治」為前提，街區長管理的城市街區，會形塑出約束街區內各式關係的一套獨特規則（通常未加以明文化，只是口傳）。維持秩序的範圍，也是以自己的街區為標準。例如，如果其他街區的人侵害了自己街區的女性，逮捕並懲罰嫌疑犯的工作，就會委由該女性所屬街區的負責人處理，也就是街區長。這種街區的形態加強了同街區居民的團結，提高了對所屬街區的歸屬感。相對地，街區彼此間若關係緊張，也經常演變成大型傾軋、甚至是對抗局面。

大不里士街區和都市社會

在此概述一下十九世紀後半到立憲革命這段時期的大不里士街區。一八五七年，因公訪問大不里士的阿迪布・莫克（Adib ol-Molk）計算出大不里士總共由十個街區所組成。然而，政府翻譯局長官薩尼・奧多拉（Sani῾-al-Dawla，後來的 E῾temad-al-Saltana）所編寫的《諸國鑑》（一八七七～一八七八年；伊斯蘭曆一二九四年）中卻只列出了八個街區名稱，並說明其他地區並非獨立街區，而是附屬地，或尚未完全開發（即居民稀少）的耕地。

之後，大不里士的鄉士史《純後裔的歷史》（一八八二～一八八三年；伊斯蘭曆一三〇〇年）所記錄的街區，比起《諸國鑑》的八個再多加一區，列出了九個街區名稱，此外歸為附屬地。而薩尼・奧多拉在一八八八至一八八九年（伊斯蘭曆一三〇六年）編寫的《事蹟集成》中也列出了九個街區，與《純後裔的歷史》相同。由此可見，至少就行政當局來看，有專屬街區長的街區，才能被認為是獨立的街區；假如街區長是兼任，則不被視為完整的街區。

＊ 名主與庄屋類似於今日的村長。

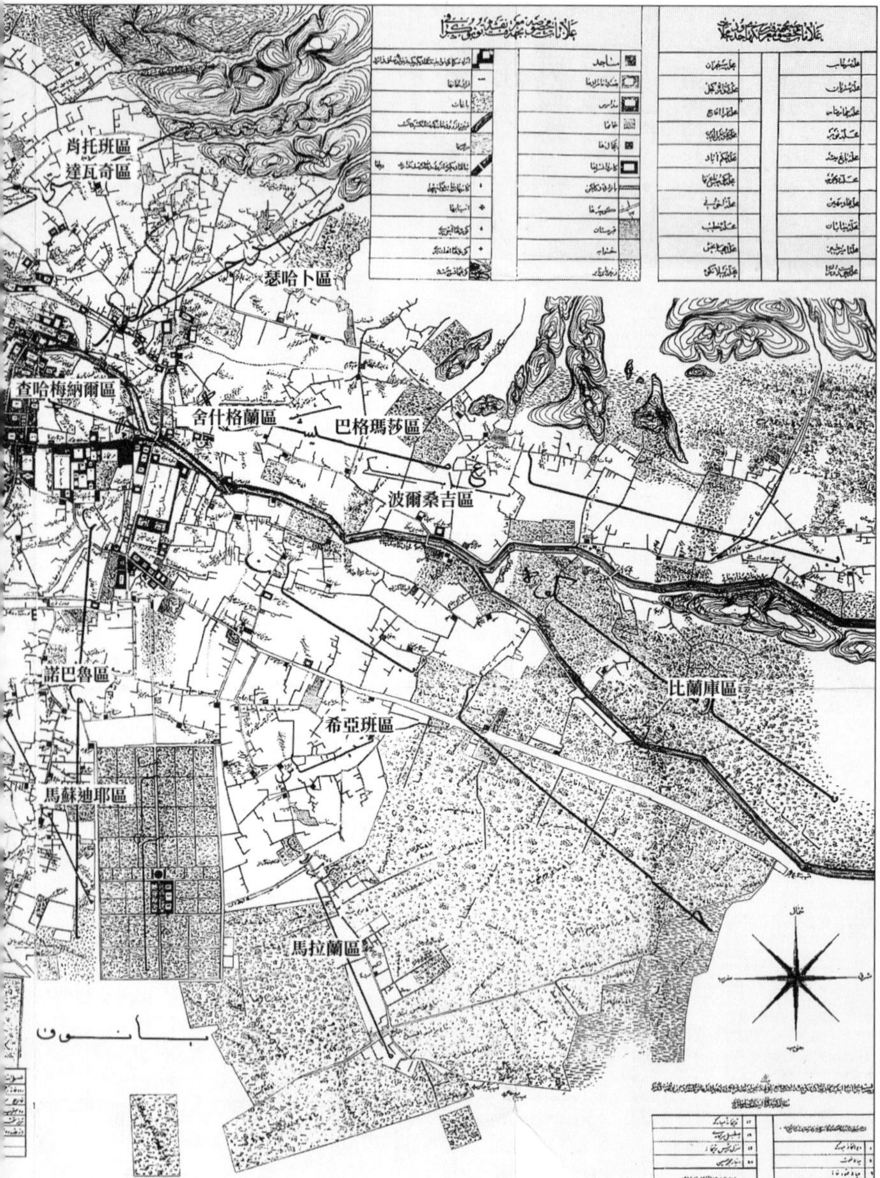
肖托班區
達瓦奇區
瑟哈卜區
查哈梅納爾區
舍什格蘭區
巴格瑪莎區
波爾桑吉區
諾巴魯區
希亞班區
比蘭庫區
馬蘇迪耶區
馬拉蘭區

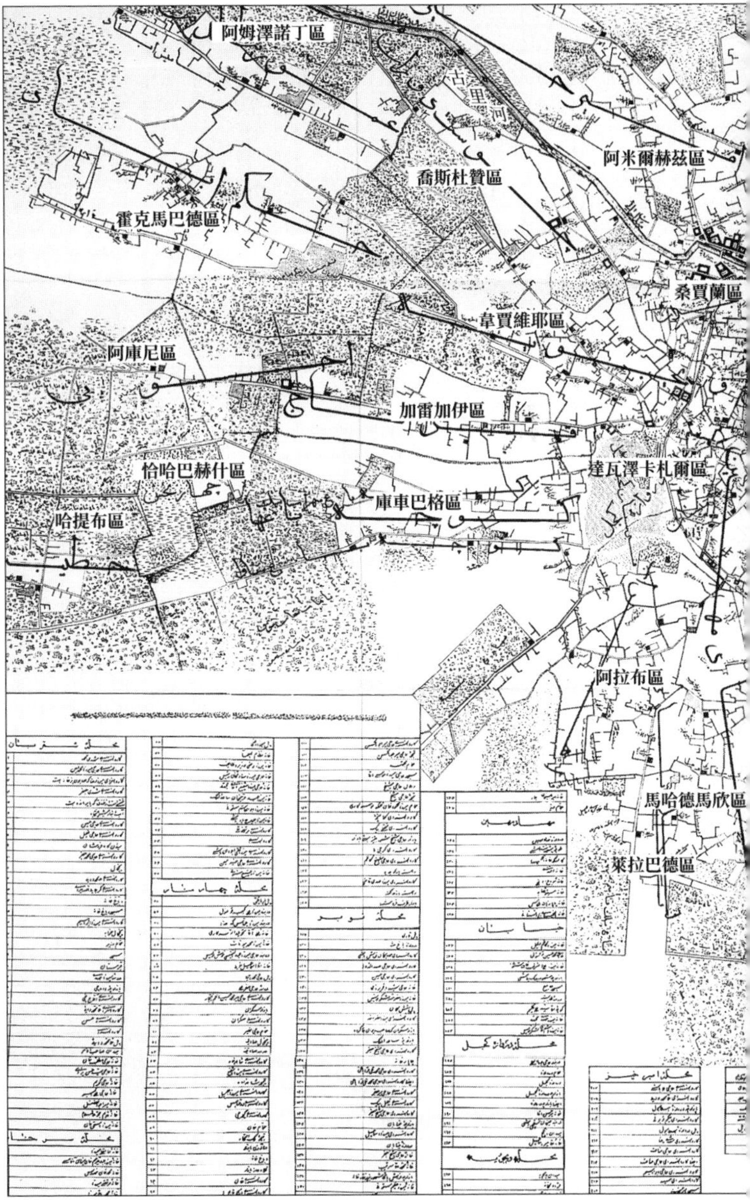
阿姆澤諾丁區
古里河
阿米爾赫茲區
喬斯杜贊區
霍克馬巴德區
桑賈蘭區
韋賈維耶區
阿庫尼區
加雷加伊區
達瓦澤卡札爾區
恰哈巴赫什區
庫車巴格區
哈提布區
阿拉布區
馬哈德馬欣區
萊拉巴德區

大不里士街區

然而，街區的組成和擴展並不總是固定的，而且會隨著時代而變化。理由有很多，舉例來說像大不里士這樣的地震帶，每逢地震就有房屋倒塌，造成相當大的死傷，所以街區發展的起伏跌宕也相對激烈；另一方面，大不里士市街在整個十九世紀發展順利，因人口增加而市街擴大的同時，又再一分為二，成為兩個街區。這樣的發展理當可以想像。

今日，我們留有一張大不里士的實測地圖，上面記著一八八〇年七月十九日印製（參閱上頁）。這張地圖是由精英學校*大不里士分校的相關人士所製作。這地圖的價值在於，這不只是伊朗最古老的市街測量圖之一，它記載了大不里士市街在完成「近代化」轉型前的面貌，是極為珍貴的史料。

在該市街地圖中，透過街區名可確認的一共有二十六區。然而，與這張地圖幾乎同時付梓的《王府大不里士的歷史和地理》中的街區數，卻只有二十個。至於在立憲革命前夕或革命時期的街區數，統計數據有伊斯梅爾・阿米爾赫茲（Ismail Amirkhizi）（後述）的二十五區、威森的二十四區、歐班的二十六區，即使有若干異同，但數值都相當接近。如前所述，行政當局的理解和居民的主觀意識有所不同，由外國人角度來看又是不同的面貌。考慮以上各點後，可以說一八八〇年前後與立憲革命時的人口規模幾乎相同；一八八〇年製作的實測地圖所顯示的街區情況，也幾乎與立憲革命期間的大不里士相符。

在此，我們藉由《王府大不里士的歷史和地理》來概觀其中幾個街區的特徵。

東西向貫穿大不里士市街的邁拉尼魯德河（Mehranehroud），北側一共有四個街區。首先，肖托班區（Shotorban），別名達瓦奇區（Davachi，追逐駱駝之意），是大不里士的龐大街區，人口眾多，大半居民是富人階層。鄰近的瑟哈卜區（Sirkhab）亦為大區，有輝煌的歷史。這兩區均設有坎兒井（qanat，暗渠水道）可供水。另外，巴格瑪莎區（Baghmasha）範圍廣闊，綠葉茂密，而靠近市街上權貴及富人宅邸林立的西邊一角，則特別稱為舍什格蘭區（Sheshgelan）和波爾桑吉區（Pol-e-Sangi）。至於在大不里士起義的高峰期，以薩塔爾汗為中心的立憲派戰士（Mojahedan）（後述）根據地——阿米爾赫茲區，相關記述如下：

這是位於市街北側的大街區。由於缺水，果樹園亦少。以披肩販賣而聞名的大不里士商人家族就定居在這個街區。現任街區長是法斯．阿里汗（Fath Ali Khan）的兒子穆罕默德汗（Mohammad Khan），他家世代居於此區，本人是個熟知居民想法的年輕人，街區的居民都很仰慕他。

與伊朗其他各城市一樣，大不里士的街區彼此對立、競爭，因立場迥異不惜武裝衝突的情形相當普遍。自十九世紀初以來，什葉派十二伊瑪目派內部分派鬥爭更加嚴峻，在大不里士也漸趨極端激烈，謝赫派（Sheikhi）、莫塔沙雷派（Motasharre'）、卡里姆卡尼派（Karim Khani）有各自的居住區，

＊ Dar ul-Funun，成立於一八五一年，是伊朗的第一所現代化高等教育機構。

對抗意識高漲而彼此相爭。艾哈邁德・卡斯拉維就曾這樣描寫這群人：「他們的住區分離，彼此無交流與通婚關係，連清真寺也有分別。」

映照出大不里士社會的遊俠群像

卡札爾王朝期間，在伊朗都市社會的街區中有個特別突出的存在：一種稱為遊俠*的團體。大不里士遊俠在上述街區的對立衝突中找到了發揮的舞臺。過去，從薩法維帝國塔赫瑪斯普一世（Shah Tahmasb I）時代起就有關於他們的逸談，每個街區都有擁戴首領的遊俠團體與統治當局作對；由於他們相當棘手，當局常加以拘留並懲處。從那時起，這些遊俠的事蹟就散布在大不里士的歷史，不勝枚舉。進入十九世紀，在卡札爾王朝第三代君王穆罕默德（Mohammad Shah Qajar）到第四代君王納賽爾丁期間，英勇馳名的游俠有哈吉・安拉亞爾（Haji Allahyar）和哈拉吉・奧格利（Hallaj Oghlis）。從德黑蘭派來的蠻橫市場監督官（darugheh）激怒了居民，哈吉・安拉亞爾便在光天化日闖入市場監督官辦公室，殺了官員，隨即逃往城外。哈拉吉・奧格利在王朝能吏阿米爾・尼札姆・加魯斯（Amir-e Nezam Garrusi）擔任亞塞拜然省總督時期頑強抵抗政府，令當局相當頭疼；而哈吉・安拉亞爾則成了遊俠的典範，其事蹟在街頭巷尾間流傳許久不墜。這些事例完全彰顯了本地英雄為居民服務、對抗外來人士的形象模式。

那麼，遊俠在一開始是怎樣的社會存在呢？

一九七九年伊斯蘭革命爆發，新政府宣布要掃盪街頭流氓和暴徒等腐敗分子。當時筆者正好旅居德黑蘭，在詢問伊朗人對此議題的意見時，用「遊俠」稱呼這群人；當時我只是打算單純指涉所謂的反社會分子，但伊朗人卻激動地反駁我。在他們心中，所謂的流氓、暴徒和街上的壁蝨這等敗類，跟遊俠是完全不同的。

無論如何，在歷史上被稱為「遊俠」的這群人，社會上的實際形態很是複雜，社會性格也同樣難以界定。根據資料，在卡札爾王朝期間，他們絕大多數集中在城市活動，有著相當強烈的城市性色彩。事實上，卡札爾王朝下的伊朗，每個城市都有他們的蹤跡。當時訪問伊朗的歐洲人遊記中，也有不少關於他們的描述。然而，根據這些遊記所呈現的視角，這群遊俠遭受到的對待，實在稱不上善意，從稱呼方式來看就可一目瞭然——暴力者、好爭吵、殺人、暴徒、流氓、惡漢、凶漢、不法之徒、懶蟲、廢渣，自命不凡的罪犯等等。簡言之，根據外部觀察者的認知，這群人大致上為反社會的存在，至少就社會而言是負面的意涵。

另一方面，在伊朗內部的史料中，他們又是如何被形容呢？與僅僅只是外部觀察者的歐洲人觀點相比，這裡出現了不同的遊俠形象。和歐洲人的視角相同，他們被稱為惡棍、不法之徒、暴民，地痞、遊民，暴徒等，但另一方面，有時卻也懷著友善與敬意，稱他們為兄弟（Das）、馬什蒂（Mashtee，或馬什哈迪〔Mashhadi〕，這是稱呼曾到過十二伊瑪目聖地之一馬什哈德〔Mashhad〕的朝

＊ luti，路提，原本指出沒於摔角場的摔角手，有時擔任街區的守衛人，有時是英雄好漢，但多半逞勇好鬥，後來變成一種貶稱。

聖者尊稱）。伊朗內部人將他們視為古時候無賴（Ayyar）俠義精神的繼承者，因此稱之為遊俠。

無論如何，在他們身上有時會出現完全相反的評價。這是因為他們在社會上的面貌實在太過多樣了。然而要格外留意，同樣一群遊俠，也可能會因描述者各自的立場與價值觀不同，而呈現全然迥異的面貌。

3 立憲革命英雄薩塔爾汗

完全相反的薩塔爾汗評價

現在我們來聚焦討論本章的主人公，薩塔爾汗。

薩塔爾汗以立憲革命英雄的名號廣為人知，在社會上他的身分是遊俠。這樣的記述不約而同地出現在所有的波斯文資料中。因此，在探討他這個人之前，先來簡要整理一下到目前為止的薩塔爾汗評價。

最早打造出英雄薩塔爾汗原型的，正是艾哈邁德・卡斯拉維。卡斯拉維對薩塔爾汗的描述，集中於《伊朗立憲革命史》中的一節：

> 實際上，薩塔爾汗這樣的英勇抵抗是一次壯舉。在伊朗立憲制的歷史中，從未有過如此偉大且別具價值的行為。一介平民充分發揮了勇氣和熟練技巧，將立憲制度推廣到全伊朗。……由於議員的無能、不成熟以及德黑蘭自由倡議者的失敗，此人以命相搏，拭去附著在伊朗歷史上因緣際會的黑色汙點。

顯而易見，沒有比卡斯拉維更高的評價了。在立憲制終於要步上軌道之時，因國王策畫政變，諸般心血將全面葬送；在這緊要關頭握有決定性籌碼的，就是薩塔爾汗。之後發表與薩塔爾汗相關的著作，不論是研究論著還是小說，基本上都是依循上述路線。胡桑．安布拉米（Houshang Ebrami）的小說《國民將軍薩塔爾汗》（一九七三年）、大流士．埃巴朵拉希．瓦赫德（Daryush'Ebadollahi Vahed）為青少年改寫的小品《薩塔爾汗的冒險》（一九七五年）以及潘納希．塞姆納尼（Panahi Semnani）寫給一般讀者的研究論著《國民將軍薩塔爾汗與立憲革命》（一九九七年）等皆是主要的例子。

卡斯拉維等人給予薩塔爾汗積極肯定的評價，但愛德華．布朗眼中的薩塔爾汗完全相反。他的《波斯革命：一九〇五～一九〇九年》是目前最早的伊朗立憲革命史研究，在該書末尾，他以值得信賴、源自多方資料來源的附錄方式，介紹了薩塔爾汗。因文章稍長，在此摘要介紹：

> 薩塔爾是個文盲，出身加拉達（Qaradagh）地區的無知馬販，與拉希姆汗（Rahim Khan，組成王

軍包圍大不里士的移動部落民領袖）一樣，不知憲法為何物。說起來，他原本就是大不里士的**遊俠**，一九〇八年六月政變前加入了**敢死隊**（fidāʾī，意指準備好為某個原因犧牲的人）。大不里士戰鬥一開始，他發揮驚人的勇氣及領導特質，在自己所屬街區（阿米爾赫茲區）的遊俠面前大出風頭。他的內心就像住著一個克勞德．杜瓦爾，*喜好刻意的展演行為。（中略）一九〇八年八月夏，民族主義者投降，失去鬥志的膽小鬼巴基爾汗也在自家門口升起俄國國旗以表恭順，只有薩塔爾汗仍帶著約二百名的騎兵部下持續抵抗。

他喜好戲劇性效果，當然，就某種程度而言與他的品行有關，但即使如此，他還是值得稱讚。他的沉著及驚人的膽量，為大不里士的救援做出了最大的貢獻。「神與我們同在」是他的口頭禪，恐怕他大概亦是如此相信。

這場成功的戰鬥，包括擋住馬庫（Maku，位於土耳其邊界附近西亞塞拜然省，當時該地的行政官薩爾塔納〔Eqbal al-Saltaneh〕與大不里士立憲派敵對）的庫德人軍隊猛烈攻勢，抵抗來自王軍的全面攻擊，以及趁夜對阿吉柴橋發動的最後攻擊（結果王軍全面潰敗）等事蹟皆為人稱道。這是薩塔爾汗的巔峰時期。若他在此時倒下，應會在歷史上留下光榮之名吧。〔粗體為原引文作者所標示，括弧句為作者注，下同。〕

以上並非布朗一己之評價。外國人研究者對於薩塔爾汗的英勇事蹟，常常投以某種冷淡眼光，事實上也出現了許多負面評價。若探究箇中原因，跟這些評論者在根本上，將薩塔爾汗這名遊俠視為反社會的存在有關。

到目前為止，對薩塔爾汗的評價大致可彙整為兩種：以卡斯拉維為代表的評價，以及收入布朗書中具象徵性的評價。兩者乍看之下似乎完全相反，但都有個不可忽略的基本共同點。前者將薩塔爾汗這號人物嵌入英雄模板中，與英雄形象不相符的部分或不適宜的地方便加以裁剪，只強調合宜、以及與英雄相稱的優點，也就是一種「美化」；另一方面，後者對薩塔爾汗抱持否定評價，即使承認他對立憲革命有一定程度的貢獻，卻也強調他的反社會行動面向。換言之，面對一個擁有多樣面貌的薩塔爾汗，雙方論者各自都只強調某個單一面向，結果共同打造出了極為單調的薩塔爾汗形象。

薩塔爾汗的真實樣貌

薩塔爾汗似乎從未上過學，也沒學過讀寫。據聞他經常為此後悔。也因為如此，他沒有留下諸如日記之類的文書資料。雖然留下了有薩塔爾汗署名的電報，但這些貴重資料只傳達了他的意志，卻不是他本人所寫。總之，若想探究他一生的行為及其背後的想法，只能根據他周遭人的證詞及旁人所寫的文件。其中特別值得注意的是，貼身接近過薩塔爾汗、經歷過立憲革命及大不里士起義的伊斯梅爾．阿米爾赫茲，於一九六〇至一九六一年出版的《亞塞拜然起義與薩塔爾汗》中記錄了有

＊ Claude Duval，十七世紀法國的攔路強盜。據說他喜好濟弱扶幼，擁有騎士精神，是許多小說及劇作家眼中的傳奇浪漫人物。

關薩塔爾汗的事跡。從阿米爾赫茲出生於一八七七年來看，他比薩塔爾汗小了約十歲。他是生於阿米爾赫茲區的商人之子，年輕時投身立憲運動，三十歲左右碰上大不里士起義。在戰事如火如荼時，他接受薩塔爾汗本人請求，成為他的助手和顧問。薩塔爾汗搬到德黑蘭時他隨行，薩塔爾汗過世後他就留在伊斯坦堡。一九一九年他返回大不里士，在馬赫穆迪亞（Mahmoudieh）中學擔任波斯語教師，翌年升任該校校長。一九三五年他移居德黑蘭，擔任精英學校校長，此後包括一九四二年亞塞拜然省文化局長，一九四六年伊朗文化部高等督學，他經歷了伊朗教育界各大要職。這段期間，他同時是伊朗研究院（Farhangistān-i）的成員。阿米爾赫茲的所見所聞直接來自於薩塔爾汗或其周遭的人們，接下來分析他口中的薩塔爾汗前半生的幾個階段，並作摘要追溯。

根據阿米爾赫茲的說法，薩塔爾汗的出生年是伊斯蘭曆一二八四至一二八五年間，換算成西元年約為一八六七至一八六八年。有一說是一八六八年八月十九日，亦有一說是一八六〇年代初，但很難斷定。事實上，就連他的出生地是否確定不在大不里士，這點至今也沒有定論。即使如此，從他父親這條線索來看，大致可掌握些端倪。他的父親哈吉·哈桑（Haj Hasan Bazzaz）出身加拉達地區（別名阿拉斯巴，Arasbaran），在大不里士和艾海爾（Ahar，加拉達地區的首府）購入布料，然後在鄰近村落販售，也就是行商。總之，他們一腳踩在城市，另一腳踩在農村，是亞塞拜然語所說的「ticarət」。加拉達地區北以阿拉斯河與亞塞拜然共和國，東與梅什金沙赫爾（meshkinshahr）、南與大不里士及赫里斯（Heris）、西與馬蘭德（Marand）相接壤。居民絕大多數為土耳其人，即使有部分基督徒及「Ali-Allahi」（視阿里為神的人群，亦被稱為真理之民〔Ahle Haqq〕），但大多數居

圖 1-3　薩塔爾汗（前排左）與兒子亞杜拉汗（前排中央）
薩塔爾汗死後，亞杜拉汗被叔父養大。之後留學法國，軍官學校畢業後擔任上尉，但因不服從命令，被終身監禁。獲赦後去了英國，1978 年過世。

民皆屬什葉派十二伊瑪目派。

總而言之，他父親的生活圈大致侷限於加拉達，推測薩塔爾汗的出生地亦為該地區的某處。另有一說認為，他出身自在該地區活動的移動部族民集團穆罕默德汗魯（Mohammad Khanlu）。

哈吉・哈桑與前妻育有一男二女，與後妻育有三男二女。薩塔爾是後妻所生的次子，在所有男嗣中排名第三。前妻所生的兒子伊斯梅爾（Ismail）有三子，長子穆罕默德汗（Muhammad Khan）在大不里士起義時腳受傷裝上義肢，獲賜「阿米雷・托瑪尼」的尊稱。俄軍入侵大不里士後，他與次子卡利姆（Karim）同被處以絞刑。三子易卜拉欣（Ibrahim）後來跟著薩塔爾汗前往德黑蘭，並在此終老。後妻所生的長子馬什哈迪．加法爾汗（Mashhadi Ghaffar Khan）是鞋匠，並未直接參與起義，但因為是薩塔爾汗的兄弟而被俄軍處以絞刑。薩塔爾汗的弟弟哈吉．阿齊木汗（Haji Azim Khan）未加入薩塔爾汗，他在革命初期務農，但之後也被捲入革命。馬什哈迪．加法爾汗有兩子，穆罕默德．哈桑汗（Mohammad Hasan Khan）和阿克巴汗（Akbar Khan），前者加入一次大戰期間成立於克爾曼沙赫（Kermanshah）的臨時國民政府，然得終其天年，阿克巴汗亦同樣得以善終。另外，薩塔爾汗有三名子女，長子亞杜拉汗（Yadollah khan）、長女比於克．卡農（Buyuk khanom），以及次女馬蘇梅．卡農（Masoumeh khanom）。

反骨的薩塔爾汗

依據阿米爾赫茲的描述，發生在哈吉．哈桑長子伊斯梅爾身上的事件，對薩塔爾汗的人生造成了決定性影響。伊斯梅爾也和父親一樣出生於加拉達地區，孩童時代協助父親工作，到了十七、八歲左右，他與穆罕默德汗魯、哈桑貝格魯（Hasanbeyglu）等移動部族民集團往來，沉迷於騎射。

此時在阿拉斯河北側，伊瑪目沙米勒（Imam Shamil）抵抗俄羅斯的行動告終，俄羅斯帝國即將鎮壓高加索全境。然而，部分穆斯林居民不願從屬於俄羅斯異教徒，各地於是組織起各種朋黨與俄羅斯對抗。從亞塞拜然民族主義的立場來看，這群人被定位為「義賊」（Kachaks），在亞塞拜然獨立運動史上占了一席之地。所謂「義賊」通常是指從事非法貨物販賣、也就是走私的人，在亞塞拜然語中亦有公然反對公權力、一見苗頭不對就躲入山林隱匿的亡命之徒（其中包括許多農民）之意。

這群人的代表例子，包括了占賈的德利阿里（Deli Ali）及坎貝爾（Campbell）、卡拉巴的蘇萊曼（Suleyman）和穆爾紮塔（Murtaza）、贊格祖爾的納比（Nebi）、努哈的克利姆（Kerem）、艾芬的古素姆（Gulsum）等人。

其中有位叫法哈德（Ferhad）的義賊，是伊斯梅爾的老朋友。法哈德曾被俄羅斯官吏追趕、渡過阿拉斯河逃入伊朗境內，最後藏匿在伊斯梅爾的家中。加拉達行政官碰巧得知這件事，加上俄羅斯要求緝捕到案，因此包圍了伊斯梅爾的家，殺了法哈德並拘留伊斯梅爾，送往大不里士。當時的亞塞拜然省總督為王儲，即日後卡札爾王朝第五代國王穆薩法爾丁（Mozaffar al-Din Shah Qajar），下令將他斬首。這是伊斯蘭曆一三〇三年發生的事，換算成西曆，約在一八八五至一八八六年之際。這起事件讓哈吉・哈桑沉痛不已，根據阿米爾赫茲的記述，他到死前都為伊斯梅爾守喪，並反覆叮囑薩塔爾汗，務必要卡札爾家族血債血償。薩塔爾汗在起義最高峰時經常對周圍的人說道：「即使只剩一天可活，我也要為伊斯梅爾報仇。」儘管無法確定此話真偽，但可以推測，這種同仇敵愾的報復心理在當時引發了周圍人們的同理心，賦予薩塔爾汗頑強抵抗當朝政權（即卡札爾家族）的明確動機，而實踐的方式就是大不里士起義。

此外，哈吉・哈桑家族在何時、以及為何離開加拉達而移居大不里士，雖然無從得知，但恐怕是伊斯梅爾事件發生後不久的事。可以確定的是，薩塔爾汗十七、八歲時人就已經在大不里士。

無論如何，薩塔爾汗並非生於大不里士，他所居住的阿米爾赫茲區的居民也沒人認識他。即使是土生土長的阿米爾赫茲回想過往，也是直到某事件發生後才聽聞薩塔爾汗的名字。該事件的始末是這樣的。

當時，勢力擴張到加拉達地區哈薩納巴德村（Hasanabad）一帶的移動部族民集團首領米爾扎·穆斯塔法（Mirza Mostafa），他的屬下與王儲宮廷的供應團（原意為騎騾）因為一點小事起了糾紛。過程中，首領的兒子薩馬德汗（Samad Khan）殺了其中一人。米爾扎·穆斯塔法為了息事寧人，便透過調停人將薩馬德汗和另一個兒子艾哈邁德汗（Ahmad Khan）送往大不里士，同時委託素有交情的薩塔爾汗之父哈吉·哈桑照顧他們。哈吉·哈桑派兒子薩塔爾汗接應，將他們藏匿在郊外的庭園（bagh）。但供應團聽到此消息後，便出動加以包圍。經過一番激戰，所有人都被逮捕，帶到省府。薩馬德汗和艾哈邁德汗遭剁碎殺害，薩塔爾汗則鋃鐺入獄。阿米爾赫茲如此回憶當時的情形：

> 映入眼簾的是一名十七、八歲左右的年輕人，身穿短套衫，頭戴刺繡無沿帽，被扛在肩上搬走（薩塔爾汗的腿在戰鬥中受了槍傷）。沒有一個人認識他。最後，認識他的人告訴我，他是加拉達的薩塔爾。（中略）那天，是我初次聽到加拉達薩塔爾的名字。因為許多人在場，他的事廣為人知。

＊目前尚不清楚他是何時開始被稱為汗。至少在大不里士起義的時間點，從各種資料來看，他已經得到了汗的尊稱。附帶一提，汗原來是移動部族民團體首領的尊稱，卡札爾王朝時期被廣

泛使用，成為一般化的稱謂。

阿米爾赫茲將此事件視為薩塔爾汗誓言對卡札爾王朝官員進行復仇的主要動機之一。無論如何，薩塔爾汗的事蹟以此事件為分界，出現了大幅轉向。事件之後，薩塔爾汗被關押在阿爾達比勒的納倫吉加勒監獄（Narenj Ghale）。該監獄負責收容教唆叛亂的政治犯等重刑犯，當時亦是以環境惡劣而聞名的監獄。他待了兩年後逃獄，藏身於伊爾奇及阿拉魯等移動部族民集團，在這裡聚集了志士，靠著騎射技巧模仿亞奎布·伊本·萊思（Ya'qub ibn al-Layth，中世紀有名的遊俠，之後建立了薩法爾朝〔Saffarids〕），在街道上攻擊卡札爾王朝的馬車。之後他回到大不里士的父親身邊，透過朋友牽線，負責霍伊（Khoy）、薩爾馬斯（Salmas）和馬蘭德（Marand）街道的警備工作。他再次展現出與生俱來的膽量和勇猛，累積極高聲望。也許因為這樣，他得以加入荷拉善地區總督直屬騎兵部隊，並派駐馬什哈德，然而不久後卻與總督發生衝突而辭掉工作。在前赴聖墓（Atabat，伊拉克的什葉派十二伊瑪目派聖地）朝聖時，又捲入了當地鄂圖曼帝國官員（Shurta）的糾紛中，於是再度回到大不里士。

他接受數名地主的委託，前往薩爾馬斯擔任土地管理人（mubashir）。他這次的表現更加受到注目，回到大不里士時，他的名號已無人不知，無人不曉。

在大不里士安頓下來後，他活用馴馬的經驗與知識，成了馬販。另一方面，他的氣概和膽量得到發揮，經常主動負責維護地區治安。舉例來說，大不里士的商賈頭人（Tacirbaşı）之子馬哈茂德從歐洲返鄉途中，在大不里士附近被打劫，全身衣物被扒光，之後向當局提起訴訟。行政官對警官長（Beiglarbeigi）下達嚴令，無論如何要逮捕犯人並取回贓物，然而警官長知道自己的下屬並不可靠，不得已只得求助於薩塔爾汗。薩塔爾汗僅花了兩天時間就取回了贓物，並將兩名罪犯移交給警官長。

如此一來，不只是薩塔爾汗所居住的阿米爾赫茲區（他也曾擔任阿米爾赫茲區的街區長），對大不里士整體而言，他都是維持治安不可或缺的存在。在大不里士，他成了眾所皆知、不屈不撓的遊俠。

4　激烈的大不里士起義

大不里士起義前夕

「立憲運動雖始於德黑蘭，但讓其得以發展並獲致成功的是大不里士。」這句艾哈邁德・卡斯拉維的名言，就某種層面來說實在是一針見血。一九〇六年八月五日，卡札爾王朝第五代國王穆薩法爾丁發布立憲制敕令，九月九日頒布《選舉法》（第一次選舉法），大不里士率先成立了為管理國會選舉事務，而組成的選舉管理委員會（日後的大不里士議會〔Tabriz Anjoman〕，亦稱為亞塞拜然地方議會）。由於地主、大商人和烏理瑪（伊斯蘭學者）等城市權貴人士握有主導權，這個委員會並未被賦予管理選舉業務以外的權限。

然而，在國會選舉結束後，大不里士議會並未遵從亞塞拜然省總督穆罕默德・阿里（日後的第六代國王）的解散勸告，同時表明在《憲法補則》（憲法第二部、一九〇七年十月七日發布）發布前不會解散。這是大不里士立憲派勢力首度表達對統治當局的抵抗。在《選舉法》公告前，立憲運動的主要推動者大不里士立憲派勢力已組織起自己的協會，之後與大不里士議會合體，成為立憲派的活動據點。亞塞拜然地區選出的國會議員團於一九〇七年二月抵達德黑蘭，從他們提出的七項要求中，可以清楚看出他們是如何定位立憲制下的國會角色。其中包括將現有的地方議會制度化，以及比照首都國會與中央政府（由國王任命的行政機關）的權責區分，設立與地方當局對等的地方議會機關。保障議會法律地位的法源來自《憲法補則》第九十條。

此外，第一次立憲制期間的大不里士議會，具有超越憲法規定的權力和影響力。舉例而言，一九〇六年末大不里士爆發糧食問題，當時議會就下令禁止大商人囤積米穀，並控管肉類和麵包的價格。大不里士議會的權限不僅於此，當時還部分掌控了歸亞塞拜然省（總督是王儲）管轄的市街行政部門和警察部門，更進一步將司法業務納入管轄範圍。順帶一提，伊朗最早成立的警察機構是在大不里士，伊朗首度設置的上訴法院亦在大不里士。如此看來，第一次立憲制期間的大不里士，可說是同時擁有了行政權與議會權的雙重權力。

社會民主黨與大不里士議會

接著要介紹無論在思想或行動上，都對以大不里士議會為主要活動據點的大不里士立憲派造成深刻影響的政治組織——社會民主黨。

十九世紀後半，擁有世界最大產油地巴庫油田的高加索一帶，以石油業工人為中心的工人運動相當蓬勃，這裡也是第一次俄國革命（一九〇五年）的中心地之一。

阿齊茲別科夫（Azizbekov）、埃芬迪耶夫（Afandiyev）和札帕里澤（Japaridze）等三人於一九〇四年組織了進步黨（Hummet），社會民主黨大約在同一時期誕生。這兩個組織包含成員在內，都相互混雜，兩者都在俄羅斯社會民主勞動黨之下，前者旨在組織起該地區的穆斯林，而後者則是要組織同地區的伊朗工人和居民，大概就是一種按類型分層管理的概念。

一般認為，大不里士的社會民主黨是在高加索社會民主黨的強大影響下組織起來的。例如，大不里士社會民主黨規約與高加索社會民主黨規約高度雷同，另外納里曼・納里曼諾夫（Nariman Narimanov）這位高加索社會民主黨的核心人物，他也主導了大不里士社會民主黨的創立。雖說兩個組織的確有緊密合作關係，但大不里士社會民主黨並未受高加索社會民主黨的直接指導，從活動方針相關議題上亦可見到卡爾巴拉・阿里（Karbala'i Ali，又稱Ali Monsieur，後述）與來自高加索的社會民主黨關係人士之間的意見分歧與對立。總之，應將這兩個組織視為完全獨立的個體。

在大不里士組織的社會民主黨有「祕密中央委員會」（Markaz Gheybi）、「社會民主黨」、「國民義勇黨」、「伊斯蘭聖戰士黨」、「伊斯蘭防衛黨」和「戰鬥員」等各種稱呼，其中最具特色與代表性的名稱，是祕密中央委員會。顧名思義，從參加成員到活動內容等均不公開，因此至今仍有許多不明之處。然而，根據各種資料及當時關係者的證言可知，該黨的創辦人及活動核心人物是卡爾巴拉・阿里，其他還有哈吉・拉蘇爾・薩德基亞尼（Haj Rasul Sadeqyani）、哈吉・阿里・達瓦奇（Haj Ali Davachi，俗稱 Davafroosh，意指藥材店）和賈法爾・阿加・甘傑（Jafar agha Ganjei）等商人。

圖 1-4　阿里先生與二子

《伊朗立憲革命中的亞塞拜然起義》作者、同時也是祕密中央委員會成員的卡里姆・塔赫札德・貝札德（Karim Taherzadeh Behzad），在書中就舉了大不里士起義中知名的政治家及思想家卡爾巴拉・阿里為例。「蒙蘇爾」（Monsieur）是阿里的外號，法語的「先生」之意。據說阿里通曉法語，對法國革命史非常熟悉且經常談論，因而有此稱號。

圖 1-5　侯賽因汗・巴格班麾下萊拉巴德區（Leilabad）的戰鬥隊

阿里出身自大不里士市街中心的諾巴魯區（Nowbar），繼承父業從商的同時也開設製陶廠。身屬大不里士富裕階層的他，年輕時起即廣泛涉足各種業務，遍足歐洲和鄂圖曼帝國的各區域，更在高加索接觸了來自西歐的新文物，並與高加索與俄羅斯社會民主勞動黨相關人士深交。毋庸置疑，這與日後大不里士民主黨的成立有密切關係。他一直是祕密中央委員會的核心人物，在大不里士起義的發展過程中扮演極重要的角色。然而，他在一九一〇年即以四十四歲之齡英年早逝（一說是毒殺）。

他的兒子們亦是如此。阿里的兩個兒子哈桑（Hassan）和加迪爾（Ghadir）在前線與俄國包圍軍作戰，俄軍入侵大不里士後的一九一二年一月十日，他們與一同抵抗俄軍的謝赫．伊斯蘭（Sheikh al-Islam，大不里士謝赫〔sheikhi〕派教長，權威立憲派烏理瑪之一）等六名大不里士立憲派成員一同被處以絞刑。另一子哈吉汗（Haji khan）在大不里士起義結束後離開大不里士，然而在一九一六年十一月，他和巴基爾汗欲與臨時國民政府會合，卻命喪希林堡（Qasr-e Shirin，位於現今與伊拉克接壤邊境）郊外。

大不里士議會（實際上是祕密中央委員會）傾全力且值得大書特書的事蹟之一，是設立戰鬥隊（Mojahedan）。所謂的戰鬥隊是戰鬥員（Mojahed，其意為執行聖戰的人）的複數形式，顧名思義，即是維護立憲制、扛下神聖任務的革命防衛組織。研究戰鬥隊社會背景的索拉布．亞茲丹尼（Sohrab Yazdani）在其著作《立憲制的戰鬥隊》（二〇〇九年）中指出，大不里士戰鬥隊有個特徵，即是參加者中有許多遊俠。除了薩塔爾汗及巴基爾汗，還有別名「立憲制旗手」的侯賽因汗．巴格班（Hosein Khan Baghban，正如其名，他的職業是園丁）、馬什哈迪．阿莫格里（Mashhadi Amo-oghli）等等，數也數不清。索拉布．亞茲丹尼表示，遊俠之所以加入大不里士防衛戰，除了原本他們就強烈重視所謂的公正（Adalat）價值觀，以及為了追求公正就得做好對抗高壓和不當統治（亦即對抗專制統治）的心理準備外，這群遊俠們更同時體認到，之所以贊同立憲派，不就是希望自己這套生存之道，即使放在新框架中仍能維持嗎？只不過，這是個無法實現的夢。後面會再提到。

立憲派與反立憲派的對立

一九〇八年在首都德黑蘭，卡札爾王朝第六代國王穆罕默德．阿里發動政變，下令直屬部隊、俄籍上校利亞霍夫（Colonel Liakhov）麾下的哥薩克軍團（Cossack Brigade）砲擊國會。政變成功後，伊朗全境開始全力掃盪立憲派勢力。大不里士議會亦遭受嚴重打擊。議長及阿傑洛．爾莫克（Ajlal ol-Molk，警察部門主管）逃入俄羅斯領事館，立憲派大商人哈吉．庫澤赫卡納尼（Haj Mehdi Koozeh Kanani）逃往鄂圖曼領事館。至於亞塞拜然地區的國會議員，立憲派的先鋒薩義德．哈桑．塔基札德（Sayyed Hassan Taqizadeh）也在不久後亡命海外。

如此，大不里士議會陷入了停滯狀態，在王軍部隊重重包圍下，巷戰已成日常。在這種狀態下，薩塔爾汗與巴基爾汗兩人自然獲得了與王軍直接對峙（即是對王朝起義）的戰鬥隊之信賴與支持，所以兩人會被視為實際上的起義領袖，也是理所當然。以上這些是由哈吉．穆罕默德．巴克爾．韋賈維耶（Hajj Mohammad Baqer Vijviyeh）《亞塞拜然革命和大不里士起義的歷史》（初版應為一九〇九年）而整理出來。這位作者出身自許多烏理瑪及大商人居住的大不里士高級街區韋賈維耶。做為商人，關於他的經歷雖仍不明，但已知他是祕密中央委員會的書記，負責委員會記錄事務。依據其背景，這本書可說是該委員會關於起義（包圍戰）的正式紀錄。無論如何，這本堪稱記實的書籍到目前為止，做為處理大不里士起義（包圍戰）的史料，在準確性和涵蓋度上仍是無可取代的第一手資料。

根據《亞塞拜然革命和大不里士起義的歷史》，當德黑蘭立憲派因國會砲擊事件而全面潰敗之際，薩塔爾汗與巴基爾汗得知這消息，便各自帶了一群人想支援德黑蘭。他們雖然集結在大不里士東郊的巴斯門尼（Basmenj），但面對大不里士市內反立憲派攻勢的大不里士議會要求他們立即回城支援。之後，大不里士市街分為立憲派與反立憲派兩個陣營，展開了巷戰。與此同時，以支援大不里士反立憲派為名，穆罕默德．阿里決定派遣王軍包圍大不里士，奪回該城。從一九〇八年六月開始至一九〇九年四月，雙方展開了長達十一個月的戰爭。立憲派將這場戰爭稱為大不里士起義。

在國王授意的國會砲擊事件之前，自一九〇七年開始，主導立憲運動的陣營內部在討論立憲制理想的議題上，就出現了激烈對立。謝赫．法德拉．努里（Shaykh Fadlullah Nuri）等人主張立憲制必須是遵循伊斯蘭法（Sharia）的立憲制（mashruta mashru'a），反方則主張施行西歐形式的立憲制。穆罕默德．阿里為推翻立憲派所發動的政變未遂事件（一九〇七年十二月）更加速了這層對立。在這樣的趨勢下，大不里士反立憲派的活動更形蓬勃。

米爾．哈什姆．肖托巴尼（Mir Hashem Shotorbani）是亞塞拜然地區選出的國會（第一屆國會）議員，最初是立憲派，爾後立場逐漸轉向支持遵循伊斯蘭法的立憲制。在與大不里士的權威烏理瑪、米爾扎．卡里姆．莫吉塔赫德（Mirza Karim Mojtahed）和米爾扎．卡里姆．伊瑪喬瑪（Mirza Karim Imamjoma）等人會談後，他在國會砲擊前夕於賽昔布區（Sırxab）設立伊斯蘭安卓曼（設立的確切時期不明），明確表態與立憲派敵對。參加該安卓曼的勢力在一九〇八年六月初向立憲派據點希亞班區（Khiyaban）及阿米爾赫茲區發動了首次攻擊。到了六月底，乘國會砲擊事件的威勢，不僅賽昔布區，肖托班區（Shotorban）、舍什格蘭區（Sheshgelan）和巴格瑪莎區（Baghmasha）亦成功納入控制。結果，流經大不里士市街的邁拉尼魯德河北側只剩下阿米爾赫茲區仍在立憲派手中，形成立憲派陣營和反立憲派陣營隔河對峙的局面。另一方面，穆罕默德・阿里任命了立憲革命之時的宰相、在立憲制敕令公布同時遭罷免的卡札爾王族恩德・道勒（Eyn-ed-Dowleh）為新任亞塞拜然省總督，並任命塞帕達爾・托內卡博尼（Sepahdar Tonekaboni，之後加入立憲派陣營，是鎮壓德黑蘭的吉蘭省〔Gilan〕戰鬥隊領袖之一）為總司令官，並派遣鎮壓軍，以奪回立憲派頑強抵抗的大不里士市街。

事實上，這支以亞塞拜然省總督恩德・道勒為首的鎮壓軍，組成分子包括了拉希姆汗（Rahim Khan）麾下加拉達地區移動部族民集團所組成的騎兵隊、肖亞・內札姆（Shoja Nezam）所率領的馬蘭德（Marand）騎兵隊、庫德人卡爾霍（Kalhor）族和巴赫蒂亞里（Bakhtiari）等移動部族民集團，甚至國王直屬的哥薩克軍團（日後巴勒維王朝的國王禮薩汗〔Reza Shah Pahlavi〕亦加入擔任指揮官），再加上大不里市街的反立憲派諸勢力，據說高達三萬五千人到四萬人之譜。相較於此，以大不里士立憲派為核心的戰鬥隊，即使加上來自高加索的戰鬥隊及周邊地區參戰的農民，估計最多也只有一萬五千人到二萬人。

這數字明顯處於劣勢，使得戰鬥隊不斷遭受攻擊，包圍軍還斷絕了糧食供給，全城籠罩在飢餓狀態。但即使如此，戰鬥隊仍堅持應戰，直到最後都沒有舉起白旗。根據韋賈維耶的記載，在人員的耗損（戰死者）方面，在起義開始二個月間，戰鬥隊耗損約三百名，敵方耗損超過了二千名。

德黑蘭砲擊國會事件以來，大不里士反立憲派對立憲派（各地區）連續發動強烈攻勢，市街上的殺戮及略奪行為亦相當頻繁。伊斯蘭安卓曼更發出通告：「拒絕投降者將被視為叛國者而加以斬首，同時沒收家當。」通告一出，屬於立憲派的各區立即散見白旗歸降。

起義中的薩塔爾汗

在這樣的狀況下，巴基爾汗的戰鬥隊接受了大不里士駐俄羅斯總領事的勸降，放下武器表明停戰。各區的立憲派勢力紛紛集結到薩塔爾汗的戰鬥隊之下，也就是唯一堅持抵抗的阿米爾赫茲區。大不里士立憲派在背水一戰（一九〇八年七月二～三日）情勢最險峻的時候，俄羅斯總領事曾造訪薩塔爾汗，試圖說服他接受俄國政府的庇護（也就是投降）。韋賈維耶記錄了當時薩塔爾汗的回答：

在我頭上飛揚的是阿布．法茲爾．阿巴斯（Abul Fazl Al Abbas，在卡爾巴拉一役，第四代哈里發阿里之子伊瑪目．胡笙殉教時護衛並同時殉教的將領）與伊朗的旗幟。因此，我不需要追隨您的旗幟。我絕不屈服於暴政與專制。我會舉起伊斯蘭與阿布．法茲爾．阿巴斯的旗幟，悉數除掉大不里士市街立起的投降白旗。若伊朗的陛下要懲罰我，我將甘心接受。然而，要國民放棄遵循伊斯蘭法，這是絕對不可能的。

之後，薩塔爾汗帶著不到二十名的戰鬥員走上市街，拆除白旗。此舉激勵了絕望的立憲派大不里士居民，巴基爾汗再度拿起槍，對聚集在市街庭園的拉希姆汗部隊發動奇襲。自開啟包圍戰線以來，立憲派首度取得勝利。

在這場戰鬥後，一九〇八年八月局勢稍微平緩下來，立憲派勢力重建了大不里士議會，通知國內主要城市及大不里士的各國領事，在國會再度召開之前，由大不里士議會代行國會之職。為了強化與組織化防衛體制，立憲派成立了以薩塔爾汗為總負責人、擔任防衛戰指揮及監督的監督評議會。如此一來，薩塔爾汗確實成為了大不里士起義（防衛戰）的核心，成為這場戰爭的最高負責人。

那麼接下來的問題是，薩塔爾汗和祕密中央委員會的關係為何。根據當時相關人士的證詞，幾乎可以肯定薩塔爾汗是祕密中央委員會的一員。有些證言指出，在決定是否讓他入會時，部分成員以他是遊俠這理由而遲疑，但出於守護立憲制的最終目的，像他這樣的存在是必要的，這樣的意見最終取得優勢，便讓他加入。話雖如此，我們仍舊很難確定是薩塔爾汗主動希望加入祕密中央委員會，還是委員會單方面試圖邀他進來。

根據亞茲丹尼的說法，在薩塔爾汗與大不里士議會之間斡旋的伊斯梅爾・阿米爾赫茲，以及書記官米爾扎・伊斯梅爾・亞坎尼（Mirza Esmaieel Yekani），這兩人在一定程度上被認為是薩塔爾汗思想上的支柱，但沒有誰可以對他造成決定性影響。當時駐大不里士的英國外交官也在報告中指到：「薩塔爾汗有自己的一套準則，並依自身意志行動。」若真如此，薩塔爾汗堪稱是獨立不羈的遊俠典範。

一九〇八年六月下旬開始，包圍大不里士的王軍以及在戰鬥中出人意料的薩塔爾汗等游俠英姿，透過英國《泰晤士報》、《每日電訊報》、《衛報》等向外部世界報導並加以傳播，外媒紛紛稱薩塔爾汗為「波斯的加里波底」（Garibaldi，歐美如此稱呼）或「亞塞拜然的普加喬夫」（Pugachyov，俄羅斯如此稱呼），讚揚他是理想的革命指導者。值得特別一提的是，列寧也曾稱許他的行動，認為全世界都應加以仿效，並表示「面對舊體制復辟的企圖而不惜採取軍事行動，這樣的革命運動絕對不會被摧毀而消逝」，給予大不里士起義及其領袖高度肯定。薩塔爾汗的威名甚至遠播到中亞及摩洛哥，引發該地區改革人士的強烈共鳴。

圖 1-6　撤去白旗的薩塔爾汗一行人

實際上談到大不里士起義，周邊地區自不待言，不僅全世界加以馳援，許多人更親自拿起槍枝加入戰爭。更特別的是，不只隸屬俄羅斯社會民主勞動黨勢力的進步黨及社會民主黨相關人士積極支援，奧爾忠尼啟則（Grigoriy Konstantinovich Ordzhonikidze，史達林的盟友，日後的蘇聯共產黨政治局成員）、阿遼沙・賈帕里茲（Alyosha Japarize，日後的巴庫公社〔The Baku Commun〕成員）、馬吉德・埃芬迪耶夫（Sultan Medjid Efendiev，進步黨創始者之一，亦為巴庫公社成員）與亞塞拜然作家薩默德・奧杜巴迪等人都直接來到大不里士。甚至，波坦金戰艦（*Potemkin*）的水兵更親自指導戰鬥隊的砲擊。從這些參與大不里士起義的例子，可以看出這場起義是國際性的事件。

綜觀大不里士起義期間，據說有八百多名來自高加索的戰鬥員加入大不里士戰爭。另有一說，光是俄羅斯社會勞動黨勢力（即進步黨和高加索社會民主黨）就至少有五十名成員在大不里士起義中戰死。此外不只是人力支援，更有武器、彈藥及革命相關印刷品等多方支援。伊斯坦堡、巴黎，倫敦、巴庫和阿什哈巴德（Ashkhabad）等世界各地的伊朗人社群亦援助資金和武器。居住在巴庫的伊朗富商塔卡夫（Zayn al-'Abidin Taqi'uf）等人就因支援戰事而為人所知。甚而當時駐巴庫的伊朗領事卡林・關、駐阿什哈巴德的伊朗領事達比羅爾馬雷克，以及駐提弗利司的伊朗總領事法托霍索魯坦等人，都與高加索的社會民主黨聯絡，積極介入大不里士立憲派的戰鬥物資調配、運送安排和指引工作。以上皆可由當時俄羅斯的外交文書（領事報告）中看出。

5 遊俠們的下場

受革命擺弄的薩塔爾汗

大不里士起義、也就是大不里士包圍戰中，防守方（立憲派）儘管處於劣勢，卻還沒撐到投降，就因俄羅斯軍隊的直接干預而終結。身為捍衛立憲制的英雄，薩塔爾汗及巴基爾汗的名聲不僅大不里士，更是傳遍了伊朗全境。諷刺的是，正是這些名聲左右了他們日後的命運。

無論俄羅斯、英國還是德黑蘭的中央政府（以及中央派遣的亞塞拜然省總督莫克貝爾・薩爾坦〔Mokhber al-Saltane〕）都將他們視為眼中釘。俄羅斯和英國認為這群人象徵了對外國干涉的強烈拒絕，對兩國的伊朗殖民政策是最大的障礙。另外，德黑蘭中央政府受列強影響，也力圖壓制這群人。要實現這個目標，最有效的方法是召他們到德黑蘭，藉口表彰他們為革命英雄，切斷他們與大不里士的關係。這樣做既能維持他們身為立憲制捍衛者的名聲，又能同時切斷薩塔爾汗等遊俠與當地社會的紐帶關係，削弱他們的影響力。此乃一石二鳥之計。

薩塔爾汗和巴基爾汗各自帶著五十名戰鬥隊下屬前往，在俄軍入侵大不里士約一年後，在伊朗太陽曆一二八九年新年的前一日（一九一〇年三月二十一日）往德黑蘭出發。在前往德黑蘭途中，各地居民均熱烈歡迎。從大不里士到德黑蘭大約六百公里的路程，經過途中的占詹省時，出來迎接的第二屆國會議員團舉辦了盛大的招待宴。消息傳入首都德黑蘭時，一些德黑蘭居民甚至來到距離首都一五〇公里處的古都加茲溫迎接他們。進入德黑蘭後，薩塔爾汗一行人住在阿塔巴克公園（Atabak，現今俄羅斯大使館），巴基爾汗一行人則住在埃什拉特．阿巴德公園（Eshrat Abad），每日各給經費一萬里亞爾（rial）。

在此之前，一九〇九年七月中旬，以吉蘭的戰鬥隊和巴赫蒂亞里部隊為主的立憲派勢力成功控制了德黑蘭。十月初，由吉蘭省戰鬥隊領袖塞帕達爾．托內卡博尼擔任總理的政府誕生，十一月十九日召開國會（第二屆國會）。一九〇六年成立的第一屆國會（至一九〇八年）與第二屆國會明顯的區別是，後者自成立的一開始就是各黨派激烈競爭的舞臺。

組成第二屆國會的二大黨派是中道黨（Etedaliyun）與民主黨（Demokrat-e）。前者是組成第一屆國會的溫和派，呼籲漸進式的社會改革，雖然主要支持者為統治階層（地主和富裕階層），但也獲得小商人、手工業者的強大支持，在第二屆國會占三十七席。核心成員包括莫斯塔沙．爾多勒（Mostashar-ad-Doleh，在第一屆國會時與薩義德．哈桑．塔基札德同屬激進派），賽義德．納斯羅拉．阿卡維（Sayyed Nasrollah Akhavi，第二屆國會副議長）、塞帕達爾．托內卡博尼、阿里阿克巴．德赫霍達（Ali-Akbar Dehkhoda，編有波斯文百科全書〔*Loghatname Dehkhoda*〕）等人。此外，在德黑蘭推動立憲運動的權威烏理瑪，塔巴塔拜（Sayyed Mohammad Tabatabai）與貝巴哈尼（Sayyid Mohammad Behbahani）亦為支持者。

另外，民主黨則代表了尋求激進式社會改革的各社會階層，與中道黨相互對立，在第二屆國會占有二十七席。核心成員包括塔基札德（第一屆國會的立憲主義者）、蘇萊曼・埃斯坎達里・米爾扎（Soleiman Eskandari Mirza，卡札爾王族出身，立憲革命期間代表社會主義者，大眾黨〔Tudeh〕的創始人）、瓦希德・穆爾克・謝巴尼（Vahid al-Mulk Shaybani，高等法院法官）、莫薩瓦特（Mossavat）與拉蘇爾札德（Mahammad Amin Rasulzade）等，此外也發行了機關報《新伊朗》（*Irān-e Now*），拉蘇爾札德為總編輯。

在第二屆國會，民主黨與中道黨的對立、鎮壓德黑蘭的吉蘭省戰鬥隊與巴赫蒂亞里勢力的爭執，以及各政黨內部的傾軋，上述種種均一再削弱了立憲派勢力。在各股對立中，除了主義、主張及政策差異外，個人的利益衝突和糾紛亦影響重大。吉蘭省戰鬥隊領袖薩達爾・莫希（Sardar Mohi）與薩帕達爾・托內卡博尼，以及巴赫蒂亞里領袖札爾加姆奧・薩爾坦（Zargham-o Saltaneh）與薩達爾・阿薩德（Sardar Asaad）之間均有不少爭執。對此不甚清楚的薩塔爾汗與巴基爾汗，曾基於自身日常實踐的伊斯蘭規範及生活方式，如此對民主黨人說：「我們要和可憎的衣冠禽獸或洋里洋氣的傢伙保持距離，但也會與中道黨保持關係。」從他們不羈的遊俠身分來看，這種兩面討好的舉動乍看似乎很奇怪，然而我們必須留意，薩塔爾汗和托內卡博尼原就是同鄉，而札爾加姆奧・薩爾坦等人也積極拉攏薩塔爾汗，這些都是不容忽視的背景因素。無論如何，薩塔爾汗和巴基爾汗愈是與中道黨接近，就愈拉開與民主黨之間的距離。

薩塔爾汗等人的凋零

順帶一提，從立憲派控制德黑蘭開始到新政府誕生，約需數個月的時間。首先，高等委員會受命處理國王退位、王儲艾哈邁德（Ahmad Mirza）繼位，以及成立第二屆國會等事宜。不久後，托內卡博尼於一九〇九年十月初成立了立憲制恢復後的政府。但一九一〇年七月中旬，獲得巴赫蒂亞里部族支持的民主黨提出反對，政府只得解散。接著，在巴赫蒂亞里領袖薩達爾・阿薩德的屬意下，莫斯托菲・奧瑪瑪萊克（Mirza Hasan Khan Mostowfi ol-Mamalek）成為總理。他相對年輕、資產雄厚、親民主黨，群眾接受度也高，雖然沒有強大影響力，但總是真誠面對所有事務。

奧瑪瑪萊克政府首先著手進行裁軍，戰鬥隊等武裝勢力已成為一連串政治恐怖主義的溫床。舉例來說，一九一〇年七月十六日，支持中道黨的著名烏理瑪賽義德・阿卜杜勒・比赫比哈尼（Sayyid Abdullah Bihbihani）遭暗殺，被認為出自民主黨的塔基札德之手，他只得亡命海外。數日後，兩名民主支持者亦遭報復殺害。

擔憂恐怖主義連鎖效應的國會（第二屆國會），在一九一〇年八月四日下達命令，禁止警察以外的人士持有或攜帶武器。在這之前，召集了戰鬥隊與巴赫蒂亞里部隊八人代表來到國會，展開長達七小時的辯論。根據這項決策，決定了四十八小時內解除武裝以及懲罰違反者。認為「自己應當作表率」的薩塔爾汗一行人當場立誓遵守，並返回戰鬥隊駐屯的阿塔巴克公園，極力勸說同袍放下武器。根據阿米爾赫茲的記載，戰鬥隊當中有人不滿並提出異議，據說薩塔爾汗如此說服道：「建立這個政權的是吾輩，卻又不順從它，於理是說不通的。」

雖說如此，多數在阿塔巴克公園的戰鬥隊確實很難接受解除武裝的命令。究其原因，《兩人鬥士》（所謂的兩人鬥士，是指薩塔爾汗和一九二〇年在大不里士成立阿札迪斯坦共和國的穆罕默德・基亞巴尼）的作者拉希姆・賴斯・尼亞（Rahim Rais Niya）是這樣分析的。

首先，對戰鬥隊而言，槍是尊嚴和驕傲的象徵，是他們的存在證明。其次，從政府決定武裝解除的對象，就可看出這項政策並不公平。亞美尼亞人葉普雷姆汗（Yeprem Khan）麾下的武裝集團、民主黨武裝集團，再加上薩達爾・阿薩德和薩姆薩姆薩塔內（Samsam al-Saltaneh）麾下的巴赫蒂亞里部隊，都被排除在解除武裝的對象之外。附帶一提，立憲派勢力奪回德黑蘭之後，便由警察長葉普雷姆汗麾下的戰鬥隊負責治安。戰鬥隊犧牲自己、將一切投入捍衛立憲制這個崇高目標，他們雖然看到了立憲制的恢復，卻被當作瘟神一樣解除武裝，自然感到強烈不滿。此外，這些來自高加索的戰鬥隊離開了故鄉、又得面臨俄羅斯官兵的追捕，對他們而言，解除武裝是不可能的事。最後，也要考量到經濟因素：政府的俸給拖延了好幾個月，不夠他們購買武器，甚至也未支付將武器刻上政府銘記（因為大部分是從敵方王軍處奪來的）的費用。甚至有傳言稱政府可能會在交出武器後將他們關入監牢，這些原因都使得戰鬥隊員猶豫不決。

在這樣的狀況下，面對戰鬥隊內部日益高漲的排斥氣氛，薩塔爾汗試圖緩和，他強調若擔憂現在伊朗的局勢，就應該避免與政府對立。來自國會的謝赫・艾斯瑪伊魯・哈希特魯迪（Shaikh Ismail Hashtrudi）及莫諾魯・羅埃亞（Moin ol-Roaya）等具影響力的議員也加以勸說，但未見效。

薩塔爾汗從國會返回的當晚，葉普雷姆汗和薩達爾．巴哈多魯（Saldar Bahadal，阿薩德的兒子）麾下的步兵、騎兵、憲兵（Gendarmerie，指第二屆國會期間擔任財務官並推行伊朗財政改革的美國籍財政顧問摩根．舒斯特〔Morgan Shuster〕，為使徵稅業務順遂而設置的國庫憲兵，在巴勒維王朝時期負責維持地方治安和邊境警備）、警察、哥薩克軍團，甚至巴赫蒂亞里部族集團也加入其中，還裝置了兩門馬克沁大砲、兩門野戰大砲，兩挺機關槍，總共近二千二百名士兵包圍了阿塔巴克公園。駐紮在阿塔巴克公園的薩達爾．莫希見情勢不利，便逃入了鄂圖曼大使館，札爾加姆奧．薩爾坦則迅速撤退到阿卜杜勒．阿齊姆沙阿聖陵。

根據薩達爾．阿薩德的回憶錄，政府部隊與戰鬥隊槍戰的時間是一九一〇年八月六日、也就是伊朗太陽曆一二八九年五月十四日的日落兩小時前，日落四小時後大勢抵定。大部分戰鬥隊成員在槍戰最猛烈之時撤離公園，有十八名死者（官方宣稱五名）和近四十名傷者，約二七〇名成員遭捕。薩塔爾汗本人亦在激烈槍戰中腿部負傷，爾後在德黑蘭被幽禁，即使要求返回大不里士也被拒絕。他也因這次槍傷，在一九一四年十一月十七日、太陽曆一二九三年阿班（Aban）月二十五日過世。此外，巴基爾汗則在這起事件後從動盪的政局中引退，隱居德黑蘭。但隨著一次大戰爆發，當俄軍進攻德黑蘭時，心生厭惡的他退至克爾曼沙赫，並試圖與國會議員設立的臨時國民政府會合。然而，途中他在希林堡近郊遭庫德人襲擊並喪命。這是一九一六年十一月發生的事。

國民將軍薩塔爾汗

薩塔爾汗與巴基爾汗在怎麼樣的意義上，可稱為是立憲革命（具體來說是大不里士起義）的領袖？關於這個問題，卡里姆．塔赫札德．貝札德作出了耐人尋味的整理。他認為大不里士起義的領袖可分為以下四大類：

一、**政治家和知識分子**：亞塞拜然選出的國會（第一屆國會、第二屆國會）議員賽義德．哈桑．塔基札德、祕密中央委員會的創始人阿里．蒙蘇爾及哈吉．阿里．達瓦奇，大不里士十二伊瑪目派謝赫派教長謝赫．伊斯蘭等人。

二、**作家／講經者／演說家**：謝赫．薩利姆（Shaykh Salim）、米爾扎．侯賽因．瓦茲（Mirza Hossein Vaez）、雷札札德．沙法克（Rezazadeh Shafaqm，日後的德黑蘭大學教授）、穆罕默德．基亞巴尼（日後的阿札迪斯坦共和國元首）、海達爾汗．阿莫格里（Haydar Khan Amo-oghli）等人。

三、**戰鬥隊等義勇軍及捍衛者**：薩塔爾汗、巴基爾汗、侯賽因汗．巴格班、霍華德．巴斯克維爾（Howard Baskerville，大不里士美國學校的教師，在防衛戰中戰死）等人。

四、**支持立憲派的商人**：哈吉．庫澤赫卡納尼、哈吉．拉蘇爾．薩德基亞尼等人。

簡言之，薩塔爾汗和巴基爾汗既不是以立憲思想著名的學者，亦不是打造伊朗史上最初立憲制度的功臣。終究，他們的定位是為立憲制而戰的戰場領袖，這定位是適得其所的。這樣的他們做為維繫立憲制命脈的最大功臣，直到今日，在伊朗社會都得到了高度評價，被視為國民英雄而獲表彰。這點可從以下事例看出。在伊朗伊斯蘭革命前夕出版的波斯語（國語）高中教科書刊載了一篇題為「國民將軍」的文章：

> 在伊朗國民追求自由的奮鬥史上，比起伊朗其他地方，亞塞拜然毋庸置疑是最為突出的。薩塔爾汗充滿祖國之愛，是人類奮鬥的核心，他正是真正意涵上的立憲制將軍，堪稱伊朗的國民英雄。

即便在伊斯蘭革命後，伊朗高中歷史教科書中呈現的薩塔爾汗形象，與上面的描述也完全吻合。

另外，在大不里士起義最激烈期間，薩塔爾汗及巴基爾汗分別獲贈「國民將軍」及「國民司令官」的稱號，堪稱二人最早被表彰的功績。關於此事的正確時間點，我們可從哈吉．穆罕默德塔奇．朱拉布奇（Haji Mohammad-Taqi Jourabchi）這位大不里士商人所留下的日記中看出端倪。經緯如下：一九〇八年八月三十一日，在伊瑪目．胡笙的誕辰慶典上，米爾扎．侯賽因．瓦茲曾對聚集在大不里士議會的居民如此宣傳：「薩塔爾汗和巴基爾汗作出了極大貢獻，應對他們表示感謝之意。」接受該提議的大不里士議會便授予薩塔爾汗「國民將軍」、授予巴基爾汗「國民司令官」的尊稱。在這裡需要注意的是，給予力抗大不里士包圍軍的二人稱號，這項建議目前並不清楚是由哪位特定人士提出的、還是由群眾鼓動，再由擔負立憲制的權威管道，也就是大不里士議會正式授予，關於此點尚未有定論。

另外值得注意的一點是，在表示感謝之意的稱號中，使用了國民（Millat）一詞。＊國民這個詞，除了原始意義外，大不里士居民普遍會將之與立憲制（mashruta）一詞並行使用。薩塔爾汗本人遇到事件動盪時，就曾引用「國民」這詞，稱自己是「國民的僕人」。他所說的「國民」，指的是應當擔負反壓迫和反專制戰鬥的主體總稱，為自己的運動和鬥爭賦予方向及意義，也就是起到了象徵意涵。

如前所述，離開大不里士後，薩塔爾汗和巴基爾汗的行動與之後伊朗主流政局幾乎不相關。原因可能是他們與原地域社會之間的紐帶被切斷了。然而環顧伊朗的近現代史，我們不能忽略在那個時局裡，根本上的社會改革已然開始，本質上「遊俠」的這種存在已然動搖——這正是透過立憲革命，讓各階層「整合」、「一體化」這樣的歷史洪流逐步付諸實現的結果。換言之，伊朗的國民統合正在開展。透過大不里士起義事件，城市去除了反覆對立的街區藩籬，喚醒了大不里士居民的共同意識，一同對抗包圍軍、支持團結戰鬥的心態也跟著浮現。這起小事件恰如其分地展現出了這股巨大洪流。

＊ Millat 在本冊不同章節裡都被提到，也有共同體、社群等意思。但各章作者使用的日文譯詞不一，強調的重點也不同，因此各自沿用之，不做統一，特此說明。

被孤立的遊俠

諷刺的是，這種新局面成為一道急流，沖潰了游俠的存在根基。因為只有在各自獨立的馬賽克社會和分層社會，遊俠才有存在的理由，才得以實現他們的生存之道。儘管立憲革命是未完成的革命，然而伊朗社會已開始動搖，更在禮薩汗時期迎來了真正的變動期。巴勒維王朝建立強盛的國家軍隊及整備近代官僚機構，並以此推動中央集權，從根本上改變了伊朗社會的長期現狀。在立憲革命期間做為居民起義的基礎、仍保有充分餘力的城市生活共同體街區，也因中央由上往下的整合而解體了。過去只要關上街區入口處的大門，即可打造出與外界隔絕的共同體空間構造，被現在這些完全不顧及既存的城市型態、筆直延伸的街道（Khiyaban，大道）及廣場（圓環）的建設，在物理上完全地破壞了。因此，往日的街區不再、機能和完整喪失殆盡，街區居民的人際關係亦面臨變質的困境。

從一九七八年一月庫姆市發生的暴動開始，到翌年二月十一日反體制派奪取權力，僅約一年的時間，反巴勒維政權的示威風暴席捲了整個伊朗。在這當中，時常目擊如下的場面。

激烈的聲調連喊「Marg bar Shah」（國王死吧）的同時，一群男子突然撲向主幹道上布滿遊行市民的示威隊伍。其中看似帶頭者的那人格外堅毅、強壯，光是他鍛鍊過的身軀就足以嚇阻四周。那群人手中揮舞棍棒和匕首，毫不留情地襲向示威隊伍。隊伍亂了方寸，只得到處亂竄，痛苦哀鳴之聲瞬間響遍了街道。

這些「襲擊者」往往是警察當局，有時是國王本人花錢雇來的。然而有必要的話，他們也會受高額報酬吸引，站在短時間內聚集的貧民窟群眾及暴徒的最前線。這些人出現的時機並非完全只限於一九七八／七九年的伊斯蘭革命。穆沙迪克（Mosaddegh）政權首度向世界展示了，石油這項資源乃是民族主義強而有力的武器，卻在一九五三年八月十九日的政變中盡皆斷送。從低收入階級居住的德黑蘭南部地區開始，群眾一面喊著「打倒穆沙迪克」，一面往市中心遊行，站在經過策劃的示威遊行最前端的，就是這些人。當然，據聞穆沙迪克支持者的遊行中亦可看見他們的身影。十年後，在國王所主導的白色革命中，引人注目的農地解放及爭取婦女參政權等議題大鳴大放，對此不滿而引發的一九六三年六月暴動，也可見到這些人站在暴徒的最前線。

沙班．賈法里（Shaban Jafari）自豪地以游俠自居，他是巴勒維王朝末期伊朗的名摔角手（Pahlavan）、亦是德黑蘭著名摔角場賈法里的創始人及代表。坦白說，有著強壯體格和不羈神韻的他，雖被取了個不雅的綽號「Bemorkh」（愚笨的），卻完全不會令人感到不協調。在石油國有化運動方興未艾之際，他的名字為世人所知。大眾黨傾向支持穆沙迪克，對此感到危機的阿亞圖拉．卡沙尼（Ayatollah Kashani）與穆沙迪克首相間的嫌隙於一九五三年二月二十七日浮上檯面，「自發的」暴徒集團襲擊穆沙迪克的私邸，穆沙迪克穿著睡衣狼狽逃離。根據現在亦被稱為經典的《伊朗的民族主義》（*Nationalism in Iran*）作者理查．科塔姆（Richard Cottam）記載，這批襲擊者是卡沙尼僱用的，帶頭的人正是沙班．賈法里。

遊俠與地域居民間的紐帶一被切斷，就代表他們的存在理由被淡化了。因此，脫離地域社會、成為無根浮萍的他們，除了在政治鬥爭中被權勢者當成用過即丟的兇器玩弄之外，別無他用。縱觀伊朗近代史的發展過程，這樣的事例隨處可見。

第二章 「俄羅斯穆斯林」的出現

長縄宣博

1 一九〇五年革命與俄羅斯的穆斯林

發怒的穆夫提

時間是一九〇五年一月九日星期日下午。在帝國首都聖彼得堡。遠東戰爭失利，整個社會籠罩在主戰者所招致的窮困氛圍下，加邦神父（Georgy Gapon）率領工人們集結在冬宮廣場，希望向裡頭的沙皇尼古拉二世提交改革請願書。然而沙皇沒有出現，取而代之的是恣意開砲的士兵。「血腥星期日」（Krovavoye Voskresenye）的消息瞬間傳遍了整個帝國，各地爆發了激烈抗議。在帝國邊境，工人農民強力反抗官僚、地主和工廠主，當中還交織著複雜的多民族因素，暴動規模更形擴大。在波蘭，由社會黨率領的勞工運動最具戰鬥力，學生激烈抗議俄化政策，猶太人各黨派也與波蘭社會黨爭奪影響力。在聶伯河右岸，烏克蘭農民攻擊波蘭地主和經營該土地的猶太人。在波羅的海沿岸城市，人口比例最高的拉脫維亞人是勞工運動的核心；而在農村，政府必須派遣大批軍隊，從拉脫維亞和愛沙尼亞佃農手中救出德國人地主。在高加索西南部，喬治亞工人攻擊俄羅斯工人。

圖 2-1　穆罕默德賈爾・蘇丹諾夫

在黑海沿岸古利亞（Guria）地區，國家公權力暫時退場，出現了農民共和國。在東南部，勞資關係的緊張轉化成亞塞拜然人與亞美尼亞人的全面衝突。

抗議運動的波濤亦吞沒了歐洲俄羅斯（European Russia，簡稱歐俄）的穆斯林社會。為了平息民怨，尼古拉二世在二月十八日發布敕令，要求個人及團體提出「國家制度改善和人民福祉改良」的建言，同時表明願意開設議會。兩個月前，即十二月十二日提出的法律，也討論了非俄羅斯東正教徒的權利，並提倡免除對其信仰生活的限制。對穆斯林來說，上述敕令正視了穆斯林社會*與國家之間的既存問題，若要加以修正的話，這機會千載難逢。大量來自各地的請願書送達首都，穆斯林代表團亦陸續到來，與大臣委員會主席塞吉・威特（Sergei Yulyevich Witte）會面。據說威特從不拒絕會面請求。

三月，掌管歐俄和西伯利亞穆斯林社會的穆斯林宗務局局長（Mufti，穆夫提）穆罕默德賈爾・蘇丹諾夫（Muhammadjar Sultanov，一八三七～一九一五年）亦從烏法（Ufa）前赴首都。聚集在首都的穆斯林代表當中，有人期待謁見皇帝，擁有曾赴麥加朝聖的「哈吉」（hajji）稱號的莫斯科商人沙夫拉就如此向蘇丹諾夫懇求：「殿下，數名穆斯林同意派我們到你面前。為了向皇帝陛下上奏我們的情況，請您考慮帶一兩名同行。這將使穆斯林感到安心。殿下，請務必顧及伊斯蘭的尊嚴，接受穆斯林的請願者！」但是，穆夫提卻發怒拒絕，「皇帝陛下誰都不見，你去威特那裡看看吧！」沙夫拉束手無策，「已經去見過威特很多次了，但是沒用。如今只能期許藉您的顧念到皇帝陛下面前，上奏我們的情形。前幾天皇帝陛下還會見了勞工代表呢。」穆夫提激動怒斥：「我不是勞工！你們這些愚蠢的平民給我滾！」無法忍受汙衊的沙夫拉手執帽子，往玄關而去。他離去後，盛怒得全身顫抖的穆夫提還站起來，用拳頭全力毆打白鬍鬚商人。最後，蘇丹諾夫獨自與威特見面，威特召集了宗教領袖（伊瑪目），要求他統整穆斯林，之後蘇丹諾夫就離開了彼得堡（穆薩・賈魯拉・比吉耶夫〔Musa Jarullah Bigiyev〕，《改革的基礎》〔*Islahat Asaslare*〕，頁七至九）。†

＊ 本章作者在統稱俄羅斯的穆斯林宗教團體時，使用了三種詞彙：穆斯林社會（ムスリム社会）、穆斯林社群（ムスリム共同体）、米利特（ミレット），皆配合原文對應翻譯。以本章來說，前兩者可類同視之。至於「米利特」（Millet）則為史料引用語，留下史料的人挪用了這個鄂圖曼帝國在十九世紀坦志麥特改革時，用來指稱帝國內部非主流（順尼派）宗教團體的詞彙。

† 穆薩・賈魯拉・比吉耶夫（1870/75-1949）是重要的俄羅斯穆斯林神學家，有伊斯蘭路德（Luther of Islam）的尊稱。本章引用了不少他的著作。有時他也被稱為穆薩・比吉（Musa Bigi），或穆薩・賈魯拉（Musa Jarullah）。後文統一以「穆薩・比吉」（簡稱比吉）稱呼。

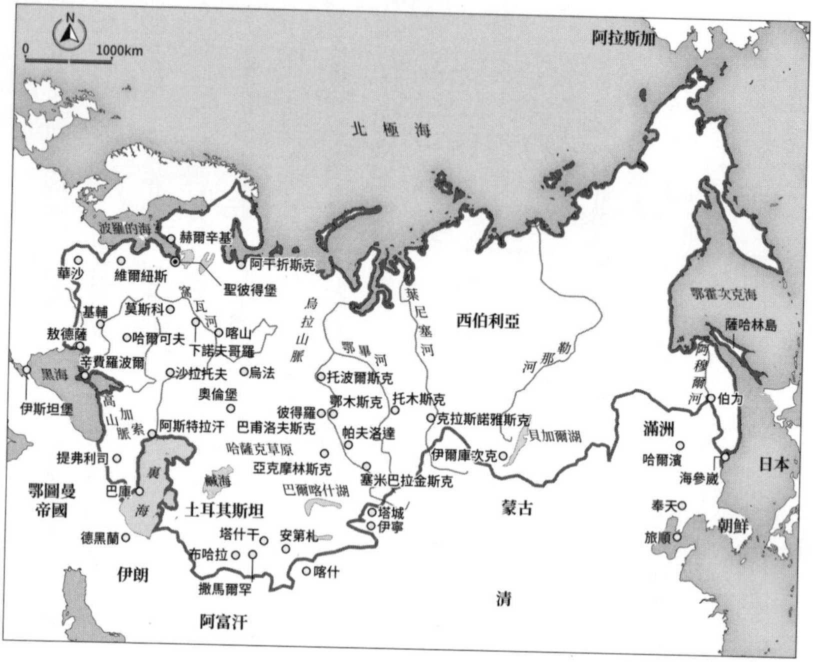

二十世紀初的俄羅斯帝國

考量到革命為穆斯林社會內部帶來變化這點，這段插曲確實極具象徵意義。所謂的穆斯林宗務局*是凱薩琳二世（一七六二年～一七九六年在位）於一七八九年在南烏拉爾地區的烏法設立的伊斯蘭行政樞紐，蘇丹諾夫自一八八六年開始執掌，是第五代穆夫提。穆斯林社群遇到問題時，會透過清真寺的伊瑪目和管理清真寺的宗務局，向政府尋求仲裁。然而，革命讓一群原本不負責在社會與國家間聯繫溝通的人們也成為社群代表，登上政治舞臺。當時負責在穆斯林社會與國家間斡旋的人是蘇丹諾夫，但他同時也是貴族，因此不會跟比自己身分低下的代表同進同出，更不用說接受指示了。他的尊貴姿態說明了俄羅斯社會的身分懸殊。儘管如此，為了收拾混亂，政府只能繼續倚賴穆夫提這種與穆斯林社會的舊有聯繫管道。結果，蘇丹諾夫在四月中旬召集他所管轄的伊瑪目，提出了以宗務局為核心的伊斯蘭行政改革案。

所謂的「俄羅斯穆斯林」公共圈

確實，代表團將請願書送往首都以及召集伊瑪目，這些事端與當時帝國邊境的暴亂動盪比較，是相對穩健平和的。該如何解釋俄羅斯的穆斯林社會相對穩健，研究者們莫衷一是。當然到目前為止，對於發端於革命時期的三次全俄羅斯穆斯林大會（All-Russian Muslim Congress），因此組成的全俄羅斯穆斯林聯盟（All-Russian Muslim Organizations），還有一九〇六年後加入國會的穆斯林議員團，早已累積了鉅細靡遺的研究成果。會得出穩健的結論，是與帝國其他民族運動相關研究類比而來的；若納入社會階級與民族差異，甚至邊境同胞的運動，以及波蘭、烏克蘭、沿波羅的海與南方高加索等國際民族運動綜合比較，的確某種程度解釋了這樣的穩健狀態。然而，也有看法認為跟伊斯蘭教的戰略考量有關；穆斯林以效忠沙皇來換取國家的妥協，以便統合內部為全俄羅斯穆斯林聯

＊ 自英文轉譯的正式名稱為「奧倫堡穆斯林會議」（Orenburg Muslim Spiritual Assembly），宗務局為日文譯法，在此沿用。此為俄羅斯最早成立的穆斯林管理機構，由穆夫提管理，負責整個帝國的伊瑪目任命與清真寺管理事務。

盟。再加上穆斯林的生活原本就受宗教制約，革命能造成的影響很有限。總和以上種種觀點，才會作下穩健的結論。然而，這樣的解釋無視了帝國各地穆斯林社會的多樣性，更無法了解俄羅斯境內穆斯林社會的特徵。

因此，近年來的權威觀點毋寧強調，俄羅斯帝國為多宗派公認體制，這樣的體制結構在根本上決定了穆斯林社會的樣貌。在俄羅斯帝國，俄羅斯東正教教會以外的宗教社群（伊斯蘭教、天主教、新教、猶太教、亞美尼亞使徒教會、佛教）被稱為「外國信仰」，國家分別從中找出正統派加以保護，並透過臣民或各宗派的行政機構居間聯繫溝通。對歐俄和西伯利亞的穆斯林來說，這樣的機構無非就是烏法的穆斯林宗務局。值得注意的是，日俄戰爭後瀕臨危機的俄羅斯政府，從一九〇四年底開始，就一面延續凱薩琳二世以來的宗教寬容原則，一面恢復在統治上的穩定，這是因為與多宗教的臣民之間開啟了各種交涉的可能性。一開始宗務局管轄的穆斯林社會寄往首都的大量請願書，主要訴求是恢復凱薩琳二世給予他們的信仰權利，這點絕非偶然。那麼，是哪些人以何種手段，一方面參照新舊法律的具體用詞、另一方面主導與政府間的交涉方向，病組織請願運動？穆夫提與伊瑪目等傳統宗教菁英，在其中又扮演了何種角色？

本章將探討以日俄戰爭為背景的一九〇五年革命起點，到因國會選舉法變更而劃下革命休止符的一九〇七年六月三日*為止，這段期間在多宗派公認體制當中生成了穆斯林的公共討論空間，並大大改變了穆斯林社會的權威象徵。在此，我們首先整理歐俄的穆斯林社會在過去四十年間所經歷的變化，並討論穆斯林社會接受革命之際，日俄戰爭發揮了怎樣的作用。接下來，將著眼於具體的地方人士，敘述這群人如何開始討論穆斯林社群的利益。當然，做為政府傳聲筒的伊斯蘭權威穆夫提，還有以星期五清真寺†為核心的地區社群（街區）領袖伊瑪目，也巧妙順應了革命的局勢。然而一九〇五年以後，在先前亞歷山大二世（Alexander II）推動的大改革‡及俄化政策之下茁壯的人民，面對穆斯林社群的議題時，也取得了與宗教權威人士相當、甚至凌駕其上的發言權。在中央和地方政府機關工作的穆斯林官僚，更靈活運用其職權來助長社會運動。同時，俄化政策讓有能力閱讀俄語文獻、以至於傾向社會主義的青年知識人得以自由使用階級、民族等嶄新詞彙，來參與穆斯林社會內部的政治。而且別忘了，不管是宗教領袖還是社會主義者的活動，甚至伊瑪目的俸祿，背後都得取決於像負責街區財政的札比多拉·哈吉這樣的商人，他們金援何種政治策略。本章希望說明這樣一個「穆斯林公共圈」誕生的過程。如上所述，這個公共圈的出現撼動了傳統權威，堪稱革命性的穆斯林社會巨變。

---

* 又稱六三政變（Tretyeiyunskiy perevorot; Coup of June 1907）。六月三日是以東正教慣用的儒略曆計算，公曆為六月十六日。政府為了打擊以俄國社會民主工黨為主的左派國會議員，在總理大臣斯托雷平主導下發動大規模搜捕，隨後沙皇解散第二國會，並公布更加嚴格的國會選舉法。這起事件象徵一九〇五年革命的終結。

† 穆斯林須於每周的星期五（主麻日）中午在星期五清真寺做聚禮（salat，薩拉特），由伊瑪目主持。

‡ 即第九冊提到的一八六一年《農奴解放令》等一連串行政及社會改革政策。

此公共圈誕生的象徵，是「俄羅斯穆斯林」集體概念的出現。然而，本章分析的是歐俄、特別是窩瓦河中游到南烏拉爾地區的穆斯林社會，若使用當地領袖口中的「俄羅斯穆斯林」此一概念來推論全體，不免令人疑慮，是否忽視了帝國各地多樣的穆斯林社會面貌。因此，「俄羅斯穆斯林」本身是在怎樣的過程中產生？包括窩瓦河烏拉爾區域在內，各區域的積極分子又與這概念保持了怎樣的距離？若納入這些觀點，就能夠破除「俄羅斯穆斯林是全體一致支持的共同信仰」這樣的見解。

所謂「俄羅斯穆斯林的團結」，這樣的構想最早來自於各地穆斯林代表造訪首都並彼此認識。一九〇五年下半年開始，當時尚未獲發行許可的韃靼語報紙和雜誌廣泛流通，讓各地區的各社會團體得以交流。再加上人民亦期待透過選舉，讓穆斯林議員為穆斯林社群的利益發聲。但是，在這群俄羅斯穆斯林當中，亦包括來自沒有宗務局這類制度地區的人，這點透露出穆斯林依照區域的不同，而有相異的法律地位。此外，屬於什葉派的東南高加索（亞塞拜然）代表對於歐俄的順尼派掌握主導權這點也感到不悅。窩瓦河中游流域喀山*的穆斯林社會主義者更從階級鬥爭的觀點，大肆批評由「布爾喬亞」帶領的全俄羅斯穆斯林聯盟。各地區和階層代表抱著期待和疑慮，開始討論俄羅斯穆斯林的團結，這個概念反映出窩瓦河烏拉爾地區的特殊性。要理解這種特殊性，就必須先回顧至一九〇五年為止，俄羅斯帝國與該地區的穆斯林社會所經歷的變化。

2 多宗教帝國的傾軋

大改革與穆斯林社會

俄羅斯帝國是以效忠沙皇為前提，將各人群依宗教和身分別分類，再分配各自的權利和義務。窩瓦河烏拉爾地區的穆斯林主要是韃靼人和巴什喀爾人（Bashkirs），這群人被十六世紀中葉開始擴張的俄羅斯併吞後，就不斷受國家整編所左右。凱薩琳二世時期以來雖允許穆斯林適用伊斯蘭法，然而韃靼人也得被分類至與俄羅斯人同樣的身分集團內，包括貴族、商人、市民和農民，但不含農奴。另一面，巴什喀爾人臣服於俄羅斯時，答應以納貢和服役向當局換取土地所有權，但因常遭背信而頻繁起義。為防患未然，當局於一七九八年將其劃入名為坎頓（canton）的行政單位，編為軍民（哥薩克軍團）。一直到十九世紀中葉前，俄羅斯帝國在統治非俄羅斯人地區時，都是透過貴族或負責秩序的權威學者（在伊斯蘭是烏理瑪），利用少數精英來管理各地區。

然而到了十九世紀後半，世界各國為了推動戰爭和侵略，紛紛以打造高行政效率及高素質國民做為衡量國力的指標。與同時期的鄂圖曼及明治日本相同，俄羅斯帝國以中央集權和富國強兵為目

＊ Kazan，俄羅斯境內穆斯林的重要文化中心，這裡有凱薩琳二世時期興建的清真寺，亞歷山大一世時期設立的喀山大學跟印刷《古蘭經》的出版社，一九〇五年後更發行了第一份韃靼語報紙。

標，推動了大改革。兼容各類人群的間接統治架構、國家行政的合理化，以及試圖更直接控制人民的權力的運作，這樣一個矛盾交雜的時代就此拉開了序幕。

俄羅斯穆斯林分布的地區中，位於帝國核心的窩瓦河烏拉爾地區，受大改革的影響最為明顯。首先，在征服了土耳其斯坦（Turkestan）後，南烏拉爾地區不再有國界防衛的必要，巴什喀爾人便於一八六三年轉為農民身分，坎頓制也在二年後廢止。再者，當時除了克里米亞半島以外，管轄帝國全境穆斯林社會的烏法宗務局也無法介入新合併的哈薩克（Kazakh）草原及土耳其斯坦。此外，最初三代的宗務局局長穆夫提雖是烏理瑪，但接下來的兩代都是親俄羅斯中央的穆斯林貴族，是缺乏宗教背景的軍人及行政官員。國家這種將烏理瑪替換成「穆斯林神職人員」，加以組織化以利統治的作法，不但助長了穆斯林居民的「狂熱」，也讓他們與俄羅斯社會更加隔絕。南烏拉爾地區的政府甚至還曾提議廢除宗務局。然而，宗務局的上層單位內政部主張維持現狀，因為中央必須以有限的財源和人力來統治廣大的空間。實際上，就像鄂圖曼的非穆斯林在以俄羅斯為首的列強干涉下持續享受特權而未被法制化一般，俄羅斯的穆斯林也相當嫻熟地利用現有制度來維持自身利益。

面對各項政策陸續名存實亡，烏理瑪和商人發起了激烈抵抗。這如實反映出了在宗務局管轄下，自治觀念如何深植於窩瓦河烏拉爾地區的穆斯林社會。隨著強迫改宗「俄羅斯人宗教」的傳言四起，在當局眼中看來，這正好證實了穆斯林的「狂熱」。主要造成騷亂的原因如下：一八七八到一八七九年，省（Guberniya）、縣（Uezd）層級的地方自治會（Zemstvo）導入火災保險；一八八八年，訂立了穆斯林神職人員須檢驗俄語能力的法律；一八九二年，教育部下令禁止穆斯林學校使用

底線是省·州首府所在地
河川
帝俄時代省境
托波爾斯克
烏拉山脈
卡馬河
維雅卡
珀母
昆古爾
秋門
葉卡捷琳堡
沙德林斯克
沙拉浦
克拉斯諾烏芬斯克
馬米茲
伯斯克
夫拉迪米
下諾夫哥羅
馬馬德什
緬澤林斯克
茲拉托烏斯特
車里雅賓斯克
莫斯科
樹加赤
喀山
契斯托波
烏法
貝拉雅河
卡西莫夫
斯帖利塔馬克
特羅伊次克
里亞占
辛比爾斯克
布古爾馬
貝勒比
上烏拉爾斯克
庫斯塔奈
薩馬拉
朋札
布古魯斯蘭
奧倫堡
赫瓦林斯克
坦波夫
奧爾斯克
沙拉托夫
烏拉爾斯克
土爾蓋
烏拉爾斯克州
哈薩克草原
烏拉爾河
博基奧達
窩瓦河
阿斯特拉汗
裏海
黑海
0
200km

窩瓦河烏拉爾地區

手稿和國外出版文獻，以及禁止僱用在國外受教育的人士（一八九四年撤回）。此外，一八九七年的人口普查也引發了騷亂。因此必須強調，在一九〇五年之前的二、三十年間，窩瓦河烏拉爾區域的穆斯林社會早已結合在地基礎，累積了不少抗爭經驗。

另一方面，大改革在穆斯林社會打造出了新的菁英。南烏拉爾地區的巴什喀爾貴族，有些從坎頓的舊制官吏轉為大改革後產生的新職位。以一八六一年的解放農奴為開端，在一連串農地改革過程中設立了所謂的調停官，監督農村並解決紛爭。蘇丹諾夫在就任第五代穆夫提之前，就曾擔任烏法省緬澤林斯克縣（Menzelinsk）和貝勒比縣（Belebey）的調解官。此外，他還負責調解縣級的輕罪和小額民事訴訟，這亦是司法改革的一環。省級的地方裁判所，以及與地方自治會並列承擔城市自治的市議會，打破了宗派與身分的藩籬，讓穆斯林有機會練習與俄羅斯人鄰居及政府機關交涉。地方自治會選出穆斯林議員，地方裁判所及上訴法院也設置穆斯林的律法人員，還出現了穆斯林律師。此外，自一八七〇年制定「異族人教育規則」以來，俄語在遭遇抵抗的同時漸漸普及。所謂的異族人（Inorodtsy）在當時指的是非俄羅斯人，該法規定穆斯林社群必須設置俄語教育機構。為培育俄語教師，一八七六年在喀山設立了韃靼師範大學。*然而這所學校與過去的烏理瑪不同，培育出了許多具社會主義傾向且對政府抱持異議的新知識分子。如此一來，一九〇五年革命期間的公共圈行動者均全數到齊了。

日俄戰爭與革命

然而，只是追溯帝國的結構性變化，並無法充分解釋何以革命在一九〇五年發生。在此必須注意一點，革命活動乃肇始於日俄戰爭最激烈的時候。革命的浪潮之所以會衝擊窩瓦河烏拉爾地區的穆斯林社會，直接影響其命運，跟日俄戰爭的發生密切相關。這是因為，該地區的穆斯林男子與中亞及高加索地區不同，他們被納入了一八七四年做為大改革的一環所實施的國民徵兵制對象，即使是遠東的戰事亦被動員。在戰爭期間，烏法宗務局還曾下令在清真寺為士兵募款。該地區的穆斯林社會經歷的戰爭經驗，已然與革命活動緊緊綁在一起。

此外，穆斯林士兵將他們所看到的俄羅斯帝國主義的缺陷，以及俄羅斯軍隊喪失威信的消息傳回了家鄉。舉例來說，奧倫堡省（Orenburg）奧斯克縣（Orsk）出身的士兵阿赫梅羅夫（Akhmerov）曾參加二〇三高地激戰，之後被送進大阪的戰俘營，並以這段經驗出版了二十頁的小冊子。為了說明日俄戰爭發生的原因，他比較了一八七七至一八七八年的俄土戰爭與甲午戰爭，將一連串戰事定位為帝國主義的戰爭：

> 發生這場重要戰爭的主因是一八九五【依原文】年甲午戰爭，歐洲列強的介入摧毀了清朝，攻擊北京，掠奪皇城。甲午戰爭結束後，我們俄羅斯政府將觸手伸進遠東，將旅順併入自己的管

＊ 俄文為 Казанский учительский институт，俄羅斯繼聖彼得堡與莫斯科之後成立的第三所學院。

轄之下，欲控制整個遠東。甲午戰爭在這點上與一八七七年俄羅斯和土耳其【依原文】的戰爭相似。那時俄羅斯亦參戰了。英國奪取了塞普勒斯，奧地利奪取了波士尼亞赫塞哥維納，其他國家亦取得利益。同樣地，一八九五【依原文】年日本對清朝開戰時，英國奪取了西藏，俄國人則以各樣藉口奪取了旅順和滿洲。

——阿赫梅羅夫，《日本戰爭》

阿赫梅羅夫鉅細靡遺地描述了戰爭的激烈狀態。首戰中，因斯捷潘．馬卡羅夫（Stepan Makarov）太平洋艦隊司令官陣亡，俄軍士氣已然低下，害怕死亡的穆斯林士兵反覆念誦清真言「萬物非主唯有真主」。手榴彈及榴散彈的爆炸就宛如世界末日來臨。儘管如此，士兵仍奮戰讓敵方大量傷亡，但將校卻優柔寡斷。彈藥和糧食盡皆枯竭，士兵衰弱。傷兵日日增加，醫院收容不下。無人埋葬死者，連葬禮都沒有。結果，俄羅斯士兵變得跟野獸沒兩樣。令阿赫梅羅夫憤慨至極的是，從一九〇四年十一月十四日開始的二〇三高地激戰，軍官下令強行將傷兵和醫院移往山上，造成大量無謂的犧牲，更迫使傷兵投降。「我們的將軍在這場戰鬥中作了如此不義之事，我的良心根本無法接受」（頁一四至一五）。在前線士兵眼中，俄羅斯帝國最嚴重的破綻，就是這群道義淪喪的俄羅斯軍隊。

因為戰爭以及緊接而來的革命，俄羅斯的帝國主義一時衰退，卡札爾王朝伊朗和鄂圖曼帝國亦爆發了立憲革命。這三國的革命家及政治家互相參考了彼此的革命。舉例而言，一九〇八年青年土耳其黨人革命的主導團體「團結與進步委員會」（Committee of Union and Progress, CUP），在一九〇五年俄羅斯爆發革命時，就已注意到這個最近似鄂圖曼帝國的政體。他們認知到，像加邦神父這樣的神職人員正領導抗議運動，非武裝代表團也正造訪首都的宮廷及政府；此外不只是武裝叛亂，社運組織和知識分子也都紛紛學習去動員群眾。如果團結與進步委員會是從俄羅斯的突厥語（Turkic）印刷品中收集情報的話，那麼他們看到的很可能都是俄羅斯穆斯林的政治運動。穆斯林穩健的運動形態，在當時的團結與進步委員會眼中看來，真是充滿了魅力。此外，俄國革命激起的洪流也會悉數回流沖刷自己。舉例來說，本章所探討至一九〇七年六月為止的這段時期，影響窩瓦河烏拉爾區域的穆斯林最深的，就是伊朗革命。

伊朗立憲革命發生的時點，差不多正是一九〇六年四月二十七日召開為期僅兩個多月就解散的俄羅斯第一國會，以至八月中旬於下諾夫哥羅（Nizhny Novgorod）舉行第三回全俄羅斯穆斯林大會、確定全俄羅斯穆斯林聯盟綱領的這段期間。這次大會也決定了發給伊朗國王的賀電內容：「拜偉大文明之賜、孕育著名詩人和領袖的伊朗，因王的英明果斷，導入代議制而達致進步，衷心期待往前邁向康莊大道」（比吉，《議事錄》，頁一五七至一六七）。此外，韃靼語報紙也留意到烏理瑪在伊朗立憲革命當中扮演的角色。舉例而言，奧倫堡的韃靼語報紙《時光》（*Waqt*）便指出是由法學者（Mujtahid）提出改革要求，因此有下述評論：「（前略）在伊斯蘭，專制是被禁止的，追求自由並為正義獻身，本來就是烏理瑪的任務。為了改革與正義甚至拚命到獻上英魂，亦是伊斯蘭學者的宗教義務——但我們的烏理瑪呢？直到今天，仍安坐在舊官僚機關的車上，這真是個令人震驚的不解之謎」（《時光》23.09.1906:1）。之後將提到，窩瓦河烏拉爾地區的烏理瑪並未袖手旁觀，他在修正既存的宗教行政體制以及製作給政府的請願書方面出力甚大。所以《時光》上面的這段敘述應該理解為疾書鼓勵，指出即使俄羅斯是多宗派公認體制，烏理瑪還是應當擔起社會改革的核心重任。

在伊朗革命中，除了烏理瑪，亦不能忽視青年社會主義者。喀山社會主義者的報紙《黎明之星》（*Tang Yulduzi*）曾從日俄戰爭導致俄羅斯帝國主義自伊朗退潮、並爆發革命的觀點，來解釋以下事態：

> 日俄戰爭開始了。伊朗國王一直以來的借款收入被切斷、俄羅斯給不出錢，靠俄羅斯債務維持運作的國家財政已達極限。由於國庫資金已耗盡，發不出公務員薪資，因此他們（一如既往地）拚命將人民最後的一點剩餘給榨乾。人們忍無可忍，終於挺身而出。各地紛紛叛亂、搶劫和殺人。烏理瑪長期以來批判俄羅斯宛如施捨*一般的借款姿態，以及國王反對改革的態度，他們如此理解國家的處境，不得不在兩條路中擇一前進：是支持國王呢？還是站在民眾這一側？結果，他們選了第二條路，率領民眾，與民眾一同對抗國王。
>
> ——《黎明之星》15.08.1906.3

此外，在這段記述中提到的「國會」及「罷工」，分別是俄文「Государственная дума」與「забастовка」，是從阿拉伯文轉寫而來的。「（面對拖延改革的國王，人民）為了廢除專制，拯救遭吸血者親手施虐的國家並導向光明之路，要求開設被賦予完全權力的國會。烏理瑪也以『如果王什麼都不給的話，將再次發動罷工』來回應民眾的要求」。這段文字的意圖應該是將伊朗革命與俄羅斯革命作對比：在俄羅斯，革命的成果將為專制所奪，因此該報再度鼓勵俄羅斯的烏理瑪和人民做出行動。

那麼，在這場始自前年、正如火如荼的革命裡，已然適應大改革改變自身穆斯林社會的窩瓦河烏拉爾地區烏理瑪、商人、官員及社會主義青年，又採取了怎樣的行動呢？一旦日俄戰爭讓俄羅斯帝國主義露出破綻，被戰爭壓得喘不過氣的臣民，自然就會立即將目標轉為對付專制權力。

＊ Sadaqah，音譯賽德蓋，指隨機樂捐的自願施捨。跟五功中規定的必要施捨（Zakat，天課）不同。

3 往尼古拉耶夫斯基車站

俄羅斯穆斯林的團結

若要從帝國東部進入首都聖彼得堡，會先抵達尼古拉耶夫斯基車站（Nikolayevsky，現為莫斯科夫斯基車站〔Moskovsky〕）。從那裡直達聖彼得堡冬宮的主要街道，是涅夫斯基（Nevsky）大道。從那裡每跨出一步，就離首都的喧騰和璀璨更進一步。這條大道充滿了雙向成列的驛馬車、公共馬車、汽車和載客馬車和車伕們。街道兩側寬廣的步道上滿是形形色色的行人，川流不息往各個方向流動，人潮多到即使扔出麵包也不會掉到地上。這些場景吸引了那些來自地方鄉下人士的目光（蘇萊曼夫，《聖彼得堡紀行》，頁八至九）。

以上敘述出自尼亞茲．穆罕默德．蘇萊曼夫（Niyaz Muhammad Sulaimanuf），一九〇六年三月底他從西伯利亞西部哈薩克草原北邊的彼得帕夫洛夫斯克（Petropavlovsk）來到帝國首都。一年前帶著請願書來到首都的眾多穆斯林代表團成員，心中想必與他有同樣的驚奇。鐵路、河輪，再加上電報，已然在二十世紀初期串連起廣大的帝國版圖。往返超過三千兩百公里遠的首都對蘇萊曼夫而言，就像往返附近村莊一樣（頁三）。這些新的運輸和通訊方式是中央政府強化統治的基礎，同時也是將「血腥星期日」這樣的首都事件即時傳遍全國的媒介。穆斯林代表團也使用鐵路和輪船往返首都。事實上，以俄羅斯穆斯林為首的政治集合運動，即是從旅行開始。以在野身分得以振筆

圖 2-2　尼古拉耶夫斯基車站

直書的前宗務局法官（qadi，卡迪）阿卜杜勒希德・易卜拉欣，曾取得支持強化宗教寬容和擴大地方自治的內政部長斯維亞托波爾克－米爾斯基（Svyatopolk-Mirsky）認可，造訪了烏法、特羅伊茨克（Troitsk）、彼得帕夫洛夫斯克（Petropavlovsk）和喀山等，和各地權威人士合作（比吉，《改革的基礎》，頁三至五）。附帶一提，蘇萊曼夫到達聖彼得堡時，在尼古拉耶夫斯基火車站迎接他的，正是易卜拉欣。

像易卜拉欣這樣在首都活動的分子，就一面學習俄羅斯人自由主義分子的政治策略，一面與各地穆斯林代表見面。舉例而言，負責治安的內政部不管制私人聚會，因此易卜拉欣的公寓成了絕佳的集會場所。一九〇五年四月八日，數名歐洲俄羅斯代表，來自東南高加索的艾哈邁德・阿高格魯（Ahmet Agaoglu）和阿里馬爾丹．托普楚巴索夫（Alimardan bey Topchubashov），以及數日後來自克里米亞的伊斯梅爾．加斯普林斯基（Ismail Gasprinsky）也紛紛到訪。眾人為了建立俄羅斯穆斯林的政治組織，決定於八月召開大會，地點選在十七世紀時交易東方商品的下諾夫哥羅（Nizhny Novgorod）定期市集。之後的活動分子視該大會為設立全俄羅斯穆斯林聯盟的前哨集會。此外，自由主義者以「宴會」（Banquet）的名目舉辦政治集會，亦接納了穆斯林。喀山省契斯托波市（Chistopol）的知名蘇非導師（Ishaan，伊山）札基爾（Shaykh Zakir Efende）的女兒與烏理瑪穆薩．比吉在五月二十日舉行的婚禮，為設立聯盟的第二次前哨集會。札基爾的兒子前往首都時，便號召各地的代表一同來參加（《改革的基礎》，頁十至十一、一六三至一六五）。札基爾隸屬當地具影響力的蘇非主義奈克什班迪教團（Naqshbandi）哈利迪亞支派（Khalidiyya），也是個成功的茶商。這場婚禮可以解讀為教團及商業網絡等傳統人際關係與革命政治戰略的動員結合。

然而，要打造出一個俄羅斯穆斯林的核心政治組織，過程並非一帆風順。從比吉留下的詳細紀錄裡，可知最難取得信任的是東南高加索的什葉派代表。前述的四月八日集會前，歐洲俄羅斯各地的代表曾拜訪巴庫的代表並設宴，但他們並未回禮，當時居中協調的是十九世紀前期在北高加索率領對俄戰爭的沙米爾（Shamil）之孫札希德。集合當日，歐俄的代表考慮改革烏法宗務局而提議整合為全俄羅斯穆斯林機構，東南高加索的代表阿高格魯也以伊斯蘭教沒有神職人員，因而不需要這類機構為由，對這提案予以否定。一九〇五年八月十五日，在下諾夫哥羅召開第一屆穆斯林大會時，什葉派和順尼派看起來似乎和解了。那時雙方互相招呼款待，定期市集的什葉派商人亦因韃靼客人增加而感到喜悅。但是，翌年一月底恰逢宰牲節，在首都舉行的第二屆大會上，有巴庫的代表聲稱自上次大會以來從未得到有關聯盟的任何消息。（《改革的基礎》，頁一七一、一七四至一七五、二一五）。即使如此，該年八月中旬仍再度於下諾夫哥羅召開第三屆大會，東南高加索的托普楚巴索夫也脫穎而出，被選入韃靼人占多數的穆斯林聯盟執行部（十五名）（頁一六八至一六九）。

發端於首都、最後開花結果的全俄羅斯穆斯林聯盟創立運動，是穆斯林公共圈在一九〇五年革命期間的絕佳美事。該運動在一九〇五年十月十七日發布的詔書中允諾與俄羅斯人共享平等的思想、言論、集會和結社自由，堪稱運動的顛峰；同時，詔書要求保障穆斯林社群的權利，這點亦反映出當時穆斯林社會的普遍想法。然而這並不意味著穆斯林社會是同質的。譬如在窩瓦河烏拉爾地區，不只是支不支持聯盟，該地區特有的問題誰能提出什麼解決方法，都在穆斯林社會內部引起了諸多爭議。接下來就從歐俄東部往首都方向，依序觀察城市和農村對這場革命的反應。

南烏拉爾地方的城市與農村

首先是歐俄東部的城鎮特羅伊次克。十八世紀中葉，這裡是哈薩克草原和中亞之間的貿易樞紐，一時繁榮，嗅得商機的韃靼商人亦遷徙至此。十九世紀中葉前，當地的烏理瑪大多前往布哈拉鑽研學問，但大改革後俄羅斯社會出現巨大變化，開始有人將學習的目光投向穆斯林社會近代化典範的伊斯坦堡。處在這股變化核心的是祖父那代從喀山縣移居來的富商阿卜杜勒瓦利．約舍夫（'Abd al-Wali Yawshif）、城鎮的第一清真寺阿訇＊阿富馬多．拉富曼克利（Ahmad Rahmanquli）以及第五清真寺的伊瑪目奈克什班迪教團哈利迪亞支派導師札伊努拉．拉蘇列夫（Zaynulla Rasulev）。

約舍夫和拉富曼克利在一九〇五年之前，早已有著超過十年的抗爭經歷。兩人曾參加一八九二年肇因於教育省公告的抗議運動，那時由約舍夫推薦，拉富曼克利做為城鎮代表之一前往首都，並與其他城市代表會合。三年後，兩人也前往首都祝賀尼古拉二世即位，與宗務局局長蘇丹諾夫同在冬宮晉見沙皇，並進呈昂貴的毛皮（巴特爾〔'Abdullah Battal〕，《阿卜杜勒瓦利．約舍夫》，頁十四、十六）。因此在一九〇四年底，阿卜杜勒希德．易卜拉欣造訪特羅伊次克時，兩人已經很熟悉並理解俄羅斯的時局變化。拉富曼克利代表城鎮前往首都，向內政部長斯維亞托波爾克—米爾斯基（Syatopolk-Mirsky）遞交請願書。此外，應大臣委員會主席威特之要求，蘇丹諾夫也邀請拉富曼克利參加四月召開的伊瑪目會議。至於蘇非導師拉蘇列夫則是宗務局頗具名望的宗教領袖，眾多信徒中包括了喀山的傑出學者、主導第三屆全俄羅斯穆斯林大會宗教行政改革議題的加林詹．巴魯迪（Galimjan Barudi）。拉蘇列夫亦曾向第一和第三屆大會發送祝賀電報（《改革的基礎》，頁一七四；《議事錄》，頁一二三）。

特羅伊次克位於哈薩克草原北側，因此拉富曼克利向內政部長提交的請願書中，也反映了與哈薩克人相關的要求。哈薩克草原在一八六八年的統治規章中被排除在烏法宗務局的管轄外，並基於遊牧民族的習慣法來處理部族相關紛爭。此外為了削弱伊斯蘭教的影響，草原上即使幅員廣大，也只依最低限度設置一座清真寺和一名伊瑪目管理。對此，拉富曼克利重申了下述事項的必要性：將草原的宗教事務從現行的州（Oblast）級機構移交宗務局管轄，以伊斯蘭法取代婚姻和遺產繼承等習慣法，取消清真寺設立限制，以及賦予清真寺設立小學（Maktab）與穆斯林公立學校之權利（РГИА /821/8/631/3-4）。

接下來是烏法省的兩個村落。烏法縣舊奇伊什奇村（Qiyishqi）的伊瑪目穆塔希爾（Mutahhar b.Mulla Mir-Haydar）曾在喀山縣克什卡爾村（Kshkar）歷史悠久的伊斯蘭學校求學。這伊斯蘭學校的歷史可追溯到十八世紀中葉，學校得到與中亞貿易的富商們資助，教師們世代留學布哈拉，甚至遠赴喀布爾（Kabul）。事實上，易卜拉欣亦於一八七〇年代後期在此求學。穆塔希爾在此累積了傳統學問與經歷，然而要到一九〇五年擔任國會議員的選舉人及縣自治會議員之後，他才受到肯定。他在自著的村史中自負道，自己曾一邊在村落中召開宗教議論集會，一邊閱讀報章雜誌蒐集資訊。

穆塔希爾致力於解決在村內長年拖延、將當地巴什喀爾人與烏法的俄羅斯人貴族捲入的土地紛爭。舊奇伊什奇村原本是一七六五年穆斯林移民從巴什喀爾人處購得土地後成立的村落，但因鄰近湖泊的漁獲歸屬問題與巴什喀爾人產生爭執，憤怒的巴什喀爾人便將同一塊土地賣給了烏法的俄羅斯貴族。這問題雖交由首都的參政院來處理，但判決卻偏向貴族。一八八四年，村代表直接前往首

＊ Akhund，宗務局轄下的高級神職人員。阿訇為伊斯蘭社會對學者的敬稱，是宗教和精神領袖。

都申訴，但仍無濟於事。一九〇五年革命後，為了取回土地，穆塔希爾進入了俄羅斯人貴族居住的聖彼得堡，向國會議員尋求建議。在交涉之後，以回購原本屬於自己土地的方式作結（穆塔希爾，《舊奇伊什奇村史》，頁三至七）。

最後是烏法省伯斯克縣（Birsk）塔烏村（Tau）。塔烏村是個遠離郵政網絡，出版品亦無法寄達的偏僻鄉村，然而該村伊瑪目史夫曼・依斯哈基（Suhman Ishaqi）在得知一九〇四年十二月十二日頒布的法令內容包含了「宗教自由」後，便與當地烏理瑪討論並匯集了近二百個簽名，決定向皇帝提交請願書。隔年二月十八日的敕令一出，他便在自家召集烏理瑪，將重要部分整理成六大項目，送予大臣委員會主席威特。其中值得注意的是第一和第三項，與日俄戰爭所暴露出來的課題相關：

(1)〔宗務局〕穆夫提是烏理瑪出身，應委由穆斯林自身遴選。〔穆夫提的助手〕穆斯林法官亦然。穆斯林神職人員的任免和晉升、小學和伊斯蘭學校等教育機構及清真寺的管理、這些建築的認可權等等，均歸宗務局管轄。其他單位不應介入與穆斯林神職人員相關事案。穆斯林神職人員不須具俄語能力。穆斯林神職人員免除徵兵。

(2) 結婚、離婚、遺產繼承等家族相關問題，以伊斯蘭法處理。

(3) 穆斯林士兵受伊斯蘭法保護，應迴避禁忌的食物和酒類。為了向穆斯林士兵宣教並履行宗教義務，各連隊須任命伊瑪目。齋戒月允許禁食，飲食亦考慮禁食時間，士兵出任務時亦應考慮禁食日而予以減輕。

(4) 給予多種層面的宗教自由，包括出版自由。

(5) 俄羅斯人擁有的所有公民權利，亦均需賦予穆斯林。例如判事、教員、官員的任職。

(6) 依宗務局裁量，提供穆斯林神職人員國內和國外使用的護照。

穆薩·比吉還特別註記了，這些決議不僅在革命時期，更是領先了往後十年的穆斯林社群議論（《改革的基礎》，頁八六至九一）。

前述三個例子的共同點，在於烏理瑪的高度行動力。他們在察覺到國內形勢的重大變化後，便將當地特有的問題具體化，並提案至中央政府。在一九〇五年，各地都高度期待著個別的具體問題，能在首都得到解決。

穆夫提所在的首都烏法

與首都一樣，各地區的穆斯林居民在意的是烏法宗務局的態度。聚集在塔烏村伊瑪目家的烏理瑪們亦回應了威特的要求，內部決議認為，應該為穆夫提（局長）召集的會議作出貢獻，該決議於四月六日簽署並送到烏法。收信者是宗務局的穆斯林法官里札丁·法赫爾丁（Rizaeddin bin Fakhreddin，一八五九～一九三六）。身為烏理瑪的他，在薩馬拉省（Samara）布古爾馬縣（Bugulma）的農村累積了相當研究成果，這表示到了十九世紀中葉，自土庫曼斯坦的伊斯蘭學校傳播的教育課程和書籍已然在許多區域扎根，人民無需出國留學亦可獲得充分知識。他從一八九一年起擔任穆夫提的助手，認識了來自歐俄和西伯利亞的廣大穆斯林社會、為了神職測驗而造訪烏法的人們，並處理各地發生的各樣衝突。甚至在他撰寫烏理瑪及名人列傳《事蹟》（*asar*）的過程中，與各地人們亦有書信往來，熟知各地人脈。法赫爾丁能成為宗務局改革方案的核心人物，絕非偶然。

穆夫提召集了管轄範圍內具有名望的伊瑪目，在一九〇五年四月十日至十五日召開會議，討論了整編宗務局組織、設置以宗務局和星期五清真寺為核心的地區社群聯絡中介機構、確立各級神職人員的權利職務、伊斯蘭捐獻託管（Waqf，瓦合夫）、學校和清真寺的管理營運等相關規章。當時，為了將會議結論列入法律條文並翻譯成俄文，設立了由十一名人員組成的委員會，其中有二名烏理瑪（一名是法克爾丁）、三名實業家，以及大改革司法改革後設立的地方裁判所和上訴法院的四位法律專家，（《改革的基礎》，頁一〇八至一〇九）。然而，這場會議僅邀請了部分穆斯林社群，未獲邀請者不得參加；同時也只允許部分社群參加規章制定事宜。會議結束後，上百封抗議信湧向了法赫爾丁，質疑這群出席的共同體（Millet）代表是否具備足夠的正統性。一九〇五年上半年，當地還沒有韃靼語報紙，因此法赫爾丁的回應刊載在克里米亞的加斯普林斯基創辦的報紙《翻譯者》（*Tercüman*）上（頁一四四至一五一）。

法赫爾丁很快意識到，印刷品，特別是報紙及雜誌的普及，撼動了宗務局的既有權威，成為一個並列的新權威。奧倫堡近郊卡嘎爾（Qargalı）的伊瑪目暨第二國會議員海魯拉・烏斯馬諾夫

（Hayrullah Usmanov，一八六六～一九一五年）匯整了由卡嘎爾和奧倫堡的烏理瑪為「宗教和社群永續」所提出的請求，並向穆斯林法官法赫爾丁徵求意見。法赫爾丁將自己的見解整理在《俄羅斯穆斯林的請求及相關評論》一書中，由外甥法蒂赫．克瑞米（Fatih Karimi，一八七〇～一九三七年）在奧倫堡經營的出版社出版。他主張不去堅持享有凱薩琳二世所賦予的近乎空中樓閣的權利，而是要求穆斯林和其他俄羅斯臣民一樣，享有《十月詔書》揭示的自由，且應該要採取行動爭取自己的權利。之後法蒂赫．克瑞米於一九〇六年二月底創立韃靼語報紙《時光》，在他的邀請下，法赫爾丁於同年辭掉穆斯林法官一職，在一九〇八年一月到一九一〇年這段期間經手編輯了文藝雜誌《評議會》（*Shura*）。

圖 1-3　里札丁．法赫爾丁

印刷品及各地的請願運動形塑了穆斯林的輿論，應自烏理瑪中遴選出穆夫提的聲浪日漸高漲，現任穆夫提蘇丹諾夫亦不得不改變高傲的態度。另外，在烏法「血腥星期日」事件後立即爆發了幾波鐵路工人、學生和知識分子的示威活動，《十月詔書》後更展開了愛國、反專制、復辟等勢力混雜的數千人規模示威，省長和穆夫提也表態支持那些呼籲效忠沙皇的多族裔群眾。確實，同時代人對蘇丹諾夫的評價眾說紛紜。根據穆薩．比吉的形容，蘇丹諾夫在首都痛罵那些尋求謁見皇帝的穆斯林，態度無比傲慢，再加上他自己沒有出席四月中旬的會議，還將討論匯整的工作完全推給法赫爾丁，實在有夠不負責任。（《改革的基礎》，頁七至九、五〇、五二）。另一方面，當事人法赫爾丁則回顧道，儘管比起之前四位穆夫提，蘇丹諾夫擁有在既存框架內改革宗務局的能力和強烈意志，卻得不到眾人支持（《評議會》，15/1915/450）。事實上，若仔細觀察《十月詔書》頒布後的蘇丹諾夫舉止，我們會看到的是一個試圖適應大眾政治的蘇丹諾夫。

到一九一五年蘇丹諾夫過世為止，他都會召開私人諮詢會議，積極地討論地區穆斯林社會面臨的問題。一九〇六年二月十五日召開的首次會議，就提到改善俄軍穆斯林士兵的待遇，並討論日俄戰爭對各地區的穆斯林社會造成了如何深刻的創傷。這場會議除了三位穆斯林法官之外，包括穆斯林的現役和退役軍官，以及日俄戰爭期間配屬的從軍伊瑪目，也都參加了（關於從軍伊瑪目，請參見後方專欄）。

開會時，還宣讀了蘇丹諾夫在日俄戰爭前遞交給尼古拉二世的報告書：「平日算來，約有四萬名穆斯林士兵在俄羅斯帝國各地的部隊執勤，他們被各自的宗教領袖導引，參加了俄羅斯下令的所有戰爭，為了自己的祖國俄羅斯，與俄羅斯人一同流血，並透過參戰，不斷地證明自己是崇敬沙皇、從不懈怠義務的忠臣。」革命是尋求回報的絕佳機會。會議主要提出以下三點：(1)恢復一八九六年廢止的從軍伊瑪目職位，且薪資、年金和獎勵須等同於俄羅斯東正教的從軍祭司；(2)編制由三千至四千人組成的穆斯林部隊，各部隊配置一名伊瑪目；(3)伊瑪目有義務到醫院慰問及與兵士對話（РГИА /821/8/1064/162-167об.）。此外，這份議事錄也提交給了內政部和總參謀部，兩機構認真考慮了從軍伊瑪目職位的復職及法制化。一九〇八年宗務局的機關報開始出版時，也刊載了該諮詢會議的決議，在轄區內的伊瑪目中廣為流傳（《資訊》〔*Malumat*〕16/1908/354-355）。

然而，日俄戰爭導致預備役大規模動員，但距上次的俄土戰爭已有二十五年，因此只好大量徵用已服役過的伊瑪目，導致宗教行政事務無法正常運作。正如塔烏村決議一樣，開始出現聲浪要求免除徵召穆斯林神職人員。政府也注意到這個問題，因此承諾將於旨在強化宗教寬容的一九〇五年四月十七日法案中解決。蘇丹諾夫也另外向威特提交呈報書表示，要伊瑪目今天宣揚信仰和道德，明天卻拿起槍，這樣是矛盾的；而現行法律規定已服完兵役年齡者若任神職就得免除徵兵，這點也有瑕疵。蘇丹諾夫的呈報內容同樣刊載於九月出刊的首都韃靼語報紙《光》（*Nur*）（25.09.1905: 1-2）。

蘇丹諾夫會傾聽穆斯林社會的聲音並採取行動，另一個重要契機是一九〇六年三月三十一日教育部發布的「關於居住在俄羅斯東部及東南部異族人的小學相關規則」所引起的大型抗議運動。即使這項法律只在國會召開前公布，仍引發人們的不滿。抗議焦點主要集中在第十三條，內容要求非俄羅斯人語言的教科書需同時以「俄羅斯文字」和「非俄羅斯人文字」來表記。窩瓦河烏拉爾地區的穆斯林認為此舉意圖排除阿拉伯文字，所以向首都的教育部、內政部和烏法宗務局發送了大量街區決議文和電報表示反對。奧倫堡和卡嘎爾的穆斯林更舉行了五千人規模的抗議集會，並在第三屆穆斯林大會中提出聲明，宣稱該法律違反了前年政府宣告的自由（《議事錄》，頁一一一）。鑑於這種情況，蘇丹諾夫向教育部長進言，俄羅斯文字無法準確表達阿拉伯語發音，無法使用在教學上（法赫爾丁，《穆斯林相關政策》，頁四一至四二）。另外他亦向內政部長建議，希望將一八七四年移交給教育部管轄的小學及伊斯蘭學校歸還宗務局管轄（頁四六至四八）。關於後者，法赫爾丁以宗務局的業務已超過負荷為由而予以否定，而大多數穆斯林請願書採取的是蘇丹諾夫所表達的立場。（法赫爾丁，《俄羅斯穆斯林的要求及相關評論》，頁一四至一五；《改革的基礎》頁五六至五七）。現在的蘇丹諾夫不再是政府的傳聲筒，而是開始以民眾的心聲做為自己的權威根據。

首都菁英的選擇

和民眾站在同一邊，就能獲得權威。一旦了解這道理，長期與中央政府合作密切的首都穆斯林社會領袖就不得不重新審視自己的行為。首都穆斯林社會的歷史與首都幾乎一樣長久，十八世紀初期建設首都時，窩瓦河中游出身的韃靼人被動員充作工人，之後亦成為首都守備隊服勤。十九世紀上半葉，來自征服戰爭方興未艾的北高加索，做為人質的在地菁英子弟也群聚首都。一八五一年，

ایمپراطور اعظمنڭ مانیفستی

ВЫСОЧАЙШІЙ МАНИФЕСТЪ.

БОЖІЕЮ МИЛОСТІЮ,

МЫ, НИКОЛАЙ ВТОРЫЙ,

ИМПЕРАТОРЪ И САМОДЕРЖЕЦЪ

ВСЕРОССІЙСКІЙ,

ЦАРЬ ПОЛЬСКІЙ, ВЕЛИКІЙ КНЯЗЬ ФИНЛЯНДСКІЙ,

и прочая, и прочая, и прочая.

Смуты и волненія въ столицахъ и во многихъ мѣстностяхъ Имперіи Нашей великою и тяжкою скорбью преисполняютъ сердце Наше. Благо Россійскаго Государя неразрывно съ благомъ народнымъ, и печаль народная—Его печаль. Отъ волненій, нынѣ возникшихъ, можетъ явиться глубокое нестроеніе народное и угроза цѣлости и единству Державы Нашей.

Великій обѣтъ Царскаго служенія повелѣваетъ Намъ всѣми силами разума и власти Нашей стремиться къ скорѣйшему прекращенію столь опасной для Государства смуты. Повелѣвъ подлежащимъ властямъ принять мѣры къ устраненію прямыхъ проявленій безпорядка, безчинствъ и насилій, въ охрану людей мирныхъ, стремящихся къ спокойному выполненію лежащаго на каждомъ долга, Мы, для успѣшнѣйшаго выполненія общихъ предначертаемыхъ Нами къ умиротворенію государственной жизни мѣръ, признали необходимымъ объединить дѣятельность высшаго Правительства.

На обязанность Правительства возлагаемъ Мы выполненіе непреклонной Нашей воли:

1. Даровать населенію незыблемыя основы гражданской свободы на началахъ дѣйствительной неприкосновенности личности, свободы совѣсти, слова, собраній и союзовъ.

2. Не останавливая предназначенныхъ выборовъ въ Государственную Думу, привлечь теперь же къ участію въ Думѣ, въ мѣрѣ возможности, соотвѣтствующей краткости остающагося до созыва Думы срока, тѣ классы населенія, которые нынѣ совсѣмъ лишены избирательныхъ правъ, предоставивъ, засимъ, дальнѣйшее развитіе начала общаго избирательнаго права вновь установленному законодательному порядку,

и 3. Установить, какъ незыблемое правило, чтобы никакой законъ не могъ воспріять силу безъ одобренія Государственной Думы и чтобы выборнымъ отъ народа обезпечена была возможность дѣйствительнаго участія въ надзорѣ за закономѣрностью дѣйствій поставленныхъ отъ Насъ властей.

Призываемъ всѣхъ вѣрныхъ сыновъ Россіи вспомнить долгъ свой передъ Родиною, помочь прекращенію сей неслыханной смуты и вмѣстѣ съ Нами напрячь всѣ силы къ возстановленію тишины и мира на родной землѣ.

Данъ въ Петергофѣ, въ 17-й день октября, въ лѣто отъ Рождества Христова тысяча девятьсотъ пятое, Царствованія же Нашего одиннадцатое.

На подлинномъ Собственною Его Императорскаго Величества рукою подписано:

„НИКОЛАЙ".

圖 2-4　刊載於聖彼得堡韃靼語報紙《光》的十月十七日詔書

與莫斯科之間的鐵路開通，商人及農民開始往來移動，農民成了警衛、馬車伕、餐廳服務員、成衣和雜貨小販。到了十九、二十世紀之交，已有超過五千四百名的穆斯林居住在首都，最大的勢力是里亞占省（Ryazan）卡西莫夫縣（Kasimov）出身的韃靼人，領導首都第二街區的阿訇加陶拉・巴亞齊托夫（Gataulla Bayazitov，一八四七～一九一一年）為其中之一。此人亦曾在喀山縣克什卡爾村歷史悠久的伊斯蘭學校求學，一八七一年為首都的卡西莫夫在地人邀任為伊瑪目。之後他成為首都守備隊的從軍阿訇，並在外交部亞洲局教授土耳其語和伊斯蘭法。

藉由這些職務，巴亞齊托夫逐步在政府內部掌握權力，得以於一九〇五年九月二日在克里米亞以外的歐俄地區發行最早的韃靼語報紙《光》。《十月詔書》頒布後三日，他在報紙頭版刊載了俄語原文與韃靼語翻譯，並於十一月六日刊載詔書解說。他強調以下兩點：第一，各民族比照俄羅斯語，得使用自己的語言，不需事前審查就可從事出版活動。面對東正教傳教士的撻伐，俄羅斯穆斯林可據此回擊。第二，推行法治觀念，特別是人身不可侵犯。今後，高官不得以行政處置恣意對個人處以流刑，個人犯罪應只能交由裁判所審理。認為沙皇在詔書中彰顯「公正」（Adalat）精神的巴亞齊托夫表示，沙皇的說法符合伊斯蘭法，所謂「一時的公正判斷，勝過一年修行的恩典」，因此不斷向沙皇獻上感謝的禱告。

此外，巴亞齊托夫對翌年一九〇六年二、三月間的國會選舉，也標示了思想和行動方針。他在一八八七年以俄語發表的著作中駁斥法國宗教史學者歐內斯特・雷南（Ernest Renan）的演講「伊斯蘭與科學」，兩年後與同樣批判雷南的泛伊斯蘭主義者賈邁勒丁・阿富汗尼（Jamal al-Din al-Afghani，一八三八～一八九七年）相會。在這個批評的基礎上，巴亞齊托夫描繪了理想的國會議員樣貌——「與歐洲人並列，與他們對等，堅守伊斯蘭教，繼續保持虔敬，不畏懼進步和文明化之路，勇往直前，熟知伊斯蘭精神的同時必須精通歐洲的道德、科學、歷史、宗教」（《光》，21.12.1905:1）。此外，他更闡明了自身的政治路線。他認為，無論是哪個政黨都不會改變「思想自由」，所以若考量穆斯林的實際生活，就應秉持中立，成立一個「屬於商人的自由主義式進步政黨」。社會民主黨*承諾要建立一個平等樂土，但我們不能忘記「欲捕捉空中鶴鳥，不可放開手中的麻雀」這句諺語（《光》18.01.1906:1）。

然而對巴亞齊托夫來說，像阿卜杜勒希德·易卜拉欣這樣的外來政治家，竟然繞過他這個首都伊斯蘭領袖，而以「全俄羅斯穆斯林」的名義活動，這絕對不是他所樂見之事。穆薩·比吉就記載了，一九〇六年一月底第二屆全俄羅斯穆斯林大會召開之際，巴亞齊托夫曾阻止大會從聖彼得堡市市長那得到集會許可（《改革的基礎》，頁二〇九）。而對政府來說，除了原本透過巴亞齊托夫與穆斯林社會聯繫的垂直溝通管道，如今居然也出現了所謂「全俄羅斯穆斯林」這種水平方向的串聯紐帶，政府擔心會無法駕馭。同年七月中旬，尼古拉二世也允許在首都建造清真寺，並為此向全

＊應是指俄國社會民主工黨（Rossiyskaya sotsial-demokraticheskaya rabochaya partiya, RSDRP），列寧主黨的布爾什維克黨的前身，奉行馬克思主義。

國發動募款。當時正值第一國會解散後議員批評政府，也就是簽署《維堡宣言》*的穆斯林議員人氣高漲之時。實際上，當時的首都沒有清真寺，只能在伊瑪目自宅充當禮拜場所。自一八八〇年代起，巴亞齊托夫就為了取得清真寺建設的許可而奔走，據信政府透過同意建造清真寺，來強化他的權威。

圖 2-5　首都聖彼得堡的清真寺

1913 年 2 月完工，時值羅曼諾夫（Romanov）王朝成立 300 週年

在清真寺建設與募款活動進行過程中，官方設立了特別委員會，會長是烏法省出身的阿卜杜勒阿齊茲·達夫列申（Abdulaziz Davletshin）中校。他畢業自首都的士官學校，曾於現今土庫曼的伊朗邊境服勤，並曾赴漢志（Hijaz）調查驟增的麥加朝聖人潮。當時他認為正值國會選舉，因此有必要與現有的政黨協商，因而聯絡了易卜拉欣。一九〇五年十二月十日，首都的穆斯林慈善協會也邀請了立憲民主黨（Kadet）大名鼎鼎的米爾尤科夫（Milyukov）、科季切夫（Kodichev）及斯特魯維

（Struve）展開會談。據說這三人在莫斯科地方自治會大會結束後立即參與了這場會談，這代表三人皆高度重視即將成為一大政治勢力的俄羅斯穆斯林（《改革的基礎》，頁二〇二至二〇三）。曾在帝國最前線服勤過的達夫列申，藉著中央政府的信任，踏上了穆斯林公民社會組織這條道路。

然而同樣身為陸軍，哈薩克草原西部博基奧達（Bokey Orda）出身的古拜杜拉．成吉思汗（Gubaidullah Genghis Khan，一八四〇年生）卻全然相反。這號人物如姓氏所示，自詡為成吉思汗後裔斡兒答（Orda）末汗之子，負責奧倫堡地區的對哈薩克政策，在一八七七年的俄土戰爭統籌俄軍的電報聯絡事務，之後在內政部長的推薦下參與制訂土耳其斯坦統治規章，並負責克里米亞半島伊斯蘭宗教捐獻託管事宜。即使穆斯林社會的權威在一九〇五年革命後發生變化，他也絲毫不動搖。二十名來自奧倫堡省和其南鄰的土爾蓋州（Turgay）哈薩克人烏理瑪及權威人士抵達首都時，首先訪問了易卜拉欣，並表示「不要背離諾蓋人〔Nogay，指韃靼人〕同志，無論如何都要與穆斯林在一起，我們已經來了。」他們要求將哈薩克草原歸入烏法宗務局管轄。數日後，當他們訪問成吉思汗時，他卻建議「我帶您們到皇帝陛下面前，但不要和諾蓋的希德〔易卜拉欣〕一起」。最後，哈薩克代表團在郊外的彼得宮城（Peterhof）謁見沙皇（《改革的基礎》，頁一六五、二〇六）。此外，為了取得第二屆全俄羅斯穆斯林大會召開許可，代表團在一九〇六年一月十八日訪問了內政

---

* *Vyborg Manifesto*，一九〇六年七月二十二日由幾位國會議員簽署的公告。由於一九〇五年革命後成立的第一國會過於激進，僅七十二天就被沙皇解散，憤怒的國會議員便前往維堡簽下此公告，呼籲消極抵抗政府，但未獲成效。

圖 2-6　古拜杜拉・成吉思汗

大臣杜爾諾沃（Durnovo），但在接待室等候時，成吉思汗硬是搶先與內政大臣見面，讓代表團無法順利會晤。之後，成吉思汗提議如果支付一千盧布，就可取得召開大會的許可，這讓大會相關人士一片譁然，決定派加斯普林斯基和托普楚巴索夫前去交涉，但成吉思汗卻避而不見（頁二一〇至二一一）。他終究還是選擇去維護自己身為帝國統治菁英的派頭。

首都的穆斯林菁英一面抓住了出版與結社等全新機遇，並充分利用傳統權威和人脈關係，一面選擇與俄羅斯穆斯林這種新形態的政治運動對抗，抑或是合流。窩瓦河烏拉爾地區的穆斯林社會所關注的，與其說是俄羅斯穆斯林運動，毋寧說是烏法宗務局的動向，那是整合轄區內穆斯林社群公共領域重要的一環。至於穆夫提蘇丹諾夫亦率先開始聆聽社會大眾的聲音。確實，要舉辦一場帝國伊斯蘭行政相關的重要會議，光是誰能代表整個共同體參加會議，其實就能引起爭議；這是因為，各地區城市和農村的烏理瑪及商人，都紛紛將自己的特殊問題擴大為穆斯林社群問題，企圖在會議上反映。這也顯示了，一九〇五年革命已然對穆斯林社會造成了巨大影響，而他們之中，有許多人早在十九世紀末就累積了不少對抗俄化政策的經驗。那麼，在俄化政策下成長的新一代青年們，又是如何看待革命呢？

4 傾向社會主義的青年們

《晨星》

十九世紀末到二十世紀初，立志當上伊瑪目的青少年，他們所處的環境已經產生相當大的變化。原本在窩瓦河烏拉爾地區，如同喀山縣克什卡爾村，許多農村裡都設有歷史悠久的伊斯蘭學校。然而自一八七〇年代開始，喀山、烏法、奧倫堡和特羅伊次克等城市的伊斯蘭學校盛名遠播，招收了大量學生。這些伊斯蘭學校導入了學年及分科教室制度，招收學生的載能大為提升，但同時，做為傳統教育枝幹的師生關係也變得淡薄，反倒是學生間的友誼加深了。更特別的是，始自一八〇四年的大學城喀山，亦存在許多中等教育機構，伊斯蘭學校的學生也頻頻與年紀相仿的俄羅斯學生互動。如此一來，有志成為伊瑪目的青少年們也能接觸到馬克思的《資本論》、社會民主黨機關報《火星》（*Iskra*），和俄國革命家尼古拉・車爾尼雪夫斯基（Nikolay Chernyshevsky）的小說《該怎麼辦》（*Chto délat'?*）等出版品。

此外，伊斯蘭學校擴大招生規模，擔任「神職」的難度也更為提高，僅靠傳統的伊斯蘭學校知識是不夠的，因此學生開始要求伊斯蘭學校導入普通教育科目。隊當時伊斯蘭學校的學生來說，公費就讀的喀山韃靼師範大學不但能滿足對科學知識的追求，更開啟了伊瑪目以外的就業機會，是極具吸引力的升學目標。許多民族主義知識分子都從這裡畢業：加亞茲・伊沙基（Gayaz Ishaki，一八七八～一九五四年）因一九〇六年五月起發行僅半年的報紙《晨星》（*Tang Yulduzi*）而一躍成名，另一位為福阿德・圖克塔羅夫（Fuad Tuktarov，一八八〇～一九三八年），這兩人均是喀山省契斯托波市伊瑪目之子，曾在該市蘇非導師札基爾的伊斯蘭學校求學，之後進入韃靼師範大學。他們自學生時代開始就撰文諷刺穆夫提及蘇非導師等既存權威，還用膠版複製文章，在伊斯蘭學校的學生間傳閱。

一九〇五年，傾向社會主義的韃靼人青年也走上街頭。同年十月的喀山混亂到了極點，他們以大學為據點發動示威抗議，並在建築物內築起路障。《十月詔書》公布的那天，大學街道上更發生了哥薩克屠殺事件。儘管如此，警方仍束手無策，一時間陷入無政府狀態，革命派暫時只得組織自衛隊。自衛隊中混雜了工人和大學生，也包括了穆罕默迪亞（Muhammadiya）伊斯蘭學校的學生。相對於此，該校校長加林詹・巴魯迪（Galimjan Barudi）及商人艾哈邁德・賽義達舍夫（Ahmad Saidashev）則加入了反革命派的愛國示威活動，與之對峙。之後省長派出軍隊，並警告將砲擊革命派據守的市議會，革命派只好投降，但這次愛國示威過於激進，連猶太人都遭到襲擊。此外，穆罕默迪亞伊斯蘭學校的學生要求改革伊斯蘭學校，並發動罷課繼續革命，巴魯迪則下令開除學生（加林坎・伊布拉吉莫夫〔Ğalimcan İbrahimof〕，《一九〇五年革命的韃靼人》，頁七一至七四、一八〇至一九三）。

《晨星》生動地記錄了這群青年的世界觀，包括他們與過去伊斯蘭學校教育的訣別，以及如何見證俄羅斯社會的革命。這份報紙每週出刊二至三次，根據同時期的期刊相關研究指出，估計出刊份數約達一千九百份。他們不再私下發行、而能在公開場合發聲，無疑是因為資金和出版社的挹注。資助出版費用的是奧倫堡的富商胡賽諾夫（Ahmad Khusainov）之子，以及薩馬拉省布古爾馬（Bugulma）的商人。《晨星》一開始是由喀山最大的韃靼語出版商卡利莫夫兄弟商會負責印刷。一九〇一年到一九一七年間，這間出版社發行了包括傳統的神祕主義文獻、祈禱書和《古蘭經》，共計一七〇〇個主題、一九六四萬七〇七六冊的韃靼語書籍。實際上，支持全俄羅斯穆斯林聯盟的報紙《喀山通報》亦於此發行。之後，《晨星》轉由支持革命、出刊俄文報紙的俄羅斯人公司艾莫拉瓦出版社發行。然而，該出版社於一九〇六年十一月被省長下令歇業，出版《晨星》為理由之一，經營者耶謨賴耶夫（Yermolayev）夫婦則被逐出喀山。

《晨星》的攻擊對象是支持專制體制的官僚和資本家。簡單摘錄創刊號頭版的記事如下：

政府與資本家開始聯手對抗人民，他們將知識分子活活扔進墳墓，將數以千計的農民和工人關入監獄，送往西伯利亞處刑。困惑的人們，以及與舊體制一同策動反猶暴動（Pogrom）的〔右翼俄羅斯人〕，被困在將工人訴求納入綱領並玩弄甜言蜜語的立憲民主黨掌握中，越發混亂了。吾輩期許成為在黑夜及森林中為工人和農民發光指路的晨星。吾輩的報紙將致力發聲，期許吾等韃靼人的民族、宗教等事務完全掌握在自己人手中。（《晨星》18.05.1906:1）

然而，在各地穆斯林社會送到首都和烏法的請願書中，最重要的項目，也就是宗務局的改革，編輯部卻認為這是官僚制，而予以否定。此外，第三屆全俄羅斯穆斯林大會曾提出諸如設立統一監督帝國各地穆夫提的職位等構想，試圖將伊斯蘭行政集權化，但出席的《晨星》發行人伊沙基亦表示抗議，指出這樣的思考方式本身就是一種專制，是不民主的（《議事錄》，頁一〇二至一〇四）。

當然，伊沙基和圖克塔羅夫都倡導擁護韃靼人的宗教及民族性。然而他們也提到，有必要與其他民族的工人及農民結盟。這不僅是受到社會主義的影響，亦反映了自己所生活的城市裡青少年的真實生活。韃靼人受三百年來的專制壓迫而委靡不振，極度不信任俄羅斯人，然而俄羅斯人亦同樣受壓迫，所以現在必須與俄羅斯人、波蘭人、猶太人、亞美尼亞人和芬蘭人一同加入革命（《晨星》30.06.1906:2）。從這樣的角度來看，僅憑宗教信仰而成立的全俄羅斯穆斯林聯盟，存在著明顯的階級矛盾；在他們看來，伊瑪目不過是在維護資本家利益。在第三屆穆斯林大會上，他們更呼籲將政治與經濟問題從聯盟綱領中刪除，並表示與其成立一個政黨，如今更應優先設立一個推行以韃

圖 2-7　《晨星》創刊號頭版

鞑語書寫政治與經濟書籍、來普及相關知識的協會。如果聯盟的使命是擁護宗教和普及教育，那就更應該團結全體推動，而不應該出現一邊是資本家和地主，另一邊是工人和農民這樣的分別（《晨星》22.08.1906:2; 31.08.1906:2）。

甚至《晨星》還警告，過分強調民族性，將會產生民族對立，讓反革命的政府得以見縫插針。編輯部觀察到，去年以來在南高加索持續發生亞美尼亞人與亞塞拜然人的衝突。根據他們的說法，在這場「民族戰爭」中，雙方民族的資本家為了從中得利，用民族和宗教的顏料渲染了工人和農民的雙眼，模糊了階級利益，任由雙方民族的貧民流血賣命。官僚和資本家試圖削弱高加索革命，「用（犧牲者的）頭蓋骨來鞏固專制權力的基礎」。事實上，這番警告是對第一國會無黨派鞑靼人議員們喊話：他們選擇與自治主義者同盟合作，而非比立憲民主黨更左傾的勞動派團體（Trudoviks）。（《晨星》29.05.1906:1-2;16.09.1906:1）。那麼，這群傾向社會主義的青年們，是如何看待被寄予厚望、協調各民族和階級利益的國會及裡頭的穆斯林議員呢？

《穆斯林國會議員論》

抱持著各種想法的俄羅斯帝國各地穆斯林社會，紛紛將議員送往首都。穆斯林議員的人數，分別是第一國會（一九〇六年四月廿七日～七月八日）二十五名、第二國會（一九〇七年二月廿日～六月二日）三十七名、第三國會（一九〇七年十一月一日～一九一二年六月九日）十名，以及第四國會

圖 2-8　第二國會的穆斯林議員

（一九一二年十一月十五日～一九一七年十日六日）六名。基於一九〇七年六月三日政變後沙皇公布的敕令（ukase）而組成的第三、第四國會，雖然議員多數是從窩瓦河烏拉爾地區選出，但從之前的會期來看，還是可看出地區的多樣性。舉例而言，穆斯林議員最多的第二國會中，來自窩瓦河烏拉爾地區者計十六名、高加索九名、哈薩克草原六名、土耳其斯坦五名，以及克里米亞半島一名。

不只烏理瑪、商人及穆斯林官僚，一九〇五年的革命也為國會議員和社會主義年輕人創造了機會，討論穆斯林社會的未來。特別是年輕人更是把握出版機會，開闢了公共領域的言論空間，得以與新舊權威角力周旋。國會議員是從烏理瑪、商人和穆斯林官僚中選出，因此在面對年輕人的聲音時，也反映出了新時代權威衝突下的另一面向。以下就來看看《晨星》編輯部的福阿德・圖克塔羅夫在一九〇九年以筆名「惡人」（Ūşāl）所著的《第一、第二、第三國會的穆斯林議員及其實績》（本節引用頁碼均出自此書）中描繪的穆斯林國會議員們。

圖克塔羅夫以伊斯蘭世界文明化的成熟度做為衡量指標，來品評俄羅斯的穆斯林議員，就如同以蘋果樹上成熟蘋果的味道，來判斷那棵樹的程度水準。俄羅斯穆斯林的政治及文化素養，標示了當今整個伊斯蘭世界的政治和文化水準。在考量到伊斯蘭與歐洲文明對立的可能性這點上，他的論點與首都的阿訇巴亞齊托夫是相通的。但是圖克塔羅夫對伊斯蘭世界議會政治的未來卻極為悲觀。他認為除卻三十年前曾持續數月的鄂圖曼帝國議會外，對議會政治最為嫻熟的是俄羅斯穆斯林，但他的筆下卻大肆否定穆斯林議員（頁四至七）。

的確，第三屆全俄羅斯穆斯林大會的幹部有超過半數當選議員，因此圖克塔羅夫認為國會議員匯集了最優秀的人才（頁八至一〇）。然而他也嚴厲批評他認為不適任的人物，對於那些即使不會俄語仍當選議員的伊瑪目更是嚴苛。舉例而言，前面提過在奧倫堡附近卡嘎爾的伊瑪目、一九〇五年致力於收集當地烏理瑪意見的烏斯馬諾夫，據說俄語只會寥寥幾句、更只會簽名。圖克塔羅夫甚至表示，奧倫堡的人民選出這款議員，對議會而言實在是侮辱（頁一六一至一六二）。此外，他對中亞出身者更是蔑視，並指出熟悉政治和文化是在現代世界存活的首要條件，但缺乏這些條件的土耳其斯坦人民，對國會而言一點價值都沒有（頁二〇八至二〇九、二一四）。

另一方面，對於那些已完成中學和高等教育的議員，圖克塔羅夫則表達敬意，舉例如下。薩利吉雷・詹久林（Salingirey Dzhantyurin）畢業於莫斯科大學，由烏法省選出，歷任調停法官及地方自治會議員，有望升任卻不戀棧職位，用自己的財產為人民盡心盡力（頁一一四至一一六）；阿卜杜勒希德・梅迪耶夫（Abdurreshid Mehdiyev）畢業於克里米亞的辛費羅波爾（Simferopol）韃靼師範大學，是「韃靼人議員中最優秀的一位」（頁一九三至一九四）；由土爾蓋選出、喀山大學畢業的艾哈邁德・畢魯姆賈諾夫（Ahmad Brmzhanov）則被評為哈薩克人中最聰明者（頁二〇〇）。圖克塔羅夫亦不吝惜稱讚東南高加索出身者，阿里馬爾丹・托普楚巴索夫畢業於聖彼得堡大學法學院，是「俄羅斯穆斯林中最高尚、最聰明、最有才華的人物之一」；畢業於莫斯科大學法學院、葉卡捷琳諾達爾（Ekaterinodar，現為克拉斯諾達爾〔Krasnodar〕）地方法院的助理檢察官哈利勒・哈斯馬馬多夫（Khalil Khasmammadov）則是「國會的穆斯林派系中最有能力的成員之一」（頁一六五至一六七、一八九至一九〇）。

那麼實際上，穆斯林議員有哪些作為？最初召開第一國會時，韃靼人對這群國會議員自己人充滿敬意，因為他們早已習慣了頂頭官僚只會是俄羅斯人。如今國會議員比省長派頭更大，他們能與皇帝同處一室，所以應該和皇帝平起平坐。這樣的看法在韃靼人中間廣泛流傳。但圖克塔羅夫批評，正因為如此，才養成了這群議員的傲慢態度（頁三五至三六）。對他來說，議員們的過度自信毫無道理。烏法省選出的伊瑪目賈馬萊丁・庫拉姆申（Jamaletdin Khuramshin），在國會聆聽演說之際就想施展自己的口才，並委託圖克塔羅夫撰寫演講稿。據說圖克塔羅夫不情願地詢問他要寫什麼演講主題，得到的回覆卻是「如果知道的話就不會拜託你了，由你決定。」講稿完成後，庫拉姆申還站到椅子上拼命排練，然而好不容易背熟講稿後，國會卻早已解散（頁六〇、一二〇至一二一）。

組成穆斯林派系的想法也難以成形。喀山上訴法院律師賽德吉雷．阿魯金（Seid-Girey Alkin）曾於去年四月參與整合宗務局改革案時作出嘗試，但烏法省的貴族薩哈達．斯魯托拉諾夫（Shahhaidar Sirtranov）無法對不合的人釋出善意，派系也無法建立。接下來，托普楚巴索夫雖呼籲團結，許多議員卻不來參加派系集會（頁三九至四四、一一七至一一九）。第一國會解散後，在《維堡宣言》上簽名的是喀山省選出的阿魯金、烏法省選出的詹久林和律師阿布蘇古德．阿赫蒂亞莫夫（Abussugud Akhtyamov）、巴庫省選出的托普楚巴索夫、伊麗莎白波爾省（Elizavetpol）（巴庫省以西）選出的提弗利司地方法院助理檢察官伊斯梅爾汗．澤特赫尼夫（Ismail Khan Ziyatkhanov），加上塞米巴拉金斯克州（Semipalatinsk）選出、在國會解散日抵達首都的阿里汗．布凱哈諾夫（Alikhan Bukeikhanov），共計六位。他們後來都入獄服刑三個月，其中更有人被褫奪公職兩年。

第二國會中，穆斯林議員的活動最為活躍。在立憲民主黨的支持下，由於議員數占相當分量，喀山省選出的薩德里．阿爾薩（Sadri Maksudi Arsal，一八七八～一九五七年）被選為國會五名助理書記之一（頁四五至四六）。他就讀喀山的伊斯蘭學校及韃靼師範大學，更有巴黎索邦（Sorbonne）大學法學院四年留學的經歷。不過，對於這位幾乎同期的阿爾薩，圖克塔羅夫似乎無法忍受他高傲的態度（頁一〇三至一〇六）。確實，會期中各地代表紛紛到訪，也收到了許多請願書，俄羅斯穆斯林頗有凝聚出一股新興勢力的氣象（頁六二至六三），但穆斯林議員群中，對於應當解決的課題及政治戰術依然缺乏共識，說俄語和說突厥語的議員也各半相互較勁（頁四七至五〇）。

的確，穆斯林議員分裂為二。一是由托普楚巴索夫領導的穆斯林派系，另一個是由圖克塔羅夫領導並採用勞動派（Trudoviks）綱領的團體。然而，對於穆斯林派系所提案將星期五訂為例假日的法案，以及引起反彈聲浪的三月三十一日法案的修正案，六名穆斯林勞動派中，有四位根本無法聽懂以俄語演說的國會發言，也沒有研擬法案的書寫能力。他們僅能勉強發行出六期韃靼語報紙《杜馬》。面對這些問題，圖克塔羅夫以俄羅斯穆斯林共同體（Millet）尚未達到可展開獨自的政治歷史性發展階段為由，試圖規避責任。此外，他也一再重申《晨星》的立場，談到俄羅斯穆斯林的啟蒙不是數個月，而是數年的大工程，國會的穆斯林議員應該超越自身階級利益，成立並加入思想信條一致的派系及組織，與俄羅斯人及其他各民族為了建構同一個祖國而一齊行動（頁五〇至五九）。

因此，一九〇七年六月三日的政變及敕令對圖克塔羅夫而言與其說是悲劇，不如說是對於在一九〇五年革命中抬頭的穆斯林社會權威進行政治清算：

> 不甚清楚俄羅斯穆斯林的情況和穆斯林議員的歐洲人，若是閱讀穆斯林報紙並與穆斯林政治人物晤談的話，無疑會認為該敕令對可憐的穆斯林而言是破滅的、穆斯林更加受壓迫吧！然而，更可悲的是逃脫汗及埃米爾（Amir）的壓迫，轉而接受俄羅斯官僚庇護的那些人，以及搭乘頭等車廂赴首都、乘三頭馬車，得到先人也未可及的尊重及餽贈的那些人吧！此外，我也感嘆被

稱為尊師（daimullah）及富豪（bai）等受尊敬的那些人，竟然隨著政治家起舞。從整個國家和民族利益的面向來判斷，將這些人趕出國會是絕對必要的（頁六九至七二摘要）。

國會讓俄羅斯穆斯林得以化為政治實體，然而亦同時暴露出帝國穆斯林的地區多樣性，以及各地區所展開的新舊權威之轉變及競合。

5 穆斯林公共圈的後續

一九一四年，有兩位人物回顧了一九〇五年革命。一位是與全俄羅斯穆斯林聯盟的結成有極深淵源的烏理瑪穆薩·比吉。該年的四月底至五月上旬，中央政府設立了省廳特別審議會，目的是綜合檢討伊斯蘭行政事務。六月中旬，為了與之對抗，國會穆斯林議員集合各地代表召開了研擬改革法案的會議，韃靼語報紙和雜誌也以穆斯林社群與國家關係為主題，報導了相關辯論的激烈實況。配合齊聚一堂的國會議員，比吉將九年前提出但之後未能實現的穆斯林政黨構想和宗務局改革論整理成近三百頁的資料集。然而，出版時正值一次大戰如火如荼之際，比吉僅能期望「戰爭結束後，穆斯林能夠有所準備」而暫且擱筆。

另一位是賈馬留丁·瓦列多夫（Dzhamaliutdin Validov，一八八七～一九三二年），他是個曾著迷於社會主義的年輕人，在奧倫堡侯賽尼亞（Husainia）伊斯蘭學校教授韃靼文學。他在題為《民族與民族性》的小冊子中強調，一九〇五年是民族歷史的開始。「是年，在吾輩周遭，究竟人們對新概念的了解、產生新思維到怎樣的程度呢？運動和奉獻到怎樣的程度呢？」然而在這次革命中，民族意識是模糊不清的：

這時的吾輩視俄羅斯民族為一體者屈指可數。相反地，我們青年人觀察俄羅斯人時，會將其區分為勞動派、立憲民主黨、十月黨員（Oktyabristy）與（右翼）「真俄羅斯人」等政黨。對此，韃靼人亦想要以同樣的方式區別。將經濟的需要從民族的需要中切割出來，並優先考慮前者，但亦有人開始對不存在的韃靼人資本主義進行鬥爭。總之，那時的吾輩在仿效俄羅斯人的所有運動。

根據瓦列多夫的說法，韃靼人在革命後逐漸邁向民族團結。而要讓受統治民族在多民族當中不致分崩離析，宗教的社會聯繫力就不可或缺，因此他們才會致力於宗務局的根本改革（《民族與民族性》，頁三八至四〇）。

瓦列多夫的這番話表明了，民族性的構想是產生自穆斯林公共圈。饒富趣味的是，烏理瑪和過去的社會主義青年，他們也都認為宗務局改革有其必要性。與此相關的是，一九〇五年革命後，即君主制最後的這十年間，政府越發偏袒俄羅斯東正教和俄羅斯人，許多俄羅斯知識分子也認為維持多宗教、多民族的寬容性是不值得的。穆斯林知識分子對此大加撻伐，一方面訴諸一九〇五年革命期間政府公布關於信仰自由的法律，一方面則在既存的法律框架內企圖讓穆斯林社群利益最大化。正如瓦列多夫本人在《民族與民族性》中提到的，巴爾幹戰爭的衝擊不容忽視。戰爭的最大影響是讓一個融合多宗教、多民族的鄂圖曼主義盡數瓦解，而各民族也在教育、文化、經濟與醫療衛生等領域上紛紛動員，展開生存競爭。如此一來，對歐俄的穆斯林知識分子來說，民族統一就成了刻不容緩的要事。

即使如此，像俄羅斯穆斯林這樣的運動單位仍未被民族主義所取代。第一次世界大戰時，歐俄的穆斯林社會亦被納入總體戰，俄羅斯穆斯林的結合重要性反而提升。一九一五年二月，由首都聖彼得堡的穆斯林慈善協會及國會議員主導，與帝國各地的慈善協會合作，有效組織起後勤單位，成立了「援助士兵及家屬的臨時穆斯林委員會」。當然，這次結社獲得了內政部的批准。一九〇五年革命期間對俄羅斯穆斯林這樣的橫向聯繫保持警戒、後來更擔憂泛伊斯蘭主義威脅的內政部，在總體戰中亦不得不倚靠穆斯林自發性的組織能力。此外，領導臨時穆斯林委員會的人，則是一九〇五年革命期間組織起市民社會的阿卜杜勒阿齊茲・達夫列申（Abdulaziz Davletshin）。

一九一七年二月底，首都爆發革命，推翻沙皇。臨時政府成立後，許多穆斯林知識分子試圖參照一九〇五年革命的經驗。穆薩・比吉再版了前述的資料集，在書扉有如下記述：「今日自由的陽光灑落在正義的地平線上。前行之路毫無困難和阻礙。俄羅斯穆斯林生活全面改革的時機已然到來——小學與伊斯蘭學校的革命、宗務局的革命、家庭的大革命、伊斯蘭法學的大革命。」前任和現任的穆斯林國會議員亦於五月初在莫斯科召開全俄羅斯穆斯林大會，力圖與各地的指導者攜手合作。然而，統一俄羅斯穆斯林的政治運動並未實現。君主制的崩解，使得穆斯林派系這樣的政治單位失去正當性，以此架構為前提的穆斯林公共圈也跟著衰退。在新政治空間中脫穎而出的，是穆斯林公共圈內部孕育出的民族主義領導人。

◆ COLUMN ◆

俄羅斯軍隊的從軍伊瑪目

軍隊是帝國的縮影。信仰各種宗教的士兵在俄羅斯軍隊中服勤。基本上，他們不是依民族分類，而是混編的，而每種宗教都配置個別的神職人員。穆斯林士兵亦不例外。最早設置從軍伊瑪目的是一七九八年對巴什喀爾人頒布以坎頓為行政單位的軍政體制。直到十九世紀中葉前，有穆斯林士兵駐紮的城市均會配置從軍伊瑪目。一八九六年，以士兵可自行完成伊斯蘭教儀式為由，從軍伊瑪目曾一度廢止。然而日俄戰爭的爆發成了契機，讓穆斯林社會和軍方深切意識到其必要性。

日俄戰爭期間，由三支軍隊組成的滿洲軍（Manchurian Army）司令部下令各隊均配置一名伊瑪目，並在濱海邊疆軍區任命一名伊瑪目。找到合適的伊瑪目後，就派遣到自己轄區內的醫院。烏法宗務局會透過內政部推薦經過認可的從軍伊瑪目。此外，軍隊會發給他們記載業務內容的手冊，以電報傳遞在軍隊內允許的伊斯蘭節日，並依需求提供他們合適的衣服、頭巾，及包括《古蘭經》在內的宗教經典。

由從軍伊瑪目發給宗務局的報告中，可以窺知穆斯林士兵的情形。擔任第三滿洲軍從軍伊瑪目的蓋薩．拉蘇列夫（Gaisa Rasulev），曾以奧倫堡省特羅伊次克縣的高階神職人員（阿訇）身分在周邊地區發起募款，協助戰事甚為積極。他在一九〇四年底從伯力（哈巴羅夫斯克）出發，途經哈爾濱，翌年一月十日抵達任職地奉天。基於二月二日來自宗務局的電報，他宣布了朝覲月的宰牲節日

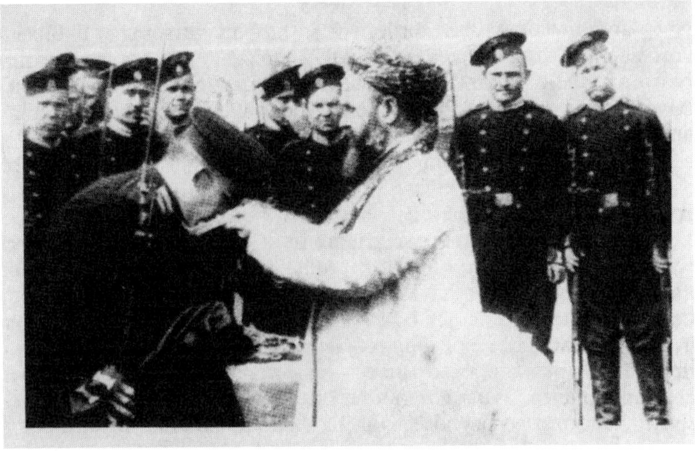

圖 2-9　莫斯科軍區的從軍伊瑪目

期。奉天有三座說漢語的穆斯林（回民）的清真寺，其中有年輕的阿訇加馬路丁，以及約百名的穆斯林士兵參加節日禮拜。拉蘇列夫亦記錄了回民的禮拜方式、清真寺建築樣式、葬禮、不戴頭巾的女性、回民旺盛的經商才能等等。然而十日後，該地與日軍激戰，他被日軍俘虜。兩星期後，俄軍的士兵被送到日本，拉蘇列夫等非戰鬥人員獲釋，在日軍的監視下被安全護送到俄軍前線（《光》03.11.1905：2-3；06.11.1905:2-3；06.12.1905:4）。一九〇六年四月，為褒揚他的戰時表現，拉蘇列夫在首都被授予聖史丹尼斯勞斯（Saint Stanislaus）三等勳章。

在一九〇五年十一月十六日的報告中，烏法省出身的濱海邊疆軍區從軍伊瑪目吉凡．拉赫曼庫洛夫（Girfan Rakhmankulov）描述了海參崴的齋戒月情景。根據報告內容，因為他跟軍區內所有的司令部及要塞交代過了，所以穆斯林士兵在這個月可以自由進行特別禮拜（Tarawih）與禁食。許多穆斯林軍團中還能看到士兵自己宰殺牲畜，用個別的鍋烹煮。十月底到十一月初，海參崴發生了士兵叛變，但穆斯林士兵都站在軍方這邊而未袒護。拉赫曼庫洛夫將自身的伊瑪目訓誡盡皆傳遞給士兵，他對穆斯林士兵的優秀表現頗為自負。當十一月十五日禁食結束時，士兵們獲得了三天的自由。據說在海參崴，有超過一千五百名的穆斯林士兵參加節慶（ЦИА РБ / И-295/ 11/715/131-132）。之後拉赫曼庫洛夫赴日本觀光，後經新加坡、印度洋、紅海前往開羅（《時光》14.10.1906:1-2）。

戰後，戰爭部、內政部和宗務局曾討論從軍伊瑪目一職是否正式恢復。一九〇八年六月十九日，經沙皇批准，確立了定員名額，配置如下。有九千名穆斯林士兵的華沙軍區二名、有八千名穆斯林士兵的西北部維爾納（Vilna，維爾紐斯〔Vilnius〕）軍區二名、擁有三千人的基輔軍區二名、莫斯科軍區一名、沿阿穆爾軍區二名。

第三章　伊克巴勒的倫敦

山根聰

1　印度穆斯林的覺醒

孟加拉分治與穆斯林

一九〇五年九月，二十八歲的穆罕默德・伊克巴勒（一八七七～一九三八年）從英國殖民地印度（英屬印度，British Raj）西北部旁遮普省的拉合爾出發，前往英國留學。這位印度穆斯林青年以烏爾都語寫詩歌頌祖國而聞名，卻因這次留學改變了他的政治志向。回國後，他呼籲穆斯林團結自立，在南亞建立一個穆斯林國家，這為他博得「大學者」(Allama) 的美名，在巴基斯坦備受尊重。而伊克巴勒產生思想轉換的這一年，對印度穆斯林政治運動來說，是個重要的里程碑。

一八九九年接任印度副王兼總督（Viceroy and Governor-General of India，簡稱印度總督）的寇松（一八五九～一九二五年），面對強烈抵抗英國殖民地統治的孟加拉省，於一九〇三年打算依宗教信仰劃分出不同範圍，並預計一九〇五年實施。如此一來，孟加拉省將分成東孟加拉阿薩

圖 3-1　穆罕默德・伊克巴勒

作品：波斯語詩集《自我的奧祕》(1975)、《忘我的祕密》(1918)、《給東亞的訊息》(1923)、《波斯詩篇》(1927)、《賈維德之書》(1932)；烏爾都語詩集《啟程的鈴聲》(1924)、《加布里耶勒之翼》(1935)、《摩西的一擊》(1936)、《漢志的禮物》(1938)等等。

姆省（Eastern Bengal and Assam）和西部的孟加拉省（Bengal）。孟加拉分治後，各地區的宗教人口比例將出現落差，此舉引發印度教徒激烈反彈，印度唯一的政黨印度國民大會黨（Indian National Congress，簡稱印度國大黨）更因此分出了激進派。另一方面，穆斯林則在翌年成立了「全印穆斯林聯盟」（All-India Muslim League，簡稱穆斯林聯盟），藉孟加拉分治一事高喊擁護穆斯林權益。穆斯林政黨的成立，宣告了印度教徒和穆斯林的政治分裂。

分治一事引起政治動盪，結果一九一一年新即位的英王喬治五世（George V）在德里接見典禮上宣布取消孟加拉分治，兩省再度整編為孟加拉省、阿薩姆省，以及比哈爾、喬塔、納格浦、奧里薩諸省（Bihar, Chota, Nagpur, Orissa）。但印度教徒和穆斯林政治對立的火種並未就此熄滅。在印度教徒和穆斯林的政治運動中，根據一九一六年的《勒克瑙協定》（*Lucknow Pact*），印度國大黨和穆斯林聯盟以印度的完全自治為目標，協議採行分離選舉制，*一九一九年開始的「哈里發運動」（Khilafat Movement）更一致採反英路線。但運動挫敗後，兩者間的對立也逐漸加深。印度教徒和穆斯林的政治運動，就這樣一面與英國政治交涉、一面持續到一九四七年的印巴分治（Partition of India）。

一九〇五年對殖民地印度，特別是穆斯林的政治運動而言，是很重要的里程碑。在那個時點，穆斯林與印度教徒一同以「印度人」身分爭取自治，並以此推動穆斯林社會的近代化。以孟加拉分治為契機而成立的穆斯林政黨，則是做為「印度的穆斯林」、以伊斯蘭為號召展開政治運動。伊克巴勒便是置身於這巨大的政治運動漩渦中。

---

* separate electorates，印度國大黨同意在全國及省級議會選舉時，讓穆斯林擁有單獨選區。這樣可確保一定比例的穆斯林當選議員。

伊克巴勒與穆斯林的自治構想

伊克巴勒於一八七七年出生在喀什米爾（Kashmir）山村西亞爾科特（Sialkot）一個虔誠的順尼派穆斯林家庭，是五個小孩中的長子。在這度過幼年時代後，他進入拉合爾的政府學院（Government College Lahore），一八九九年取得哲學碩士學位，一九〇五年到一九〇八年留學英德。留學期間，他在劍橋大學修習哲學，一九〇七年在慕尼黑大學取得哲學博士，一九〇八年歸國前夕更在英國林肯律師學院取得律師資格，並加入了倫敦的全印穆斯林聯盟倫敦分部，回國後也擔任旁遮普穆斯林聯盟的共同理事。一九二三年獲英國國王頒授爵位。一九二六年他出馬競選旁遮普立法議會（Punjab Legislative Assembly）議員並當選，在分裂狀態的穆斯林聯盟內屬於保守派，一面發表詩作，一面呼籲穆斯林自立自強。

一九三〇年十二月二十九日與三十日，這兩天在印度中北部城鎮阿拉哈巴德（Allahabad）舉行全印穆斯林聯盟的年度大會，伊克巴勒以大會主席的身分參加，並發表以下談話：「我期望旁遮普、西北邊境省（North-West Frontier Province）、信德（Sindh）和俾路支斯坦（Balochistan）能合併成一個國家。無論是在大英帝國內自治，還是脫離帝國、在西北印度建立一個穆斯林國家，都是西北印度穆斯林的終極使命。」上述發言被認為是巴基斯坦日後建國的概念基礎。但在這場演說裡，伊克巴勒的重點在於統合西北印度穆斯林，他並未明言要脫離英國獨立，而是提議類似聯邦制或

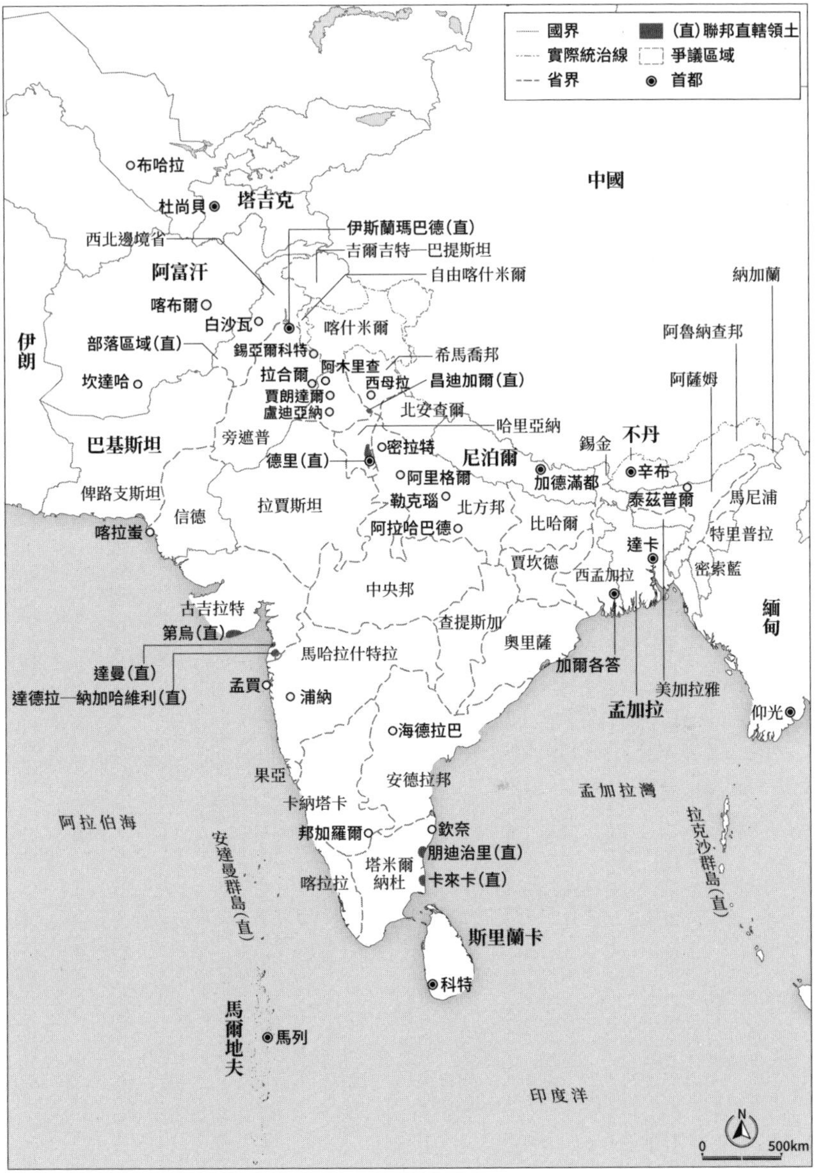

現在的印度及其周邊地區

「印度國家聯盟」中的穆斯林國家，這與巴基斯坦建國並不等同。然而，本大會之後十年，一九四〇年三月二十三日，穆斯林聯盟主席穆罕默德・阿里・真納（Muhammad Ali Jinnah，1876-1948）在拉合爾的大會主席演說中揭櫫了所謂的「兩國族論」（Two-nation theory）：印度是由印度教徒和穆斯林兩個不同的國族所構成。真納主張在印度西北部和東部各自打造主權獨立的國家，這就是所謂的「巴基斯坦決議」（Pakistan Resolution，又稱拉合爾決議〔Lahore Resolution〕），並導致了一九四七年八月的印巴分治。在巴基斯坦，伊克巴勒與真納的言論被鑲嵌於巴基斯坦邁向獨立的一波波浪潮中，伊克巴勒更因此被稱為巴基斯坦獨立運動思想基礎，是備受尊重的國民詩人，電視及報紙上連續多日介紹他的詩作。

一九〇五年這一年成為印度穆斯林政治活動的象徵契機，但早在孟加拉分治之前，分化已開始萌芽。這樣的趨勢可追溯至距一九〇五年約半世紀前的一八五八年，也就是大英帝國開始直接統治印度。此外，距一九〇五年約半世紀後的一九五六年，與印度一同獨立的巴基斯坦正式制定了憲法。換句話說，一九〇五年前後約一個世紀，正是印度穆斯林政治運動開花結果的時期。

接著巴基斯坦獨立後的二十世紀後半，南亞的穆斯林往世界各地移民，在各地建立了社群，不只建立了廣大的社會經濟網路，巴基斯坦思想家發表的聖戰論和伊斯蘭金融論等，也對現代伊斯蘭世界產生了巨大影響。與一九〇五年孟加拉分治同行的印度穆斯林一系列政治運動，是穆斯林政治運動展開的一個里程碑。

已有為數眾多的研究成果，將孟加拉分治視為印度獨立運動潮流中的一環。本章將以一九〇五年為主軸，描述生活於其中的穆斯林知識階層之形成過程，以及代表人物伊克巴勒的活動軌跡，藉此闡明殖民地印度的印度穆斯林政治運動如何正式展開。

2 殖民地印度的近代化與穆斯林

近代化與新興知識階層

一八五七年五月，發端於德里近郊城鎮米拉特（Meerut）的印度士兵反叛所引發的印度民族起義（Indian Rebellion of 1857），後來被英軍鎮壓；翌年一八五八年，由於涉嫌聯絡叛軍，末代君王巴哈杜爾沙二世（Bahadur Shah II）被流放至仰光，蒙兀兒帝國宣告結束，之後開啟由英國政府直接統治的時代。英國在英屬印度推動現代化，並培育出一批接受近代教育的知識階層。過去曾是蒙兀兒帝國首都的拉合爾，自十八世紀中葉以來一直由錫克教徒（Sikh）統治，一八四九年被選定為旁遮普省的省會。以此為契機，拉合爾迅速邁向近代化。這時正值出版技術蓬勃發展的時期，運輸方式的成熟也讓大量印刷品得以輸入偏遠地區，同時，印度穆斯林的政治和社會中心也從逐漸沒落的德里轉移到旁遮普。伊克巴勒念大學時待過的拉合爾，是一座在近代化浪潮中逐漸興起，充滿活力的城市。

成為省會後，書記官和出版商紛紛從德里和加爾各答前來拉合爾。一八五〇年烏爾都語週報《光之山》（*Kohinoor*）發刊，出版社由印度教徒蒙西・哈蘇克・賴（Munshi Harsukh Rai）所經營。印度教徒蒙西・納瓦爾・基肖爾（Munshi Nawal Kishor）則在一八五一年遷到印度中北部的古都勒克瑙，成立了納瓦爾・基肖爾（Nawal Kishor）出版社，並發行了計四千冊的波斯語及烏爾都語書籍，為振興伊斯蘭文學作出莫大貢獻。十九世紀後半，旁遮普省的出版量激增，不只拉合爾，阿木里查（Amritsar）、西亞爾科特、盧迪亞納（Ludhiana）和賈朗達爾（Jalandhar）等城市都成為出版據點。出版業的發展亦與英國人的基督教布道活動有關，烏爾都語的《聖經》等基督教相關書籍在賈朗達爾大量發行，為推動言文一致的普及化扮演了重要角色。十九世紀末，在德里發行的報紙計有六十種，在拉合爾則高出三倍多共一百九十七種，以拉合爾為中心的旁遮普地區，堪稱是出版事業的一大中心。

更進一步說，當時俄羅斯與英國之間正展開一場以中亞為舞台的「大博弈」（The Great Game）霸權爭奪戰。英國將旁遮普設為最前線，打算啟蒙該地區人民，並孕育出一批親英知識階層。在拉合爾，以一八六〇年創立的愛德華國王醫學大學（King Edward Medical University）為開端，一八六四年政府學院和福爾曼基督教學院（Forman Christian College）、一八六六年傳教學院（Mission College）、一八七〇年東方學院（Oriental College）、一八七五年梅奧藝術學院

（Mayo School of Arts）、一八七六年拉合爾高中、一八八二年旁遮普大學、一八八六年艾奇森學院（Aitchison College）等高等教育機構陸續開設，另外也設置了博物館和圖書館。這些機構的校長和職員均由英國人擔任，目的是與當地學生交流。伊克巴勒就讀的政府學院即是一八六五年在英籍教師的指導下，由文人團體「旁遮普協會」開設的。當時伊克巴勒的創作多半為傳統愛情詩，但也嘗試提倡社會改革的近代詩，有助於形塑拉合爾的知識階層。

當時，帶領印度穆斯林近代化的賽義德．艾哈邁德汗（Sir Sayyid Ahmad Khan，一八一七～一八九八年），以德里東南一百公里處的城鎮阿里格爾（Aligarh）為據點，他曾四度訪問旁遮普，這點反映出旁遮普的穆斯林知識階層迅速崛起。艾哈邁德汗生於德里，年少時曾於一八三八年擔任英國官職，經歷過印度民族起義，他為了調解起義主因在於穆斯林還是英國人的兩造爭論，便寫下了《印度民族起義的諸起因》（*The Causes of the Indian Mutiny*）。艾哈邁德汗熱衷於建立親英穆斯林知識階層，他於一八六四年成立了將英語文獻譯成烏爾都語的科學協會（Scientific Society of Aligarh），並於一八六七年設立本地語大學，致力於用烏爾都語教授近代自然科學。一八七〇年他發行烏爾都語啟蒙雜誌《倫理的純粹》（*Tehzeeb-ul-Ikhlaq*），並發表了許多有關近代化的文章。一八七五年在阿里格爾設立了穆罕默德盎格魯東方學院（Muhammadan Anglo-Oriental College），致力於振興近代教育。該學院請來英國人擔任校長，不分印度教徒或穆斯林，一律平等教授近代知識。以往印度的知識體系均奉宗教知識為最高原則，因此進化論等科學教育的導入引發了不少反彈。儘管出現反彈，但該校仍在一九二〇年升格為阿里格爾穆斯林大學，獨立後活躍的印度及巴基斯坦菁英多半出於此。艾哈邁德汗一連串的啟蒙運動被稱為「阿里格爾運動」（Aligarh Movement）。

與阿里格爾運動同時期，另一股重要的潮流也跟著興起。一八六七年印度中北部城鎮迪奧班迪（Deobandi）設立了遜尼派哈納菲學派（Hanafi）的學院「知識之家」（Darul Uloom）。該學院通稱為迪奧班迪學院（Deoband school），在此學習的人們被稱為「迪奧班迪學派」。學院以烏爾都語教授伊斯蘭諸學，並導入近代教育機構的組織體制，發行了大量伊斯蘭教令（fatwa，法特瓦，穆斯林應遵循的宗教詮釋），對伊斯蘭教的復興貢獻甚大。特別重要的是，學院使用口語的烏爾都語來授課。十九世紀中葉的南亞，特別是北印度，書寫文字及教學語言已從王宮使用的波斯語轉為烏爾都語，烏爾都語簡明的表現方式加速了大眾思想及運動的傳播。換句話說，烏爾都語促進了伊斯蘭知識與近代西方學問的大眾化。而在二十世紀初根據伊斯蘭教令而勃興的反英運動，活躍其中的迪奧班迪學派學者，更是印度穆斯林政治運動的象徵。

使用烏爾都語來普及化知識，這股趨勢在一八九八年印度中北部的勒克瑙設立伊斯蘭研究機構「知識之家暨學者大會學院」（Darul Uloom Nadwatul Ulama）後更進一步發展，該機構也發行了伊斯蘭研究月刊《論壇》（*Al-Nadwa*）。支持艾哈邁德汗的烏爾都語詩人希布利・諾馬尼（Shibli Nomani，一八五七～一九一四年）便於此機構再版了《先知列傳》（*Sirat-un-Nabi*）、《歐麥爾傳》（*Al-Faruq*）、《嘎札里傳》（*Al-Ghazali*）和《魯米傳》（*Mawlana Rumi*）等伊斯蘭文化經典，扮演了核心角色。當希布利於一八九二年到次年期間訪問中東之際，他在伊斯坦堡得到鄂圖曼帝國哈里

圖 3-2　政府學院

許多巴基斯坦的首相、官僚及文人皆出於此。校內的宿舍現在仍保留了伊克巴勒的房間。

圖 3-3　旁遮普大學東方學院

1882 年旁遮普大學設立後，東方學院併入大學。

發阿卜杜勒哈米德頒授勳章，也在開羅與伊斯蘭法學家穆罕默德・阿布都（Mohammed Abduh，一八四九～一九〇五年）會面，深受泛伊斯蘭主義的影響。在這之後，希布利於一九一四年在阿占加（Azamgarh）成立學術機構「作者之家」（Darul Musannefin Shibli Academy），亦發行月刊《知識》（*Ma'arif*），刊行了上百冊的伊斯蘭相關著作。

在這個時代，由於交通發達，前往麥加朝聖的人數也增加不少。除了印度的朝聖者，也有來自俄羅斯及中國的朝聖者。此外，前往阿拉伯半島的留學生也增加了，讓不同地區的穆斯林得以交流並傳播知識。同時代的詩人阿爾塔夫・海珊・哈利（Altaf Hussain Hali，一八三七～一九一四年）在俄土戰爭一結束後的一八七九年，便將伊斯蘭世界的凋零比喻為垂死的病人，吟詠成六行詩（six-line stanzas，俗稱《哈利的六行詩》〔*Musaddas-e-Hali*〕）。這說明了十九世紀末的印度穆斯林開始對整個伊斯蘭世界的危機產生共鳴：

這〔無指望的病人〕狀態正是這世界的民（穆斯林）
那船陷入漩渦圍困其中　離岸甚遠的暴風雨橫阻其中
身處眼看就要沉沒的恐懼中
然而船上的人們全無動靜　船上的人們無意識地酣睡

——《哈利的六行詩》

進入二十世紀，北印度的穆斯林社會改革運動雖多方分歧，但是所有的運動都有兩個共同點。一是強調穆斯林的自覺，並開始回應國外穆斯林的動態，另一則是選擇以烏爾都語做為運動的語言。十九世紀後半的英國殖民地印度，印度教徒和穆斯林的對立浮上檯面，雙方都為了維護自身權益，選擇使用各自宗教文化的語言，穆斯林選擇烏爾都語，印度教則選擇印地語（Hindi）。使用烏爾都語對印度穆斯林來說格外親切，因而在穆斯林社會的改革運動中別具意義。

北印度穆斯林社會的各語言層

十九世紀後半，印度穆斯林透過教育及大眾媒體，與各地的穆斯林社群合作。然而，在印度這片廣大區域上存在著各種語言，所以需要一個相互理解的共通語言。在北印度穆斯林社會，阿拉伯語做為《古蘭經》的語言，毫無疑問地擁有神聖地位。而學習並解釋教義等高等知識時，在北印度除了阿拉伯語，還會使用蒙兀兒王宮的用語波斯語。因此，直至十八世紀中葉左右，伊斯蘭相關文獻亦多半用阿拉伯語或波斯語寫成，其中包括廣為伊斯蘭世界熟知、十一世紀蘇非派胡吉維里（Hujwiri）以波斯語所寫的神祕主義著作《蒙面的啟示》（*Kashf-ul-Mahjoob*）等等。阿拉伯文和波斯文的著作跨出了南亞，現今仍然是阿拉伯世界、中亞及波斯文化圈等地的讀物。許多留下這些著作的學者和蘇非學者，有的出身自巴格達或加茲尼（Ghazni），為了傳教來到北印度，有的則是出身自南亞，為了求學而前往中亞布哈拉的學院。這群人成為在阿拉伯文化圈及波斯文化圈之間密切來往的當代「知識分子」。

另一方面，以阿拉伯語及波斯語書寫的活躍知識分子著作，在當時很難引發北印度的穆斯林大眾共鳴，於是著作中以神為絕對依歸的思想，便轉喻為印度教巴克蒂（Bhakti，奉愛）等本土宗教思想使用的對戀人及丈夫的愛，並化作烏爾都語、旁遮普語及信德語、孟買語等印度諸方言的簡單詩作，搭配印度音樂，成為像卡瓦力（qawwali）那樣的宗教歌謠，頌唱並滲透至社會全體。

環顧十八世紀中葉北印度的各語言，阿拉伯語在北印度穆斯林社會中居首，其下有王宮用語波斯語及突厥語（察合台語，Chagatai）。突厥語是蒙兀兒帝國開國君主巴布爾（Babur，一四八三～一五三〇年）使用的語言，王族成員皆須學習。蒙兀兒時期的北印度，一般民眾的本土諸語言，與這種少數統治階層使用的西亞及中亞諸語言兼容並存。所謂的烏爾都語，原本是北印度地區使用的口說語言，融合了阿拉伯文和波斯文的聲符、文字、詞彙及獨特的慣用表現、文學風格等等，之後這種語言在蒙兀兒王朝首都德里一帶逐漸普及，並冠上意為「軍營」的突厥語「烏爾都」，稱為「烏爾都語」。十七世紀中葉開始廣泛以「烏爾都（軍營）的語言」（Zaban-e-Urdu）來稱呼這種語言，在這之前則是使用「印度人的語言」（Hindavi）來稱之。一八〇〇年，加爾各答設置了以英國人為對象的本土語言教育機構威廉堡學院（Fort William College），當時主要教授的語言雖被稱為「印度斯坦語」（Hindustani），但實際上教的是使用波斯—阿拉伯文字的烏爾都語。對英國人來

圖 3-4　作家大樓（Writer's Building）
位於加爾各答市中心，設置以英國人為對象的本土語言教育機構「威廉堡學院」（Fort William College），發行了上百冊南亞各語言的教科書及讀本。

說，與其把這種語言叫做「烏爾都（軍營）」這個只有在德里才通用的稱呼，不如將它叫做「印度斯坦語」這種可廣泛指涉「北印度」或「印度」的大範圍區域的稱呼，才比較合適。

相對於此，所謂的「印地語」，則是一種內含大量梵語（Sanskrit）詞彙，並使用天城文（梵字）書寫的語言。「印度斯坦語」這稱呼一直沿用至二十世紀初，其指涉的烏爾都語與印度伊斯蘭文化有極深淵源；而「印地語」則與印度教文化有很強的關聯性。這「兩種語言」的差異化日漸加深。在兩種語言皆具宗教象徵的背景下，蒙兀兒帝國不問宗教之別而使用波斯語；帝國崩解後，在英國殖民地體制下採用本土語言的行政機關，選擇語言的根據則與社經環境及政治的既得利益脈絡有關。

雖然北印度的穆斯林社會有著以阿拉伯語為頂點的語言階級制度，但到了十九世紀，烏爾都語和英語在社會上愈發實用，阿拉伯語就成為僅侷限於伊斯蘭學校及大學等教育機構使用的語言。在這樣的結果下，雖然使用阿拉伯語和波斯語的伊斯蘭「傳統知識分子」在舊有的清真寺及伊斯蘭學校裡依然備受尊崇，但使用英語和烏爾都語等接受近代教育的新興知識階層則急速抬頭。他們的主張透過報紙及雜誌傳播到印度各地，也引領著政治和社會運動。伊克巴勒正是這個世代的代表人物。他同時以知識分子間共享的波斯語，以及教育及大眾媒體廣泛使用的烏爾都語作詩，詩中的思想亦被普遍接受。

宗教社群使用語言的轉變，亦可見於印度教社會。可以理解和背誦神聖語言梵語的婆羅門位於印度教社會的頂端，不識梵語的群眾雖可透過各種本土語言的神話、歌謠和戲劇來理解印度教義和神話，但在殖民地體制下，使用天城文字書寫的印地語及英語也愈發獲得關注。

宗教復興的潮流和語言的政治化

一八七〇年代，北印度社會的印度教徒、穆斯林、錫克教徒等宗教社群彼此間開始產生對立。宗教社群的對立與宗教社群內部的社會改革運動幾乎同時發生，這並非偶然。包括印度教的雅利安社（Arya Samaj）社會改革運動、穆斯林的阿里格爾運動、錫克教社會的尼蘭卡里派（Nirankari）、拉達索米派（Radha Soami）和難陀利派（Namdhari）的運動，這些內部改革運動與區分其他宗教的外部運動同時勃興。當一個宗教欲明確區分出「他者」時，對內的純化和復興運動就更加活躍，對外的排他性也會更高，彼此間的差異化會產生出各種現象。在英國統治下，基督教傳教活動不斷，讓各宗教社群產生危機感，宗教社群內的改革運動也就愈演愈烈。舉旁遮普省的穆斯林為例，雅利安社的崛起，就跟基督教傳教團體帶來的危機感有關。

關於基督教傳教，直到十八世紀末之前，英國在印度統治採取的方針是維持印度教和伊斯蘭的法律及舊慣，並不鼓勵基督教傳教。但由於東印度公司的英國人與當地的印度人女性結婚，雖為當地家族帶來利益，卻為公司造成不利影響，因此公司決定不僱用印度人，以及英國人與印度人所生的後代，並隔離了英國人與印度人的居住地區，限制雙方交流。前述的威廉堡學院，成立之初便曾提到「吾輩（英國人）已非商人，而是管理者」，所以在理解本土語言的同時，也應當培養具有基督教倫理觀和良好習慣的年輕人，強調基督教教育的重要性。英國的福音主義者支持此方針，投入大量資本挹注東印度公司，並在印度各地積極布道。

一八四一年，喀什米爾的西母拉（Shimla）設立基督教學校時，就已有人改信基督教；一八八三年，拉合爾更有穆斯林女性帶著小孩共三人同時改信基督教。這股改信的浪潮讓穆斯林社群感受到危機，一八八四年便在毛拉納．卡齊．哈米德丁（Maulana Qazi Hamid-ud-Din）的號召下，於拉合爾成立了伊斯蘭擁護協會，該協會的目標是強化穆斯林男女的教育，保護伊斯蘭價值來抗衡基督教傳教團體與印度教改革團體雅利安社，並以出版及演講的方式來回應對伊斯蘭教的批評。伊斯蘭擁護協會派遣人員到旁遮普的農村各地，勸導民眾別改信基督教及印度教，此外也設立孤兒院，推行各種社會慈善工作。

十九世紀後半各種宗教活動的活躍，強化了特定宗教與語言之間的聯繫。在印度這個多語言社會，仰賴宗教社群的社會運動要蓬勃發展，得看是以哪種語言推行運動，特定語言和宗教的關聯性也因此變得更強。根據一八六八年的紀錄，中央省發行的二十三種報紙中有十七種是烏爾都語、四種是印地語，烏爾都語在出版活動上勝過印地語，但同一時期西北邊境省則興起了印地語普及運

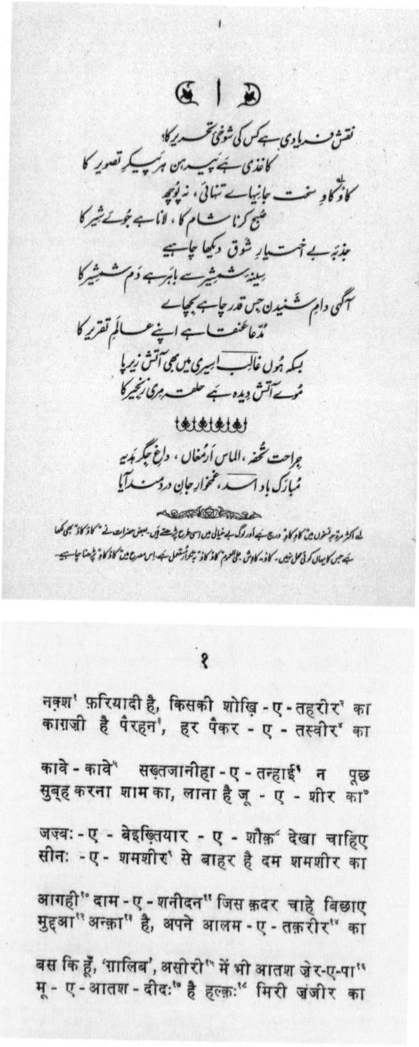

圖 3-5 波斯阿拉伯文（上）與天城文（下）
烏爾都語古典詩人迦利布（Ghalib，1869年卒）詩集中最早的「加扎勒」（傳統戀愛抒情詩）。對各種文字使用者而言，學習完全相異的文字相當費工夫。

動。該運動由學校教師巴布・西瓦・普拉薩德（Babu Siva Prasad）發起，在地方上迅速擴展。在該運動影響下，曾在艾哈邁德汗的科學協會工作的印度教徒紛紛拒絕使用波斯─阿拉伯文字、也就是烏爾都語，並要求用天城文發行報紙。而在一八七一年，雖然孟加拉的司法官暗示採用烏爾都語做為穆斯林語言，但中央省也興起了將通用語從烏爾都語改為印地語的行動。

當然，艾哈邁德汗強烈反對印地語普及運動，他於一八七三年成立了「烏爾都擁護中央委員會」*做為反制。他在演講中說道，天城文字的使用「阻礙了印度穆斯林教育的發展」。我們得留意，他將烏爾都語的危機視同於「印度穆斯林」的教育危機。當時，使用波斯─阿拉伯文字也就是烏爾都語，無涉於宗教差異，但他的發言說明了使用文字（語言）與宗教社群的關聯性。選擇烏爾都語或是印地語的相關議論，從原本只是使用文字的差異，開始轉變為伊斯蘭教或是印度教的宗教差異。在這樣的語言選擇問題（Hindi-Urdu controversy）背景下，不可能用單一共通語言來統一廣大的印度。英國將軍事、稅制、法律和教育方面的語言選擇權交由各省決定，但各省內部的語言選擇均受該區政治、社會及經濟因素的影響而可能產生變數，各地的語言使用因而產生不一致。這也是為何語言的選擇會影響宗教對立的原因之一。

一八八一年四月，比哈爾地方法院和公家機關使用的文字，從波斯─阿拉伯文改為天城文。使

＊ 英文為 Urdu Defence Central Committee（之後改名為烏爾都擁護協會，Urdu Defence Association），但成立年分應為一九〇〇年。較接近作者列出的年分且性質類似的組織，為後面提到的「烏爾都發展協會」（Anjuman-i Taraqqi-i Urdu），成立於一八八六年，一九〇三年改組。特此說明。

用印地語也就是天城文字、以及大量使用梵語語彙的運動，幾乎與烏爾都擁護運動並行。印地語作家普拉塔普・納拉揚・米甚拉（Pratap Narayan Mishra）亦通曉波斯語和烏爾都語，但正如他的〈諺歌百首〉其中完全排除阿拉伯語和波斯語語彙，他發表的印地語作品開啟了梵語語彙文學創作的可能性。一八九八年，日後領導印度教改宗運動的馬丹・莫漢・馬爾維亞（Madan Mohan Malaviya，一八六一～一九四六年），要求西北邊境省阿瓦德（Awadh）的公家機關用字從波斯—阿拉伯文字改為天城文字，同年四月該省官方用語加入了印地語。一九〇〇年，西北邊境省省長安東尼・麥克唐奈（Antony McDonnell）宣布公家機關應使用天城文，決議一出，北印度各地的穆斯林立即召開會議反對該決定。艾哈邁德汗更在一九〇三年成立了「烏爾都發展協會」，開始改革烏爾都語、編纂字典和出版烏爾都語經典書籍。伴隨穆斯林社會運動的興起，烏爾都語伊斯蘭相關書籍的出版增加了，這也讓伊斯蘭教與烏爾都語的關係更加不可分割。

前述的伊斯蘭擁護協會的設立，顯示出了伊斯蘭社群的危機感，擁護使用語言與該語言相繫的宗教社群直接相關。艾哈邁德汗於一八八六年成立的「穆斯林教育會議」（Muhammedan Educational Congress，全印穆斯林聯盟的前身），就非常強調穆斯林的團結。一八九九年，他於會議宣傳手冊收錄的演講內容中表示，「吾輩因自己的無能，不斷流失諸如蘇丹制這樣的恩惠，也不斷喪失自我。儘管有所謂「高目」（Qawm，詳細定義請參考後述）＊的高度倫理及同袍意識，但和順尼派、什葉派等宗派的衝突，使我們的高目概念遭受輕視。」這段文字批評穆斯林社群內部不睦，主張應促進內部改革與團結。在宗教社群的自覺與顯現過程中，穆斯林強烈意識到應確保和維護自己的社群。

其中一個里程碑，即是以一九〇五年孟加拉分治為契機的全印穆斯林聯盟的成立。

3 穆斯林的自覺與伊克巴勒

踏出學院走入社會

一八七七年生於西亞爾科特裁縫家庭的穆罕默德．伊克巴勒，自小拜蘇格蘭使命學院（Scotch Mission College）學院教授阿拉伯語的家庭教師米爾哈桑（Mir Hassan，一八四四～一九二九年）為師，學習阿拉伯語等知識。米爾哈桑受阿里格爾運動的影響，與艾哈邁德汗保持書信交流，在艾哈邁德汗訪問旁遮普省時亦前去迎接。儘管少年伊克巴勒身在喀什米爾的小鎮，他卻也直接感受到了艾哈邁德汗與阿里格爾運動的氛圍。

伊克巴勒之後就讀米爾哈桑工作的學院，一八九五年前往拉合爾的政府學院主修哲學。這裡集結了對大量新知感興趣的年輕人，彼此互相砥礪。根據當時學院的回憶錄，學生人數不到二五〇

＊ 指伊斯蘭教的族群、教眾或部族團體，也有團結友愛的意思。由於屬專有稱謂，故在此特稱為「高目」，然本譯詞較常為中國的穆斯林（回教徒）使用，特此說明。

人，同學及老師十分親近。校園內尚無結社、雜誌發行和集會等文化，是需要教師和學生自主個別認識的環境。宿舍餐廳也分成印度教的素食和穆斯林的葷食。伊克巴勒透過同鄉介紹結交朋友，友人都稱他為「詩人伊克巴勒」。根據同學的回憶錄，據說用餐結束後，同學都會聚集在伊克巴勒的房間裡。伊克巴勒在一九〇二年給朋友的書信中提到，長久以來都希望創作詩，來回應英國詩人米爾頓（John Milton）的史詩《失樂園》（*Paradise Lost*）。學生時代的伊克巴勒兼具波斯語及烏爾都語文學素養，同時亦學習英國文學，通曉東西方的詩文與思想。

當時在學院附近，拉合爾舊市街上巴蒂門（Bhati Gate）的醫生市集因是醫生和文人居住的地區而得名。伊克巴勒在入住學生宿舍前有一段時間寄住在該區的友人家，在地區內著名的醫師宅邸中舉辦詩會。伊克巴勒對於在人前歌詠自己的詩作相當猶豫，然而早在入學之初的一八九五年，他就在友人的勸勉下，於詩會上發表了作品。一開始是拉合爾當地文人、之後旁遮普各地的文人齊聚在此，眾人皆褒揚這年輕詩人的作品。一八九六年，來自喀什米爾山麓錫亞爾科特（Sialkot）的艾哈邁德．迪恩耳聞詩會盛名而至。他與同鄉的伊克巴勒成為朋友，更成立「喀什米爾穆斯林協會」並刊行《喀什米爾報紙》及《喀什米爾雜誌》，在協會聚會時邀請伊克巴勒發表作品，並將詩作刊載在雜誌上。因此，青年伊克巴勒成了烏爾都語詩人界的閃亮新星，聞名於拉合爾的藝文圈。在拉合爾名士蘇巴尼（Nawab Ghulam Mahbub Subhani）的贊助下，馬丹．戈帕爾（Madan Gopal）及汗．艾哈邁德．侯賽因汗等無宗教之別的文藝同好，也都在詩會齊聚一堂。

一八九七年，伊克巴勒在東方學院取得英國文學和阿拉伯語學士學位，在阿拉伯語方面獲頒優秀獎。一八九九年在政府學院取得哲學碩士學位，在那裡伊克巴勒遇見了知己，就是教授哲學的英籍東方學者托馬斯·阿諾德（Thomas Walker Arnold，一八六四～一九三〇年）。與阿諾德教授的相遇，讓伊克巴勒動了前往歐洲留學的念頭。阿諾德與艾哈邁德汗熟識，到拉合爾之前曾在阿里格爾大學任教。一八九六年，在艾哈邁德汗強烈邀請下，他在英國發表了題為《伊斯蘭的傳教》（*The Preaching of Islam*）的著作，對於當時被揶揄為「一手拿（古蘭）經，一手拿劍」的伊斯蘭教，他解釋伊斯蘭傳教並未持劍，而是和平傳教。伊克巴勒透過家庭教師米爾哈桑與阿諾德兩位學者，得以接觸艾哈邁德汗的近代化運動。

圖 3-6　托馬斯·阿諾德
1898 年開始在政府學院教授哲學，之後擔任旁遮普大學東洋學系主任。

阿諾德於一九〇四年回到英國，歷任在英印度人學生的教育顧問及英屬印度的顧問，一九二一到一九三〇年在倫敦大學亞非學院教授阿拉伯語和伊斯蘭神學。阿諾德也是《伊斯蘭百科全書》初版的英文編輯。

阿諾德返回英國時，伊克巴勒贈送以下詩作，做為送別禮。詩中表明了離開旁遮普，到阿諾德門下留學英國的決心：

恩典之雲從吾家花園上昇
在祈願的花蕾上　僅留下些許甘霖就離去
君在何處　在知識的西奈山峰上的講者啊
君一呼一吸　皆為傳播知識之煦風
今在何處　前進那知識沙漠的熱情
因君之呼吸　吾亦對知識產生想望
如顛似狂　雙手將解開命運的束縛
斷開旁遮普的鎖鏈　吾到君那裡去吧

——〈訣別之嘆——追慕阿諾德〉

加拿大比較語言學者阿爾弗雷德·斯特拉頓（Alfred William Stratton）自一八九九年起以旁遮普大學的學籍事務官身分擔任東方學院校長，原本伊克巴勒受他的影響，希望前往美國留學。包含伊克巴勒在內，當時印度人學生都知道斯特拉頓是加拿大人，但他們卻都將他視為是美國人，因此許多學生都希望去美國，未料斯特拉頓在一九〇二年驟逝，加上同時間阿諾德的影響，所以最後伊克巴勒決定留學英國。歐洲是培育伊克巴勒學習近代知識的場所，對印度人而言更是殖民母國英國的所在地。一九〇五年開始，約三年間的歐洲留學生活，讓伊克巴勒的思想澈底轉換。

愛國與走向獨立之夢

一八九八年，伊克巴勒在拉合爾的詩會上發表了早期代表作〈喜馬拉雅〉（Himalaya）：

啊，喜馬拉雅　啊，印度的國家屏障
蒼穹彎下身來　細細親吻君之前額
（中略）
啊，喜馬拉雅　請談談那時的故事
當汝的山麓平野　成為我先祖居所時的故事

至少給一些話　在那悠閒生活風景
尚未被胭脂粉飾沾染之時

——〈喜馬拉雅〉

這首詩雖是傳統的抒情詩（Ghazal，加扎勒）形式，但內容無關戀愛，而是愛鄉之情。詩中描繪的壯麗喜馬拉雅山，是守護祖國印度大地的存在。這種形式的新型詩歌，被稱為「押韻詩」（Nazm，納茲姆）。拉合爾的文人、印度穆斯林最早的英語雜誌《觀察者》（*Observer*）編輯、亦曾擔任伊斯蘭擁護協會會長的阿卜杜勒・卡迪爾（Abdal Qadir，一八七四～一九五〇年），便在收錄了〈喜馬拉雅〉的第一詩集《啟程的鈴聲》序文中稱讚道：「詩中有英式思想和波斯詩歌形式，更蘊含了愛國的旨趣。由於合乎時宜的要求，因此相當受歡迎。」伊克巴勒的詩作融合了東方傳統與西方詩意，深受印度人喜愛。卡迪爾年長伊克巴勒三歲，他看出了伊克巴勒的才能，並支持其創作。

進入二十世紀，伊克巴勒成為喀什米爾穆斯林協會及伊斯蘭擁護協會等各種社會團體的幹部。他在一八九九年十一月成為伊斯蘭擁護協會理事會的一員，留學歸國後，於一九〇九年一月再次成為理事。一九〇〇年二月二十四日在拉合爾舉行的第十五屆伊斯蘭擁護協會年度大會上，伊克巴勒朗讀了烏爾都語詩作〈孤兒的悲嘆〉（Nala-e-Yateem），描繪了孤兒的苦悶和無力感，賺人熱淚，許多善款紛紛湧入擁護協會的孤兒院。印有這首詩的小冊子也大賣，募集了更多捐款，伊克巴勒還從版稅中捐出了五盧比。擁護協會的詩會更湧進了大批想聽伊克巴勒詩作的人群，協會和伊克巴勒一時聲名大噪。

一九〇一年，拉合爾的烏爾都語雜誌《寶庫》（*Makhzan*）發刊，發行人是阿卜杜勒．卡迪爾，創刊號即刊載了伊克巴勒的〈喜馬拉雅〉。拉合爾的啟蒙活動也擴展到兒童及婦女，一九〇九年兒童週刊《花》及女性週刊《女性文化》等陸續發刊。「烏爾都之會」、「烏爾都促進會」和「拉合爾醉心會」等文學社團也紛紛成立，伊克巴勒身為代表詩人，自然備受矚目。半世紀前開啟烏爾都語出版事業的拉合爾，在半世紀間成長為烏爾都語大眾媒體的據點。

根據卡迪爾的評論，從伊克巴勒的詩中看得出「愛國」。以下的詩是因一九〇五年孟加拉分治導致印度教徒和穆斯林對立躍上檯面之前的作品，伊克巴勒描繪了超越宗教分別的愛國之情：

契斯特（Chishti，蘇非主義）帶來神啟的這片大地
那納克（Nanak，錫克教始祖）演唱一神頌歌的花園
韃靼人視為祖國所在之處
令漢志（Hejaz）人民捨棄阿拉伯荒野之處
那是我的祖國　那是我的祖國
震懾希臘人　給予全世界知識和學問藝術

神化土塊為黃金之處　突厥人衣緣鑲滿了鑽石之處
那是我的祖國　那是我的祖國

——〈給印度兒童的民族之歌〉

印度是世界第一　我們是聚集在這花園裡的夜鶯
矗立在世界的那山高聳入雲　在那守護我們　我們的守護者
宗教不在於教導挖掘鴻溝
我們是印度人　印度是我們的祖國
縱然希臘、埃及、羅馬之名都從世界上消失了
吾等〈印度〉之名仍留存至今

——〈印度人之歌〉

採花的人啊　最好花瓣一片不留地奪走
君是幸運的　園丁正互相爭奪
想想祖國　艱難接二連三到來

天空中汝毀滅的傳說正在發生
看看現今正在發生的事　即將發生的事
　古代的傳說　是否有何啟示呢
不了解的話將全數消滅　印度的人民啊
　汝的故事將不會再流傳下去了

——〈痛苦的畫〉

說實在　婆羅門啊　如果不介意的話
　汝之寺院的偶像已然陳舊
汝自偶像學到與人們敵對
　神亦教導聖人戰鬥和紛爭
來　再一次掀開冰冷的布幕吧
　再一次團結四散的人們　停止分離主義吧

——〈新寺〉

〈痛苦的畫〉裡的「採花的人」是指英國政府，他感嘆英國在印度教徒和穆斯林的反目中漁翁得利，藉機剝削印度，此詩力陳印度的危機與印度人團結的重要性。〈新寺〉故意使用印地語詞彙，呼籲印度人超越宗教並團結一致，為當時的印度人普遍接受。至於〈痛苦的畫〉，印度教聽眾在感激之餘，更曾打算花十盧比購買其中一行詩。伊克巴勒對愛國心的關注程度，亦可從一九〇四年十月及一九〇五年三月在《寶庫》二度連載的文章〈穆斯林的生活〉(Qaumi Zindagi) 中窺見。〈新寺〉與該文同時刊載。在該文中，伊克巴勒指出文化改革和教育普及是穆斯林發展的必要條件，並評論日本為最佳榜樣，當時正值日俄戰爭。伊克巴勒提到，「現代各民族中，除了西歐各民族之外，在亞洲有日本人、在西歐有義大利人，這兩民族深知當今世局變化，而試圖調整自身文化、道德和政治形態並加以適應」，在急速變化的現代各狀況中，他強調賭上民族未來的自我改革。「目前正是需要衡量任何民族力量之際，不是專注於大砲或步槍、查找該民族的工廠，亦不是依靠其他民族的力量，而是自身所需能靠自己的努力作到什麼樣的程度，這才是重點。」這裡他又以日本為成功範例，指出仰賴戰爭等武力讓民族存續的時代已然結束，主張以筆為劍，以促進民族團結。同時，有關穆斯林文化的問題，他則認為重點在於強調與伊斯蘭不可分割。他的詩作風格來自於當時英國文學的浪漫主義，該風格的印度詩人代表，即是亞洲首位獲得諾貝爾文學獎的孟加拉語詩人泰戈爾 (Rabindranath Tagore，一八六一～一九四一年)。

在此值得注意的是，伊克巴勒的文章題目用了「高目」（Qawm/Qaumi）這個詞。「高目」相當於英語的「Nation」這個具有「國族」「民族」等多重語義的詞彙，即使可以理解為「印度各宗教團體中的穆斯林」，但內文卻出現了「透過對伊斯蘭法的哲學注釋，『高目』日後必然不會忘記這位領袖的教導」的用法。由此可見，「高目」一詞被當作「宗教團體」來使用。另一方面，在前述〈給印度兒童的民族之歌〉（Hindustani Bachon Ka Qaumi Geet）的詩作中，為了寫給諸宗教及學術起源地印度的兒童看，伊克巴勒則用了「高目」這個詞來指涉「印度民族」。除了他之外，一八八八年納迪爾・艾哈邁德（Nadhir Ahmad，一八三一～一九一二年）在德里發表烏爾都語長篇小說《時間追隨者》（*Ibn ul Waqt*），裡頭也使用「高目」一詞，來同時指涉「宗教團體」和「民族」兩種意義：

> 印度的各種團體（Qawm），印度教、穆斯林、錫克、馬拉塔（Maratha）、孟加拉人、馬德拉斯人（Madras）、拉傑普特人（Rajput）、賈特（Jat）、古扎爾（Gurjar）會一起努力吧？
>
> ——《時間追隨者》

同樣地，一九〇五年九月，伊克巴勒在留學途中寫給朋友以下的書信，情中也可看見「高目」被多重使用：

> 這裡（留學船出港的孟買）的祆教徒人口約八、九萬。但該城都是祆教徒嗎？這些人（Qawm）的能力值得稱讚，而且他們的財產多到難以想像。但是，絲毫無法預期這些人（Qawm）會有好的未來。（中略，九月二日，前往留學的法國船出港之際）大約三點輪船開始移動，我們向（來送行的）朋友打招呼。揮動手帕時，海浪從四方湧來，我們的船出航了，彷彿要親吻大海似的。從法國人（Qawm）的風趣、這艘船的出色與精緻可以得知，每個早晨有許多人忙於打掃，動作之熟練，讓船上連一根稻草都看不見。
>
> ——《伊克巴勒書信全集》

當時的伊克巴勒身處在一個在意識到「社會群體」的時代氛圍，他使用「高目」一詞強調印度人的團結及愛鄉之情，這是意圖超越宗教及民族之別，純粹奠基於領土範圍的民族主義式稱呼。同時，在印度教徒和穆斯林劍拔弩張的背景下，他亦意識到了所謂「宗教團體」這種單位的存在。對當時的印度穆斯林來說，所謂的「他者」，包括將印度視為殖民地的英國，也包括在印度社會語言選擇問題上占優勢的印度教徒。經過孟加拉分治、全印穆斯林聯盟成立，一直到印度教徒和穆斯林的政治分化，伊克巴勒有感於宗教對立反有利於英國殖民統治，因此試圖號召一個超越宗教的領土民族主義。

此時期的伊克巴勒，有一段與日俄戰爭有關的插曲。一九〇五年五月，印度報紙報導日本於對馬海戰中戰勝俄國，東方小島國的勝利，為殖民地印度帶來了莫大鼓舞。伊克巴勒因留學而乘船造訪孟買，在旅館的理髮店每日閱讀古吉拉特語（Gujarati）報紙，對日俄戰爭戰況知之甚詳。一九一二年，在拉合爾的伊斯蘭擁護協會年會上，記者佐法爾・阿里汗（Zafar Ali Khan，一八七三～一九五六年）談到了關於日本的時事，並提案利用暑假兩個月的時間，以伊斯蘭傳教為由，派遣伊克巴勒前赴日本。他提議將伊克巴勒的詩作以一首八安那*的價格賣出一萬首，並挪出其中的五千盧比來支付旅費。對於這提案，拉合爾報紙《新聞資訊》（*Paisa Akhbar*）表示佐法爾・阿里汗的想法太過一廂情願，伊克巴勒自身也以在東京外國語學校教授烏爾都語的赴日印度穆斯林巴卡圖拉（Barcatullah）為例，說明巴卡圖拉努力了三年，也只有二、三名日本人改宗穆斯林，因此認為他自己應該留在印度為「高目」努力，故拒絕了渡日一事。這位佐法爾・阿里汗以一九〇五年日俄戰爭為主題寫下劇本《俄日戰爭》，內容是母親看見兒子因顧慮喪夫的自己而無法赴戰場，於是自殺。這部劇本是讚揚日本人對祖國的忠誠。就伊克巴勒對日本傳教狀況的所知程度來看，當時印度

＊ Anna，英屬印度的貨幣單位，一安那為十六分之一盧比。

對日本的消息是廣泛流通的。除了先前的論文外，伊克巴勒以下的詩句也談及了日本的產業發展：

到底要繼續買到什麼時候呢
傘也是　手帕也是　圍巾也是　穿的全來自日本
若繼續輕忽這情形的話
洗身者將來自喀布爾　而屍衣卻來自日本

——《啟程的鈴聲》(*Bang-e-Dara*)

與印度的殖民景況相比較，贏得日俄戰爭的日本，發展國家產業的同時，也實現民族自立。這首詩雖是當時烏爾都語文學流行的諷刺詩，但可由此讀出伊克巴勒對「愛用國貨運動」(Swadeshi Movement) 的憧憬。留學前夕的一九〇四年，伊克巴勒在阿諾德的建議下出版了題為《經濟學》的入門書。伊克巴勒對這本書的期許是改善印度經濟狀況，因為經濟的自立可招來政治上的各種權利。他所想的還是印度人的團結。從這點來看，包括伊克巴勒在內的印度人，有不少期待著日本繼續進步。

此外，發起阿里格爾運動的艾哈邁德之孫羅斯・馬蘇德 (Ross Masood) 曾在一九二二年四月訪問日本，他在考察了政治和社會制度相關知識後，用英語和烏爾都語在一九二三年撰寫了《日本及

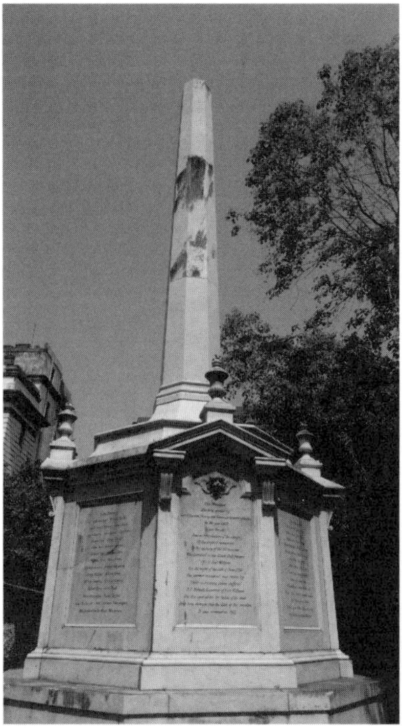

圖 3-7　黑洞事件記念碑

當初設在黑洞牢房處，之後移入市中心的聖保羅大教堂（St.Paul's Cathedral）。

圖 3-8　黑洞事件記念碑上的追悼文

其教育制度》，介紹日本的歷史、行政概況和教育制度。在這之後，馬蘇德也於一九三〇年與伊克巴勒、文人蘇萊曼．那德維（Sulaiman Nadvi）受邀前往阿富汗，為阿富汗的近代化提供建言。

接著就來介紹由印度穆斯林推動、並展開正式政治運動的契機，也就是一九〇五年的孟加拉分治。

4　一九〇五年轉捩點

從孟加拉分治到全印穆斯林聯盟成立

一八九九年寇松接任印度總督，上任後積極展開行政改革。除了整頓官僚機構以及獨立警察職能外，考量到與俄羅斯的「大博弈」，他於一九〇一年頒布《邊境犯罪條例》（*Frontier Crimes Regulations*），並在與阿富汗接壤的邊境設置西北邊境省。一邊推行灌溉及鐵路整備的他，一九〇四年則制定了《印度大學法》（*Indian Universities Act 1904*）試圖改革大學品質，但大學理事會卻成了政府的傳聲筒，讓印度人反彈不斷。

在印度早已出現反對異教徒統治的跡象。孟加拉出身的哈吉・沙里亞圖拉（Haji Shariatullah，一七八一～一八四〇年）從十八歲起住在麥加約二十年，受到瓦哈比主義*感化後，於一八〇二年回到印度。他將英屬印度定義為伊斯蘭法所稱的「戰爭境域」（Dar al-Harb），並呼籲發動「聖戰」

(Jihad，吉哈德)。沙里亞圖拉的運動被稱為「法雷茲運動」(Faraizi Movement)，以抗議嚴酷勞動的農民運動做為表現形式。另外，對異教徒發動聖戰的領袖賽義德·艾哈邁德·巴列夫(Sayyid Ahmad Barelvi)於一八二二年從加爾各答前赴麥加，與瓦哈比主義的改革者交流。回到印度後，他嚴厲批判受印度教影響的南亞穆斯林生活，也稱在錫克教徒及英國人等非穆斯林統治下的印度為「戰爭境域」，提倡武裝起義。他的運動被稱為聖戰運動(Mujahidin)，一直持續到十九世紀中葉被英國鎮壓為止。經歷了一八五七年印度民族起義後，英國人開始企圖塑造一批親英知識階層。

一九〇二年，寇松於加爾各答興建了一座方尖碑。在一七五七年英國確立孟加拉統治的普拉西戰役(Battle of Plassey)之前，一七五六年六月當地曾爆發黑洞事件(Black Hole of Calcutta)。當時政策上傾向法國東印度公司的孟加拉太守(Nawab)西拉傑·烏德·達烏拉(Siraj ud-Daulah)在攻打加爾各答之際，將未及時逃離的一四六名英國人禁錮在狹小的地牢中，直至十小時後才釋放，其中有一二三名窒息死亡。此即為黑洞事件的始末。寇松建造的方尖碑刻上了事件當中死者的追悼文及所有死者的姓名。關於這起事件至今雖仍有爭議，但上述包括寇松的統治政策、黑洞事件、法雷茲運動與聖戰運動，加上印度民族起義，英國人對印度人反英的強烈危機感，應是不難想像的。

一九〇五年二月，寇松總督將孟加拉分治法案送往倫敦，經審議後，訂於六月十九日發布。為了行政上的便利而分割廣大的孟加拉，這樣的計畫自一八六〇年代以來就爭議不斷，但這次的分治

＊ Wahhabism，又稱一神論者（認主獨一者，Wuwahhidun），僅相信唯一真神，教義相對保守。此派是沙烏地阿拉伯的國教。

區隔了孟加拉的印度教徒和穆斯林居住地區，目的除了是要削弱各種政治運動，也是要灌輸印度教徒和穆斯林的對抗意識，來抑止孟加拉地區高漲的反英情緒。在以印度人為號召下逐漸整合的印度教徒與穆斯林之間製造政治對立，同時對英國殖民政府所在地持續高漲的「孟加拉民族主義」進行離間，這就是寇松的目標。

另一方面，在殖民地制度下受近代教育的印度知識分子開始要求政治參與。一八八五年，英國人官僚艾倫・休謨（Allan Octavian Hume）與印度人一同組成了印度國民大會黨，英國政府亦持續吸納並逐漸允許印度人參與政治，利用這批人來穩定並協助英國的殖民統治。國大黨於會議中使用英語，而從成立到一九一七年為止大會主席均有四名英國人聯名並列，因此被認為是協助英國統治的政治團體。然而在十九世紀末，因語言選擇等問題激起了印度教民族主義及穆斯林的反彈浪潮，國大黨內部的巴爾・提拉克（Bal Gangadhar Tilak）和奧羅賓多・高斯（Aurobindo Ghose）等激進派抬頭，反英聲浪高漲下，出現了標榜自治的「自治運動」（Swaraj Movement）。提拉克更將批評指向穆斯林。他在印度西部馬哈拉什特拉（Maharashtra）的馬拉提語（Marathi）報紙上使用「印度教民族主義」這種排除穆斯林的稱呼，強調宗教上的區別。同時，孟加拉是殖民政府的所在地，在此展開的反英運動主體亦是孟加拉的印度教徒。寇松試圖以切割宗教及民族的分治手段，來削弱「印度人」的團結。此外，穆斯林方面同樣可看出尋求自治的跡象。一八九六年，艾哈邁德汗之子賽義德・馬哈茂德（Syed Mahmood）也強烈要求選舉必須按照宗派別來進行。

根據孟加拉分治，孟加拉省分割為以達卡為首府的東孟加拉阿薩姆省、以及以加爾各答為首府的孟加拉省。前者三一〇〇萬人口中，有過半數的一八〇〇萬人是穆斯林，一二〇〇萬人是印度教徒；相較之下，孟加拉省五四七〇萬人口中，高達四二〇〇萬人是印度教徒，九〇〇萬人是穆斯林，兩地區的宗教人口比例極為懸殊。穆斯林在東孟加拉阿薩姆省占優勢，然而在孟加拉省則是比哈爾人及奧里薩人等非孟加拉人占優勢，原本以印度教徒為中心的孟加拉反英政治活動也明顯衰退了。印度教徒不滿分治案提升穆斯林在政治上的發言權，因而激烈反對此案。甚至當時在國大黨領導穩健派的戈帕爾・克里什納・戈卡爾（Gopal Krishna Gokhale）及達達拜・納奧羅吉（Dadabhai Naoroji）亦反對分治，並表態支持愛用國貨運動。除了宗教對立之外，孟加拉人與非孟加拉人的分化，也為孟加拉民族主義帶來衝突對立。設置新省事宜在九月宣布、十月十六日施行後，穆斯林於十月廿二日在達卡舉行會議表示歡迎，同意設置新省。達卡太守卡瓦賈・薩利穆拉（Khwaja Salimullah）更如此發言：「此分治案一掃穆斯林的困頓停滯，並激起了對政治鬥爭的關心。」另一方面，印度國大黨則在分治施行日以服喪方式表達反對之意。穆斯林聯盟在廿四日回應必須擺脫印度教的施壓，並譴責印度教徒反對分治的態度。

一九〇五年八月廿一日，寇松總督辭職。下台主因雖是與軍方總司令官基奇納（Herbert Kitchener）伯爵鬥爭失勢，但也跟分治案而導致的宗教對立加劇有關。以反對分治案為起點的反英運動蔓延至印度各地，八月在印度西部浦納（Poona）舉行的集會上，更發起了抵制英國官職及英國貨運動及推廣民族教育運動，在愛用國貨運動與自治運動推波助瀾下，爆發了激進派的恐怖攻擊。此舉導致印度國大黨在一九〇七年蘇拉特大會（Surat Session）上正式分裂成穩健派和拉什比赫里·高斯（Rash Behari Ghose）所領導的激進派。

寇松下台後，繼任者是明托伯爵（Earl of Minto）。他嚴厲鎮壓反英政治運動、逮捕反政府活動分子，並下令禁止集會。同時，明托認為有必要培養另一股政治勢力，來對抗反對孟加拉分治的國大黨。穆斯林之中也有人開始試圖以親英方式來爭取穆斯林權利，阿里格爾大學（Aligarh University）理事穆欣穆爾克（Mohsin-ul-Mulk）即為一例。

一九〇六年八月，三十五名穆斯林代表造訪人在喀什米爾避暑勝地西母拉的明托，以英國國王的穆斯林臣民代表身分，要求明托允許中央、省級議會及地方團體內可以保障一定比例的穆斯林代表，並要求殖民政府雇用更多穆斯林。原本的選舉僅依選區人口比例選出代表，這對人數眾多的印度教徒特別有利，為了確保穆斯林的政治參與，因而要求總督設立保障名額。當時率領穆斯林代表團的是孟買的大企業家，伊斯瑪儀派（Ismaili）領袖阿迦汗三世（Aga Khan III，一八七七～一九五七年）。代表團中也包括了地主和殖民地官僚等人。

從英國政府的角度來看，與印度教徒對立的穆斯林向英國宣誓效忠，若欲削弱以印度教徒為主體的反英運動，這可是絕佳的好機會。明托承諾保證穆斯林的政治權利，使穆斯林滿懷期待。另外，提拉克等印度教激進派人士曾批評穆斯林參政的基礎組織尚未成形，這也意味著穆斯林有必要重整原有的政治組織。換句話說，強化殖民地政策並削弱反英運動的英國政府，與企圖擴大自身社群政治發言權的上層穆斯林之間，兩者在利害關係上是一致的。再加上，揭櫫印度人團結的印度國大黨內，因為印度教領袖開始取得主導地位，因此擁護穆斯林權益的政治活動之必要性也浮現出來。

在這樣的背景下，一九〇六年十二月三十日在達卡舉行全印穆斯林教育會議（All India Muhammadan Educational Conference），會議中宣示將成立「全印穆斯林聯盟」。穆斯林聯盟創立大會的決議內容，包含提高印度穆斯林對英國政府的忠誠度、消除對政府政策的誤解，以及維護印度穆斯林的政治權利，甚至也呼籲防止對其他宗教社群的敵對情緒，正式宣布聯盟從教育推廣轉向政治參與。本場教育會議由達卡太守卡瓦賈．薩利穆拉主持。一九〇三年孟加拉分治案曝光之時，他強烈批判此事，這樣的他在三年後卻支持分治，並籌備主持教育會議。在他身上，可說是如實呈現出了二十世紀初的穆斯林政治運動是如何變遷及展開。穆斯林聯盟創立之時聚集了數千名參加者，之後聯盟於印度各地設置省級分部，以全國規模推動擁護穆斯林權益。一九〇七年在喀拉蚩（Karachi）制定了穆斯林聯盟規約，一九〇八年更成立倫敦分部，伊克巴勒也加入該組織。穆斯林期待在孟加拉實施分離選舉制，並獲得穆斯林保障席次。

如上所述，基於愛國及民族運動而與英國對峙的印度穆斯林，以孟加拉分治為分界，與以印度教徒為主體的政治運動分道揚鑣，藉由全印穆斯林聯盟的成立，開始走向獨自的政治運動，與印度教呈現政治對立。這樣的轉變動向，與伊克巴勒從領土民族主義轉向宗教民族主義的時期是重疊的。

伊克巴勒前往英國

寇松總督辭職時，伊克巴勒正準備前往英國留學。關於伊克巴勒有志於留學的理由，他的兒子賈維德・伊克巴勒（Javed Iqbal）提供了一些線索。大致來說，伊克巴勒未通過司法考試，無法在印度任官，加上伊克巴勒也對雜誌編輯阿卜杜勒・卡迪爾一九〇四年赴英一事感興趣；此外他的恩師阿諾德亦曾鼓勵，在歐洲仍可攻讀伊斯蘭哲學博士學位，使他下定決心前往英國。那時還把汗衫綁在腰際的伊克巴勒，在赴英求學前才首次訂製西裝。他在赴英前一年開始存錢，哥哥阿塔（Sheikh Ata Muhammad）和友人也幫忙籌措交通費，在英國的生活費幾乎都是由他們資助。

一九〇五年九月一日夜，伊克巴勒搭乘拉合爾出發的火車啟程，翌日早晨抵達德里。作家霍賈・哈桑・尼扎米（Khwaja Hasan Nizami）等人前往車站送行。因卡迪爾赴英而接任《寶庫》編輯的學者伊克拉姆（Sheikh Muhammad Ikram）亦出席了伊克巴勒的歡送會。在德里，伊克巴勒造訪了蒙兀兒第二代君王胡馬雍（Humayun）陵墓、第五代君王沙賈漢（Shah Jahan）的長子達拉・希科（Dara Shikoh）及蘇非聖者尼扎穆丁・奧利亞（Nizamuddin Auliya）的陵墓，亦與許多朋友見面。三日早晨他從德里出發，搭了整整一天火車來到孟買，並與住在旅館的希臘商人及青年土耳其人黨的年輕人交流。

希臘商人剛做完中國生意，正在前往南非的特蘭斯瓦（Transvaal）途中。這位希臘商人抱怨中國人都不買他國商品。據說伊克巴勒如此回應：「比起我們印度人，那些鴉片中毒者（中國人）關心自國產品才是更明智的。真了不起，鴉片中毒者，真了不起！能從睡夢中醒來的你們，現在正處於揉眼睛（即將覺醒）的時候吧！啊，相較之下，完全無法期待我們印度人能夠活絡亞洲貿易，因為印度人根本不知團結而後行動的道理！」關於這件事，伊克巴勒在書信中也寫著：

吾輩當中不存在同胞愛。真正的穆斯林只想著印度教徒的血，真正的印度教徒成了穆斯林一生的仇敵。吾輩成為書蟲，成天只啃食西方智識的思想。啊，就讓孟加拉灣的浪潮完全將吾輩吞噬也罷！

——《伊克巴勒書信全集》

在此可以看出伊克巴勒大肆批評印度教徒和穆斯林的對立，內心深切盼望「印度人」的團結。至於在孟買期間於旅館與土耳其人的會面，伊克巴勒也寫了以下內容：

某天夜裡，我（伊克巴勒）人在餐廳，兩位紳士坐在我面前。他們用法語交談，我從他們的外貌判斷應該是歐洲人，但餐後他們戴上了土耳其帽，很高興得知是土耳其人，我想和他們認識。因此，翌日我自然地和他們打招呼。（其中一名土耳其人）他懂英語以外的歐洲語言。我問他是否懂波斯語，他回說幾乎不懂。我試著用波斯語對他們說話。但他聽不懂。結果，我只好用簡單的阿拉伯語與他對談。這位年輕人是青年土耳其黨人，強烈反對蘇丹阿卜杜勒哈米德。從談話當中得知他也是詩人，於是請他聽我自己創作的詩。他說自己是阿里．凱末爾（Ali Kemal，當時土耳其最偉大的詩人）的弟子，正在寫有關政治的詩。他讓我聽凱末爾的詩，句句盡是出類拔萃。然而讓我聽他自己的詩時，句句盡是對蘇丹的諷刺。以下是其中一句：

過度的高壓政治毀滅了廣大的國民
阿卜杜勒哈米德是人性、國家和國民之敵

關於這話題，我與他交流了不少。我說到青年黨應該從英國的歷史中學習。英國人民以漸進方式獲得政治權利的方法是最好的。以不流血的方式實踐偉大革命，此般精神皆化為英國土壤的一部分。

——《伊克巴勒書信全集》

伊克巴勒的理想是不倚靠暴力革命從事社會改革，他以此評價英國的光榮革命是不流血革命。在孟買待了三天後，伊克巴勒在一九〇五年九月五日下午二點搭船前往英國。船繞過亞丁、經蘇伊士運河、通過地中海，於九月廿四日抵達倫敦。伊克巴勒於翌日進入劍橋。伊克巴勒的倫敦記行第一部刊載在雜誌《祖國》的時間是十月十六日，也就是孟加拉分治實施之日。

在劍橋大學，經阿諾德教授安排，他的學籍設在三一學院，但並非學生，而是研究員。他在抵達劍橋後不久即著手進行慕尼黑大學博士課程的入學手續。這是因為該大學允許使用所藏的阿拉伯語和波斯語文獻撰寫學位論文，阿諾德教授等人協助他辦理入學相關事務。

留英的伊克巴勒留下了許多學術相關、與哲學教授深入討論等美好回憶，但個人生活部分則碰上不少狀況。透過阿諾德的介紹，他寄宿在一對猶太人夫婦家中，因為他們與穆斯林以同樣的方法烹煮肉食。這對猶太夫婦很友善，伊克巴勒曾說到「摩西也是我們穆斯林的先知」而加以信任。他向這對夫婦購買生活必需品，但某日得知他們擅自向商店拿回扣後，便大感失望。另外，休假期間他隨英國人朋友參訪友人家鄉，聆聽在印度傳教的英國人回國後在教會的宣講，那位傳教士表示稱印度人為人類並不合適，因為他們在生活習慣等各方面都與人類相差甚遠，只比野獸稍微好一點。雖然這群野獸般的人類傳遞了一些文化，但還有很長一段路要走，所以呼籲眾人奉獻他的傳教工作。這位傳教士甚至用幻燈機播放住在叢林中的半裸野人照片，來呈現印度人的樣貌。氣到發抖的伊格巴勒大聲指稱自己就是他口中的印度人，與英國人一樣會講英語，在印度受教育，現在更來到劍橋。伊克巴勒花了長達二十五分鐘向聽眾辯解，印度人是否真如傳教士所說那麼不堪，希望眾人親眼看過後再來評斷。他在給友人的書信中寫下如此內容，可以想像，英國人對印度人的偏見讓他留下了深刻印象。之後伊克巴勒為了取得博士學位遠赴德國，一九〇七年七月起共三個月的海德堡求學經驗，他描述自己擺脫這些偏見的自由時光，是他人生中最富足的一段歲月。

一九〇六年四月，伊克巴勒投稿到坎浦（Khanpur）的月刊《時代》，內容是關於愛用國貨運動的申論。他表示，「獲得政治權利的條件是：在任何國家，人民的意向都必須團結一致。如果意向不能團結一致的話，就無法產生民族性（Qaumiyat，國民性）。人民如果無法透過民族的紐帶而團結，那麼按照自然法則，人民就會像擦掉書頁上的錯字一樣被抹去」。他更進一步說道，「宗教的存在，是為了讓世界更好，而不是為了戰爭。如果印度教徒和穆斯林能團結，那自然是最好的了」，呼籲雙方超越宗教之別，團結一致。也就是說，在這個時間點，伊克巴勒還是希望促成「一個整體的印度」，也就是領土民族主義。

當伊克巴勒撰寫愛用國貨運動申論的同時，他的內心也正經歷著轉變。一切都發生自一九〇五年起的這段歐洲留學時光。

從愛國到穆斯林團結

一九〇六年某日，伊克巴勒認為即在傳統詩作中加入這個時代必要的思想元素，也是毫無意義的，因而向卡迪爾坦言將不再寫詩。卡迪爾說服他繼續寫下去，因為他的詩能感動人心，可以醫治民族的傷痕和國家的疾病，督促他發揮神所賜予的才能。兩人討論後，決定尋求阿諾德的建議。阿諾德與卡迪爾一樣，鼓勵他繼續寫詩，伊克巴勒只好創作下去。

透過與伊克巴勒熟識的友人們回憶，可清楚表明伊克巴勒留歐期間詩作主題及思想的變化。

根據英國友人，也就是劍橋大學教授形上學的學者麥塔加（McTaggart）所言，在劍橋的伊克巴勒信奉蘇非主義，他認為只有阿拉是真實的存在，除此以外都是假的，也就是所謂的萬有一體論（Wahdat-i Wujud）。而根據一九〇六年到一九〇七年在倫敦就學、與伊克巴勒深交的女性阿提亞菲茲（Atiya Fyzee）表示，伊克巴勒在倫敦期間深受波斯詩人哈菲茲（Hafez）的影響，據說還曾自述「我（伊克巴勒）感覺變成了哈菲茲，他的魂附在我身上，我的人格亦進入哈菲茲之中」。卡迪爾也提到伊克巴勒從這時期開始創作波斯語詩詞。伊克巴勒本人於一九二一年給友人的書信中則有以下回顧：

> 對當時的伊斯蘭教和穆斯林而言，最大的敵人是以人種和國家為單位的民族主義。我首度意識到這件事是在十五年前。當時我人在歐洲，這種感覺為我的思想帶來重大的革命。事實上，是歐洲的人文環境使我成為穆斯林。
>
> ——《伊克巴勒書信全集》

為了寫博士論文，伊克巴勒利用英國和德國所藏的波斯語文獻來研究波斯的古典詩及蘇非主義，同時學習英國文學和德國文學。伊克巴勒批評「歐洲的科學技術僅追求外在的極致，而非內在」，歐洲文化可以讓人精進外在知識，但卻忽略了內在的精神追求。在試圖解決歐洲發展的內在問題之際，伊克巴勒觸及了伊斯蘭文化重要的精神境界。重新拾筆作詩的伊克巴勒寫了以下詩句：

阿拉伯的創造者打造了與世界各地均相異之物
吾等共同體堡壘的基礎並不在於祖國的一致上
從何處來　要往何處　今世和來世的相異欺瞞
吾等顯現在萬物上　吾等的祖國不在任何地方
伊克巴勒啊　誰去《寶藏》主編那裡　傳遞吾的話
如今正在作有意義工作的民族　並不沉溺詩句吟頌

——〈加扎勒〉，《啟程的鈴聲》

詩句的開頭使用了「共同體」(Millat)一詞，來指涉不受領土限制的伊斯蘭共同體。研究伊克巴勒的學者指出，這首詩是最早從領土民族主義轉向穆斯林民族主義的象徵作品。接下來的句子也是描述超越地域及時代的共同體，最後的句子裡，處於政治經濟發展中的各國斥責了甘於舊習、停滯中的印度。伊克巴勒對友人卡迪爾表明了希望印度覺醒的念頭。最後這句詩，或許是用來回應這位說服他繼續創作的友人吧。

同樣地，在題為〈一九〇七年三月〉的詩作中，他則高舉穆斯林的自立團結思想，描繪更為鮮明且強而有力：

揭幕的時代到來了　人們將尋覓到戀人
過去一直沉默隱藏的祕密　現在終將揭示於世
熱切期待的耳畔　漢志的沉默終於有了低語
沙漠時代交換的約定將再次確立
西方世界的居民啊　神的居所不是商店
汝相信的純正之物　不過是一文不值的騙局
汝的文化將被自己的劍刺殺
脆弱樹枝上築的巢　不會有什麼安寧的

——〈一九〇七年三月〉，《啟程的鈴聲》

這首詩期望伊斯蘭發跡之地漢志再次復興，同時批判西方的物質主義及殖民主義的欺凌，之後他的詩句及思想就大幅轉變了。伊克巴勒的烏爾都語詩大多以定型「抒情詩」（加扎勒）的形式寫成，如同學生時代的作品，處理現代課題的則稱為「韻腳詩」（納茲姆），各韻腳詩皆附上標題。因這首抒情詩的標題是「一九〇七年三月」，但他的作品中並沒有其他詩像這樣以日期做為標題。因此，這個標題表示了他自身確信、並宣告思想轉換的時期。

伊克巴勒的變化，不僅來自於他自身的研究與內在思索，他所處的外在環境亦帶給他很大影響。伊克巴勒留學前曾造訪德里，和烏爾都語作家霍賈．哈桑．尼扎米結為好友並深入交流。尼扎米出身自蘇非派的契斯特教團家族，非常關心伊斯蘭的傳教工作。尼扎米在寫給伊克巴勒的書信中肯定印度教拉馬克里斯納教會（Ramakrishna Mission）的傳教工作，而伊克巴勒寫給尼扎米的回信中則稱讚拉馬克里斯納教會的傳教手法，還引用了阿諾德的話：「雖說阿諾德並沒有要穆斯林對印度教徒強制傳教，但從現在起應該要積極傳教——不，不只是印度，重要的是向全世界傳教。」在歐洲經歷了對伊斯蘭的誤解與偏見後，彷彿是要回應似的，伊克巴勒的思想也從所謂「愛國」的領土民族主義，轉變成訴求穆斯林的團結。

伊克巴勒抵達倫敦時，許多人在當地籌組團體，資助印度穆斯林留學生。成員包括來自拉合爾東方學院的大學者哈菲茲．馬哈茂德．希拉尼（Hafiz Mehmood Shirani）、十九世紀末擔任過孟加拉議會議員和印度議會議員、致力組成印度穆斯林聯盟且退休後移居倫敦的賽義德．阿米爾．阿里（Syed Ameer Ali）等在英研究者、政治家、商人，以及阿諾德等人。伊克巴勒從劍橋來到倫敦時，經常參加該團體的聚會。但為團體取名時卻出現了爭議，應該叫「伊斯蘭協會」（Islamic Society）？還是「泛伊斯蘭協會」（Pan Islamic Society）？眾人僵持不下，最後伊克巴勒選擇了「泛伊斯蘭協會」並就此定案。當時的穆斯林多半以「伊斯蘭」或「伊斯蘭統一」來為穆斯林團體取名，但用「泛伊斯蘭」一詞來對抗歐洲勢力，為何最早出現在倫敦，雖然並不清楚，但我們可將這個詞理解為一種超越國界的穆斯林團結情懷。伊克巴勒與住在倫敦的印度穆斯林亦有交流，在歸國前夕的一九〇八年二月，眾人舉辦了有關伊斯蘭文化的一系列演講，每週舉行一次。伊卡巴勒的演講題目包括了蘇非派、在歐洲的穆斯林文化影響、伊斯蘭的民主主義、伊斯蘭和人類智慧等等。

返回印度前夕的一九〇八年五月，伊克巴勒出席了全印穆斯林聯盟倫敦分部成立大會。分部會長即是賽義德・阿米爾・阿里。

結束留學後，伊克巴勒從身為印度人的領土民族主義，轉為穆斯林的宗教穆斯林民族主義。從歸國後直到一九一〇年左右，他不斷強調穆斯林的統一：

中國是　阿拉伯是　印度亦是吾等的國家
吾等是穆斯林　全世界都是吾等的祖國
單一神的囑託烙印在吾等的胸膛
抹去吾等的名字及印記並不容易
西方山谷迴盪著吾等的宣禮
任誰也不能阻止吾等的洪流

——〈印度人之歌〉

這些新神當中　最大的是領土
　祂們的服裝就宗教而言是屍衣
這偶像是新文化所雕刻之物
　掠奪先知的宗教之家
汝的手臂因單一神的力量而剛強
　伊斯蘭是汝的祖國　汝是先知之民
困在區域中　結果是破滅
　像是海中之魚　從國家掙脫得到自由
敬神者所作的是捨棄祖國
　汝亦當表示對先知的忠誠
以政治用語說祖國是別物
　以先知的話說祖國是別物
世界各民族間的對抗因此（愛國）而來
　通商的目的是彼此的征服
政治因此失去誠信
　窮人之家因此遭劫
各民族中　神的奴僕因此被分開

伊斯蘭人民之根亦因此被斷開

——〈愛國——做為政治概念的國家〉

關於伊斯蘭國家　莫問西方人
因為先知之民的結構是特別之物
無論國家或民族都可稱為烏瑪
汝的烏瑪是因信仰之力而打造成

——〈宗教〉

區域性的束縛招致滅亡
成為不受祖國囚困的大海之魚是好的
政治所說的祖國是不一樣的事
先知教導的祖國是不一樣的事

——〈領土民族主義〉

所謂民主主義是政治手法之一
不是衡量人或協商之物

——〈民主主義〉

這些詩描繪的不是有領土國界之別的愛國心，而是伊斯蘭脈絡下的烏瑪（Ummah，即泛伊斯蘭主義者所說的穆斯林共同體）存在意義。伊克巴勒直白地呼籲告別敬愛祖國之心，因為「伊斯蘭才是汝的祖國」。他批判民主主義等西方主導的國家形態，力陳穆斯林超越地域團結一致的重要性。只是要注意，伊克巴勒要告別的愛國心，是指政治意義上被操弄的愛國心；至於人類自發懷抱的愛國心，當然可加以承認。伊克巴勒批評的是歐洲政治脈絡中談論與使用的愛國心。他回顧當時，並做出以下的敘述：

如果領土民族主義是為了愛國而奉獻生命，這樣的民族主義是伊斯蘭信仰的一部分；但若是民族主義成了政治概念、團結人民的基本原則，而僅僅將伊斯蘭局限為個人的信仰，認定伊斯蘭無法賦予民族生存的意義，那就是與伊斯蘭對立。

——《伊克巴勒的政治功績》

（當時）我的想法是，看不到除了領土以外可以一統人類的方法。現在的我，則欲在精神的基礎上一統人類。我在使用伊斯蘭一詞時，就認定只有伊斯蘭才是精神的基礎體系。

——《伊克巴勒和現代伊斯蘭世界》

伊克巴勒在這裡暗示了，伊斯蘭擁有獨自的價值觀與國家觀，穆斯林應該要恢復自信並採取行動。留學前的伊克巴勒深受領土民族主義啟發，提倡建設一個印度教徒和穆斯林兩者共存的「新寺」，但在歐洲經歷過各種見聞後，他重新底定了「烏瑪」和「共同體」的志向。在阿拉伯地區和鄂圖曼帝國皆受領土民族主義影響的年代，伊克巴勒卻強調穆斯林團結的必要性。從領土民族主義轉變為宗教民族主義，即是伊克巴勒在歐洲留學時的重大經歷。

當伊克巴勒強調「烏瑪」這種團結思想時，正好是印度穆斯林政治活動的活躍期。全印穆斯林聯盟與印度國大黨交涉以擁護穆斯林權益，而計劃著「分而治之」(Divide and rule) 政策的英國，也欲利用穆斯林聯盟的要求。之後，一九〇九年的印度議會法增加了印度人議員的名額，同時導入了讓穆斯林擁有單獨選區、選出穆斯林委員的分離選舉制，助長了印度教和穆斯林的對立。這時期的穆斯林聯盟為了維護穆斯林權利，比起印度國大黨更為親英。

政治活動進行的同時，穆斯林知識階層當中也浮現了烏瑪團結的現實問題。實際上，在印度穆斯林知識階層中，因一次大戰而爆發的鄂圖曼帝國危機，激化了對自身社群的危機意識，也讓泛伊斯蘭主義的浪潮更形加劇。隨著大眾媒體和交通網絡的發達，印度穆斯林也跟上了世界的腳步，吸收各地發生的伊斯蘭相關訊息，並對「伊斯蘭世界的衰落」感同身受。

政治運動與印度穆斯林

殖民地體制下的印度近代化過程，印度穆斯林的政治意識產生了很大的轉變。在北印度，接受近代教育的年輕人形成了新興知識階層，印刷技術和鐵路等交通工具的發展擴大了知識網絡。他們雖然使用口語烏爾都語做為共通語言，但到了十九世紀後半，在殖民政府的介入下，語言選擇問題使得印度教徒和穆斯林之間的對立更為鮮明，也加深了語言的政治性，排他性的宗教認同迅速提升。影響之下，各宗教社群紛紛發行自己的雜誌與報紙，設立教育機構及慈善團體。此外，不只是各種宗教運動，在政治運動方面，印度教徒和穆斯林共同促成了親英的印度國大黨成立，宣揚身為「印度人」的愛國心。

然而，十九世紀末開始，反英的政治活動漸趨活躍。注意到這種狀況的英國人試圖離間宗教社群。一九〇五年孟加拉分治後，政治運動分化為印度教徒主導的反英運動，以及確保穆斯林權益的全印穆斯林聯盟。此舉最終導致了一九四七年的印巴分治。

伊克巴勒可說是這個時代的天之驕子。他接受近代教育，留學英國及德國學習哲學，在他身上體現了波斯文學的傳統，以及以新共通語言烏爾都語做為象徵的民族主義。

伊克巴勒在前述一九二一年的書信中提到，「是歐洲的人文環境使我成為穆斯林」。二年後，一九二三年三月舉行的伊斯蘭擁護協會大會上，他發表了以下創作：

東方亡骸的血管中　生命之血在奔騰
這祕密儀式不為伊本西那（Ibn Sina）或法拉比（Farabi）所理解
西方的暴風將穆斯林打造成了穆斯林
正因海上的波濤　才使珍珠熠熠發光

——〈伊斯蘭的奮起〉，《啟程的鈴聲》

青年伊克巴勒的歐洲經驗，彷彿呼應了孟加拉分治後印度穆斯林的活躍政治運動，為他帶來了思想的轉換。就在一九〇五年，這位印度穆斯林的內心思想，被導向了跨越國境的穆斯林團結。

第四章　轉換期的憲法

藤波伸嘉

1　「東方問題」與克里特

立憲革命之波瀾

一九〇五年三月，未來的希臘總理韋尼澤洛斯（Eleftherios Venizelos）在克里特島西部的特里索起事（Theriso revolt）。自上個世紀以來，在這座東正教徒和穆斯林共同生活的克里特島上陸續發生過多次暴動。然而，這次事件的性質卻與過去不同，首謀者韋尼澤洛斯在之後長達二十年以上的時間裡不僅影響了克里特，還左右了整個「東方」（Orient），也就是鄂圖曼帝國裡裡外外的命運。那麼，這起事件為何發生？又留給後世如何的影響？要尋求解答，就必須將關注範圍擴展到整個「東方」。

在整個「漫長十九世紀」的「東方」，哈里發率領的穆斯林社群，以及尊崇普世牧首（Ecumenical Patriarch）的東正教會，皆面臨了如何在源自西歐的主權國家體系*下，為追求獨立自主而推動現

* Westphalian sovereignty，又稱西發里亞國家體系，源自於一六四八年《西發里亞和約》底定的原則，強調各國擁有各自獨立、相互承認且互不干涉的主權，是日後國際法的基礎。

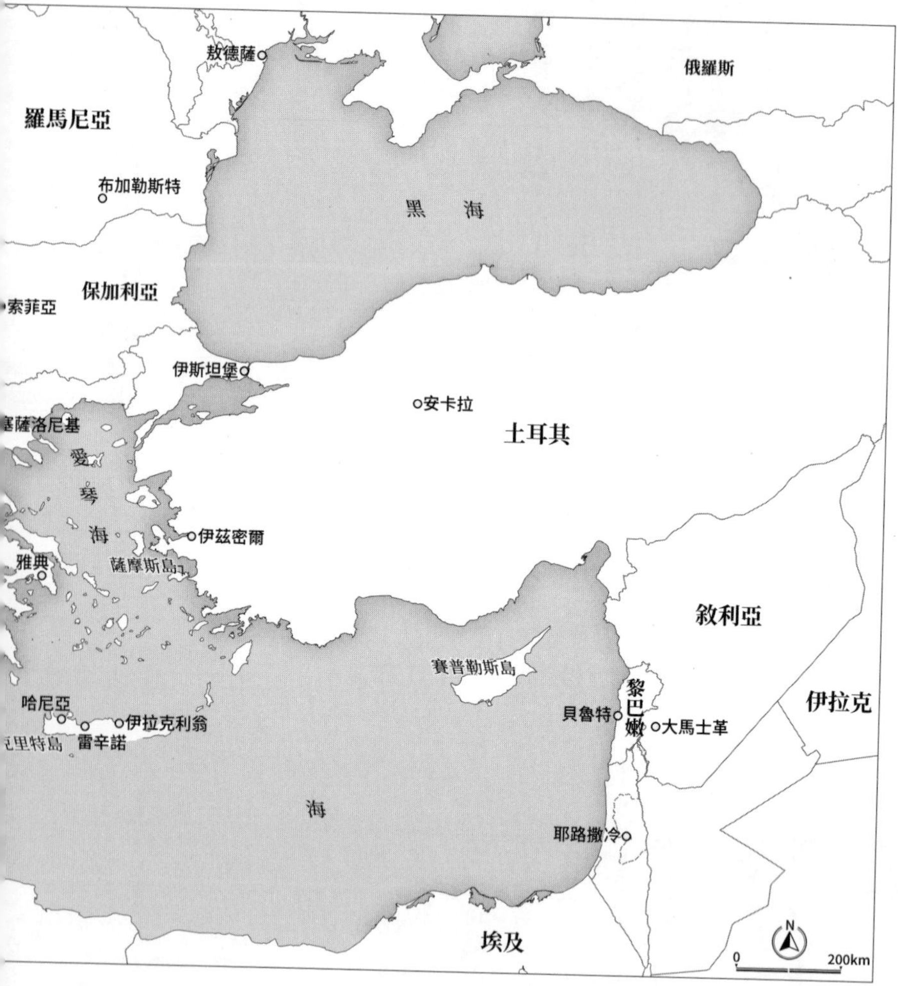
敖德薩
俄羅斯
羅馬尼亞
布加勒斯特
黑　海
保加利亞
索菲亞
伊斯坦堡
安卡拉
塞薩洛尼基
土耳其
愛
琴
海
伊茲密爾
雅典
薩摩斯島
敘利亞
賽普勒斯島
黎
巴
嫩
貝魯特
大馬士革
伊拉克
哈尼亞
伊拉克利翁
克里特島
雷辛諾
海
耶路撒冷
埃及
N
0
200km

奧地利
布達佩斯
匈牙利
法國
貝爾格勒
波士尼亞與
赫塞哥維納
塞爾維亞
塞拉耶佛
亞
得
里
亞
海
普里斯提
義大利
蒙特內哥羅
科索沃
科西嘉島
羅馬
地拉那
阿
爾
巴
尼
亞
薩丁尼亞島
希
愛奧尼亞群島
地
阿爾及爾
西西里島
突尼斯
突尼西亞
中
阿爾及利亞
的黎玻里
利比亞

現在的希臘及其周邊

代化的問題。然而，無論是伊斯蘭教或基督教，標榜超越民族及地域的普遍性宗教，該如何與強調世俗性及國界之別的主權國家體系折衷協調？這並非不證自明之事。就在偶然之下，法國第三共和在特里索事件同年制定的《政教分離法》（*Loi du 9 décembre 1905 concernant la séparation des Églises et de l'État*），讓國家與教會的關係轉為「世俗主義」（Laïcité）的理念型態。同樣在一九〇五年，與鄂圖曼帝國同為多民族多宗教國家的俄羅斯爆發革命，為君權的限縮以及東正教徒與穆斯林的立憲統合指出了一條道路（詳見第二章）。法、尤其是憲法，是國家政體的表現，無論是宗教的地位或是統治權的所在，均定於此。在談論憲政體制及其變遷時，因立憲革命而造成的國家政體轉換，其重要性自不待言。然而不同於法國與俄羅斯等國，在「東方」，國家與教會、君權與民權的關係，這類內政事務亦經常受列強的外在干涉所左右。這就是所謂的「東方問題」。*而位於鄂圖曼帝國與希臘王國夾縫間的克里特，便處於該問題的交界火線上。

本章將探究「東方」國際秩序轉換期的期間，國家與教會、君權與民權、國內法與國際法的關係發生了什麼變化，並以發端於俄羅斯一九〇五年革命的一連串「立憲革命浪潮」為背景，對鄂圖曼帝國一八七六年憲法與一九〇九年修正憲法、希臘的一八六四年憲法和一九一一年修正憲法、克里特的一八九九年憲法和一九〇七年憲法，以及土耳其的一九二一年憲法等幾部憲政體制進行考察。盼能透過這些討論，針對「東方」憲法的存在及其討論方式，提供歷史學角度的全新觀點。

「半主權國家」克里特的釋疑

自十七世紀後半以來，穆斯林與東正教徒長期在鄂圖曼帝國所征服的克里特島（克里特省，Ottoman Crete）共存。然而一八二一年爆發了希臘獨立戰爭，戰後克里特島仍為鄂圖曼領土，島上的東正教徒數度發動叛亂，要求與已經獨立的希臘王國合併。特別是一八六六年的起事招致了列強干涉，最後於一八六八年制定克里特組織法（The Organic Law），將島內官職均分給穆斯林和東正教徒。在這之後，克里特要求進一步「改革」而制定的一八七八年《柏林條約》（*Treaty of Berlin 1878*）第二三條，以及同一年「高門」[†]與克里特東正教徒締結的哈勒帕協議（Pact of Halepa），都讓克里特的東正教徒在體制上更占優勢。在這段期間，擔心被屠殺迫害的克里特穆斯林紛紛逃往島外，到了十九世紀末，東正教徒希臘人在克里特島已成絕對多數。儘管一八八九年頒布的敕令（firman）企圖達成一定程度的修正，但克里特仍因此被置於不同於鄂圖曼「本土」的特權制度之下。此外，激進派東正教徒為求與希臘合併所引發的一八九五年武裝叛亂，不僅克里特，更使得未來「東方」全體政治版圖發生天翻地覆的變化。

在列強以維持和平為名進行干涉時，鄂圖曼方面在一八九六年八月頒布的敕令中進一步擴大克里特的權限。但希臘方面以「解放」、「暴露在蠻族狂熱和掠奪危險下」、「同種族同信仰之民」的

---

* Eastern Question，更精確地來說應該是「近東問題」。但日文延續對 Orient 的翻譯，此詞亦稱「東方問題」，故沿用之。

† Sublime Porte，土耳其語為 Bab-i Ali，又稱最高樸特，意為鄂圖曼帝國宰相與內閣閣員辦公處外大門，在此借指鄂圖曼政府。

名義，於一八九七年二月出兵克里特島，事態為之一變。鄂圖曼提出抗議，然而列強六國擔心戰爭爆發將改變現狀，遂接受鄂圖曼的請求，以列強「託管」的形式，實質上統治克里特，*但之後希臘的準軍事組織和非正規軍仍不斷入侵鄂圖曼領土。同年四月，兩國終於開戰（一八九七年希土戰爭，Greco-Turkish War (1897)）。

鄂圖曼雖然在短時間內贏得勝利，但實際上獲利不多。敗戰的希臘為避免自國陷入不利的城下之盟，便委託列強六國調停，結果鄂圖曼儘管戰勝了，卻實質上喪失了克里特島，更別提要回歸「高門」對克里特的統治實權。在這當中，除了因意見相左而脫離「託管」體制的德奧，英法俄義四國一致任命希臘國王喬治一世（George I）次子喬治王子（Prince George）為克里特高級專員（High commissioner）。喬治王子生於一八六九年，母親是俄羅斯女大公奧爾嘉（Olga Constantinovna），一八九一年她隨同堂兄、同時也是遠房表兄的俄羅斯尼古拉王儲（Nicholas Alexandrovich，之後的沙皇尼古拉二世）遊歷遠東，在那裡遭遇了大津事件。†這也是為什麼有一說認為，喬治王子日後擔任克里特高級專員，是由於尼古拉二世的極力推薦。

在這期間，列強四國作出了矛盾的承諾。也就是說，為了勢力均衡而執著於維持「東方」現狀的列強，慫恿鄂圖曼帝國在不損害其領土完整，也就是鄂圖曼擁有克里特「主權」(Sovereignty）的前提下，授予克里特「自治」(autonomy）。而在希臘方面，列強則說服希臘放棄合併克里特，以換取克里特在鄂圖曼「宗主權」(Suzerainty）下的「自治」。這讓希臘人認為，克里特已不再為鄂圖曼的「主權」所有。在這種曖昧的「協議」下，一八九九年十二月抵達克里特的喬治王子委託當地專家起草憲法，並經列強同意，在翌年四月由克里特「國民議會」通過該憲法。

這部一八九九年憲法，裡頭隻字未提鄂圖曼皇帝及「高門」，並宣告克里特為擁戴以「公」為首的政體。因此無論是希臘人或西歐人，大多認為如今的克里特已在內政上擁有完全的自治權，是一個擁有「半主權」(Semi-sovereign）的「國家」（克里特自治國，Cretan State）。喬治王子同時擁有希臘王子、克里特「公」及列強任命的高級專員等三種身分。在許多希臘人心中，克里特成為「國家」，只不過是日後與希臘合併這個「最終解決方案」的一個階段性任務。但對鄂圖曼來說，克里特島不過是交由列強「託管」，實際上仍屬於自身「主權」範圍；克里特絕非「國家」，喬治王子也絕不可能是「公」。而承諾保全帝國領土完整的列強，至少在表面上也同意該項原則。這樣一個「半主權國家」克里特，無論內部或外部，仍然處於不穩定的狀態。

＊ 六國列強為此派遣海軍組成了國際艦隊（International Squadron），在克里特島水域附近行動，干預希臘與鄂圖曼之間的爭鬥。六國同時成立了海軍理事會（Admirals Council），負責管理克里特島事務。該組織一直延續至一八九八年十二月克里特自治國成立，喬治王子接任克里特高級專員後才解散。

† 一八九一年五月，俄羅斯帝國皇太子尼古拉正在日本訪問，大津市警備巡查津田三藏刺殺尼古拉未遂，是為大津事件。當時隨行的希臘王國喬治王子挺身相救。

主權與宗主權之間，獨立與自治之間

就主權國家體系的原則而言，克里特堪稱是個複雜離奇的「例外」。然而在「東方」，例外才是常態。在維持現狀的主張下，一面讓鄂圖曼繼續維持名義上的權力，一面遞延給予明確的法源處置，讓有利於東正教徒的體制在當地成為既定事實。這就是列強處理「東方問題」的一貫策略。做為國際法上的「例外」，列強靈活運用意涵不明的「宗主權」概念，從鄂圖曼的「主權」中劃分出東正教徒的「自治」區域。這樣的發展經常被稱為「垂死病人」「不可避免」的解體過程。然而這個膾炙人口的說法，不過是列強為了瓜分「東方」創造出的假象。列強一面將鄂圖曼帝國納入主權國家體系，卻又否定「野蠻」鄂圖曼帝國的主體性，並以「例外」待之。這不過是將「東方」做為籌碼，以維持列強內部的勢力均衡。在此過程中，不只讓基督教國家自鄂圖曼帝國分離並獨立，過去在鄂圖曼的普遍皇權下實現大範圍統治的東正教會，也喪失了一體性並產生分裂。

最早讓東正教一體性出現裂痕的，是希臘人。從東正教會的角度來看，希臘獨立戰爭是對正統的世俗君主鄂圖曼皇帝發動的叛亂，因此當伊斯坦堡普世牧首開除這些叛亂分子的教籍後，新誕生的希臘王國遂片面宣布於一八三三年設置希臘東正教會，擁有獨立教區，並由國家嚴格控管。無論是獨立後最早的一八四四年憲法還是之後的一八六四年憲法，都在第一條規定「希臘國教為基督教會的東正教」，並在第二條強調做為自主教會（Autocephaly）的希臘東正教會與普世牧首在「教義上」的一致。換句話說，希臘藉由將宗教「教義」劃入憲法規範，在普世牧首尚未承認時，就已宣告希臘在教會法上的獨立。

然而，對於以地上普世教會自居的東正教、特別是普世牧首而言，世俗權力的分立並不能用來合理化自身管轄權的縮減。對於脫離世俗「高門」統治的區域，普世牧首仍主張擁有管轄權。舉例來說，享有實質自治的塞爾維亞公國（Serbia）教區就不是獨立的自主教會，而是隸屬普世牧首管轄的自治教會（Autonomy）；被劃在鄂圖曼「宗主權」下的愛奧尼亞群島（Ionian）及多瑙河公國（Danube，也就是日後的羅馬尼亞公國）也是普世牧首的直轄教區；做為鄂圖曼「主權」下自治屬地的薩摩斯島（Samos），以及屬於鄂圖曼「主權」範圍內同時又為哈布斯堡（Habsburg）占領的波士尼亞（Bosnia），亦持續接受普世牧首的管轄。一八五〇年，普世牧首承認希臘東正教會，塞爾維亞教會及羅馬尼亞教會則在各自的世俗權力因一八七八年《柏林條約》而宣布獨立後，成為自主教會。無論是國際法乃至國家法律上隸屬鄂圖曼「宗主權」的「半主權國家」，抑或是鄂圖曼「主權」下

圖 4-1　〈列強——禁止霸凌〉
仲裁「東方」孩子爭吵的「西方」紳士們
《卡萊姆》（*Kalem*，意為鉛筆）第 51 號，1909 年 9 月 2 日

的「特權省」，在教會法上都要儘可能劃入直接管轄，或至少維持自治教會的地位，以防止巴爾幹半島各教會獨立。這是普世牧首的考量。

因此，在面對克里特島的問題時，只要視之為鄂圖曼帝國「主權」下的「特權省」，普世牧首自然主張有權管轄。但自認已是鄂圖曼「宗主權」下的「國家」的克里特，無論在世俗或宗教上，都希望脫離伊斯坦堡而獨立。根據一八九九年憲法，「是否承認普世牧首選出之克里特都主教（metropolitan bishop）以及克里特主教會議選出之主教」是「公」的權限（第三一條），「公」無需經顧問（counselor，相當於大臣）之連署，便可決定「都主教及主教之任命」（第二九條）。甚且「亦賦予『公』與普世牧首達成協議，訂定第三一條所定都主教及主教任命權限行使方法之權」（第一一二條）。然而，上述條文在普世牧首的敘任權與克里特「國家」的「（半）主權」之間引起了軒然大波。「都主教問題」最後以一九〇〇年的協議達成初步結論，克里特都主教名義上仍由普世牧首所管轄，但實質上以自治方式運作。

「宗教特權」

若以上敘述是「東方」國家與教會關係在近代重組的對外面向，那麼對內則表現在名為「宗教特權」的制度上。在鄂圖曼世界，隨著主權國家體系的滲透，追求「政治」領域的「世俗化」乃至於「去宗教化」的過程中，「宗教」的定位亦發生變化。一八七六年憲法第十一條規定：「鄂圖曼帝國的國教為伊斯蘭教。以遵守該原則，且不侵犯人民安全及公共秩序善良風俗為限，國家將保障鄂圖曼領土上所有公認宗教自由實踐，以及已賦予各教派團體之宗教特權照舊行使。」儘管在憲法中未明確表示，但該條的「所有公認宗教」基本上是指基督教各教派和猶太教。那麼，這裡的「宗教特權」指的是什麼？這亦是一種被嵌入鄂圖曼憲政體制內、做為主權國家體系的「例外」的制度。

在同時代的西歐各國裡，國家與教會的關係雖然存在著多種形式，但相對於其他宗教，基督徒仍是無庸置疑的優勢多數；因此，國民多數派的意志透過國家理性運作凌駕於教會，不會出現什麼特別問題。但是，在逾半數國民為穆斯林的鄂圖曼帝國，國民多數派的意志凌駕於基督教各教會，對西歐人來說就成了問題——因為這與當時的國際秩序背道而馳。基督教總是「文明的」，因此必須維持對伊斯蘭教的優越地位。於是，在鄂圖曼帝國中出現了一個國民多數派意志無法干預的特權「宗教」領域。一八五三年發布的特權敕令是克里米亞戰爭期間英法干涉下的結果，該敕令宣告了非穆斯林各社群團體擁有「宗教特權」，君主和國民均不得侵害，且此權利在強調穆斯林與非穆斯林平等的一八五六年改革敕令中仍被保留。如此，形成了一個非穆斯林與穆斯林在「政治」上平等，但在「宗教」上卻具有「特權」的體制。同年，改革敕令被寫入保障鄂圖曼帝國參加「歐洲協調」的《巴黎條約》中，上述體制得到國際承認。這個獲得國家法律及國際法保障的「宗教特權」制度，詳細內容確立於一八六〇年代依序制定的宗教社群憲法（Millet Constitution），東正教徒的部分則列於一八六二年的普世牧首座法。根據該法，普世牧首座下設有二個統治機構，一是由十二名都主教組成、管轄「宗教」事務的合議組織，即主教會議（Synod）；二是由八位世俗評議員和四名身為主教會議成員的都主教所組成，處理「非宗教」事務的綜合評議會。遇重要案件時，兩機構則共同商議。自此，東正教社群以身為「民族首長」*、跨越政教兩界的裁定者普世牧首為尊，形成了一種類憲政體制。而從穆斯林的角度來看，憲法第十一條規定的「宗教特權」，是以鄂圖曼形式表現信仰自由的宗務行政制度，包括修道院管理、婚姻及遺產、神職人員的人事仲裁，以及教育等相關權限，細目則由普世牧首座法規定。然而在另一方面，「宗教特權」制度也讓所謂的「宗教社群制」神話自這個時代誕生，讓非穆斯林、尤其是東正教徒們認為自己的「特權」從「自古以來」便被伊斯蘭教承認，而非一紙憲法可以左右。

因此，到了「漫長十九世紀」的中葉，鄂圖曼帝國統治下的東正教會，遠比巴爾幹諸國的教會享有更多的「特權」。不僅國民多數派，也就是穆斯林的意志無法影響受「特權」保障的東正教會，其神職人員對有關「民族」的非「宗教」事務亦擁有強大權限。相對於此，巴爾幹諸國的教會得遵從國民多數派的世俗意志，各國教會均受政府強力控制，也幾乎看不到對少數派宗教的保障，有的話也只是徒具形式。其中一個貼切的例子，是當地穆斯林幾乎於獨立戰爭期間遭屠殺乃至驅逐、而後確立東正教「特權地位」的希臘憲政體制。儘管承認希臘獨立的一八三〇年倫敦議定書已載明保障天主教的「特權」，但無論是一八四四年憲法還是一八六四年憲法，都幾乎沒有「國教以外其他教會的法律地位」相關規定，提到「其他所有公認宗教」時也沒寫到「自由」，而是用了「承認」（第一條）。「希臘王位的所有繼承人都必須信仰基督教會的東正教」（一八四四年憲法第四十條、一八六四年憲法第四七條），而國王須立誓「保護希臘人的統治宗教」（一八四四年憲法第三六條、一八六四年憲法第四三條）。此外，出版自由也存在例外，允許沒收「對基督教不敬」的刊物（一八六四年憲法第十四條）。但另一方面，希臘也確立國家對教會的干涉，政府除了掌握東正教的人事及修道院管理權，還奪走教會對婚姻、仲裁及教育相關的權限。

夾在鄂圖曼與希臘夾縫中的「半主權國家」克里特，國家與教會的關係則落於兩者之間。一八九九年憲法第十一條，保障「所有公認宗教所展現之禮拜行為」的自由。此外，做為出版自由的例外，若有出版品「侵害島上所信仰之公認宗教」，則可沒收（第二三條）。條文中所謂「公認宗教」具體為何，憲法本文始終未曾提及。然而憲法不明文賦予東正教特權，也不明白論及伊斯蘭教，是與鄂圖曼及希臘憲法兩相比較下，思考克里特憲政體制的關鍵。在被稱為「過渡性規定」的一八九九年憲法第十章，第一〇七條為促進伊斯蘭宗教捐獻（vakıf）的私產化，第一〇八條則規定「自本憲法頒布起八年內，『公』可破例任命未受學院教育且無希臘語能力，但具備法律上必要資質才能的克里特人穆斯林擔任公職」。甚至，第三一條還提到「關於穆夫提及伊斯蘭法庭之權限行

＊ Ethnarch，或 millet-bashi。在鄂圖曼帝國以宗教社群（millet）來區分屬民的情況下，所有東正教屬民的最高政治與宗教領袖，即稱為「民族首長」，也就是普世牧首。「民族首長」一詞始於希臘化時代的西亞，通常用來指稱地方上統領同一種族的政治領袖。

使，獲得謝赫伊斯蘭*委任狀的穆斯林法官」其任免及異動屬於「公」的權限，第九二條還規定了伊斯蘭法庭的管轄範圍。換句話說，在思考「半主權國家」克里特的宗務行政制度時，不能忽略其與身為鄂圖曼臣民的謝赫伊斯蘭及普世牧首的關係。其中能看見，在國家與教會的關係上，鄂圖曼帝國統治下非穆斯林社群的仲裁權範圍所造成的「特權問題」，以攻守位置轉換的方式再度重現。

綜上所述，克里特的憲政體制是根據列強勢力均衡的理論，做為主權國家體系的「例外」，介於鄂圖曼和希臘的體制中間。這個由外部「強加」的體制，反映出列強不當干涉鄂圖曼內政，也反映出列強對希臘的民族「大義」毫無理解。因此即使制定了憲法，克里特的局勢仍不穩定。在「東方問題」的脈絡下，「從上而下」的體制暴露在「由下而上」的壓力中，最終反過來一改「東方」的政治版圖。在此過程中嶄露頭角的人物，便是韋尼澤洛斯。為了分析韋尼澤洛斯造成的影響有多大，接下來我們暫且將注意力移往希臘。

2 偉大理想的興衰

從一八六四年憲法到一八九七年戰爭

希臘的獨立是透過保護國英俄法三國的干涉或「人道介入」，才得以實現。然而在希臘人的認知中，列強並未充分展現對「西方文明搖籃」的貢獻，善盡這份理所當然的職責，因此遍及「東方」全境的希臘人中，僅有少部分獲得「解放」。由於列強所「強加」的現有領土，是建立在不符原本民族分布現狀的人為國界上，因此向外發展、將鄂圖曼境內「未解放的同胞」涵括其中的領土擴張主義，便成為希臘的國是。這就是「偉大理想」(Megali Idea，又稱大希臘主義)。這是為何依勢力均衡原則阻礙希臘人「正當」領土擴張的列強各國備受批判，也是為何希臘必須盡可能無視鄂圖曼主權。如果連鄂圖曼帝國的不可侵犯主權都得兼顧，要正當化希臘單方面的民族理念來侵略鄂圖曼領土的行動，就相當困難了。正因如此，基於當時基督教中心主義的國際法學思想，希臘主張自己是「文明」的基督教國家，因此無需顧慮信奉「野蠻」伊斯蘭教的鄂圖曼帝國主權。

另一方面，該打破的現狀，亦包括與國界同為外部「強加」而來的國王。建國之初，王國實權握在來自巴伐利亞的攝政團手中，他們為了輔佐自巴伐利亞迎來的少王奧圖（Otto）而入政希臘。「巴伐利亞統治」在奧圖成年親政後仍然持續，直到經過一八四三年的政變，翌年頒布憲法後才告終。然而之後奧圖逐漸走向專制，一八六二年再度發生政變，最後奧圖被希臘人放逐。爾後希臘在制定新憲法的同時，從丹麥迎來喬治一世登上王座。然而在一八六四年憲政體制下，不時有聲音主張希臘是一個「主權在民」†的「有國王的共和國」。依倡導者之一、雅典大學憲法學者薩利普洛斯

＊ Shaykh al-Islam，鄂圖曼帝國中聖法解釋的最高權威，謝赫為長老、領袖之意。

† Popular sovereignty，源自十八世紀啟蒙時期的思想，主張國家主權歸全體人民所有，政府應由人民產生並服從人民的意志。本詞與第四節討論的「國民主權」原則概念相通，特此說明。

（Saripolos）所言，該主張的依據如下。根據憲法第二一條，國家「一切權力皆來自人民」。國家這個法人團體的最高機關並非國王，而是結合權力來源（人民）與法律為一體的議會。第四四條規定「國王不具有憲法及以其為基礎的特別法所明文規定以外的權限」，此外與修憲有關的第一〇七條也完全未提及國王。因此，在主權的最高展現，也就是憲法修正權的行使上，國王沒有置喙的餘地。這證明了希臘並非君主制國家。相較於鄂圖的頭銜「希臘王」（King of Greece），喬治一世的頭銜是「希臘人國王」（King of the Hellenes，《希臘王國國法》二節），這點亦為佐證。

但是，該論點所依據的憲法第二一條，實際上的條文是「一切權力皆來自民族」，而非「人民」。因此，將「民族（ethnos）」視同於「人民（laós）」，並從中延伸出「主權在民」，這種論述本身無非是一種具特定意圖的政治解釋。制訂一八六四年憲法的第二次民族議會中，亦包括了「未解放」的在外希臘人代表；而這部領先他國實現男子普選權的憲法，規定議員應由所有的男性「市民」選出（第六六條），而符合在該選區居住兩年以上並享有市民權的「希臘市民」，則擁有被選舉權（第七〇條）。並且，一八五六年的民法法典規定「希臘人」父親之子為「希臘人」（第十四條），而其他國籍的「同胞」符合居住兩年的條件亦可歸化（第十五條）；另一方面，一八七七年的選舉法則賦予選區的「居民」選舉權（第四條）。簡言之，屬於希臘「民族」而出身鄂圖曼領土的「同胞」可以在希臘王國內行使參政權，希臘憲政體制不受自身王國的現有領土範圍所侷限，而是具備更廣闊的「民族性」主張。正因為如此，權力是來自於「民族」而非「人民」。不過在希臘內部的問題是，王國領土內土生土長的「當地人」，通常在政治、社會和經濟等方面皆落後於鄂圖曼帝國的出身者，也就是「外地人」。然而就鄂圖曼帝國的角度來看，本國國民參與他國議會，這件事當然與自己的國家主權息息相關。一八六九年的鄂圖曼國籍法就標榜了血統主義（第一條），不允許無敕令者放棄國籍（第五、六條），規定無法證明自身為外國國籍者，只要居住於鄂圖曼帝國境內，便視為鄂圖曼臣民（第九條）。也就是說，鄂圖曼和希臘兩國分別藉由不同的理論，試圖將鄂圖曼領土內的希臘人納入各自的憲政體制中。

而在對內方面，希臘一八六四年憲法的運作及解釋，並不盡然符合「人民主義」*的概念。依據這部旨在調和君權和民權的憲法，君主擁有任免閣僚及解散議會等諸多特權。的確，一八七五年之後，特別是一八八二年特里庫皮斯（Trikoupis）所領導內政優先的近代黨，以及德利安尼斯（Deligiannis）所領導對外強硬的民族黨輪流執政的兩黨制成形後，暫時確立了由多數黨執政、堪稱憲政理想模式的「〔信任〕表明原則」。然而，這畢竟只是一種慣例，並未化為明確的憲法條文。況且，在反議會制思想高漲的世紀之交，政黨的腐敗和無能引發了人們對議會制的根本懷疑，一八六四年確立的憲政體制受到了來自左右兩派的攻擊。

正如其對「民族」的定位所示，希臘的憲政體制原本就是以對外侵略，也就是「解放」尚未被解放的同胞與領土為前提而成立的。實現「表明原則」的兩黨制不過是一種分工機制，將特里庫皮

* Narodism，本詞源自十九世紀俄羅斯民粹派分子，是相對於菁英主義的籠統概念，認為政治權力應交由人民，而非菁英或貴族。日本學界較常使用這個詞彙，概念上與民粹主義（populism）類同。本章如實沿用之。

斯派近代化政策所累積的內部矛盾，透過德利安尼斯派的擴張主義轉嫁到外部。因此，當追求克里特「解放」的對外強硬派失控，最後招致一八九七年的敗戰，宣告過去的政治手段不再有效，這件事便成為希臘政治的轉捩點。兩黨制政界因克里特問題的善後處理而混亂時，喬治國王便不再遵循「表明原則」，而是再次發揮強勢的政治影響力。結合對外侵略才得以成立的希臘立憲政治，因實現侵略的可能性動搖，而開始變質。

從克里特問題到馬其頓問題

希臘政治的轉變發生在對內及對外兩方面。對外方面，鑑於過去不吝出兵鄂圖曼的「偉大理想」模式已難以實現，此時的希臘不再發動軍事力量，而是轉向由內引導鄂圖曼境內的東正教徒。馬其頓成了主戰場。自一八六〇年代以來，隨著世俗的民族意識在東正教徒社群中不斷擴散，加上基於普世牧首座法的類憲政體制之下，接受多數決的重要性上升，視過去的東正教會為「被希臘人統治」，企圖從中脫離而自立的保加利亞人逐漸增加。他們得到俄羅斯的奧援，在自己的世俗國家成立之前，於一八七〇年成功取得了保加利亞代理總主教的設置。但對基於無民族之別的普遍性而訴諸基督徒統一的普世牧首來說，終究難以接受這樣的安排，最後宣告凡是跟隨代理總主教者，便是分裂教會。

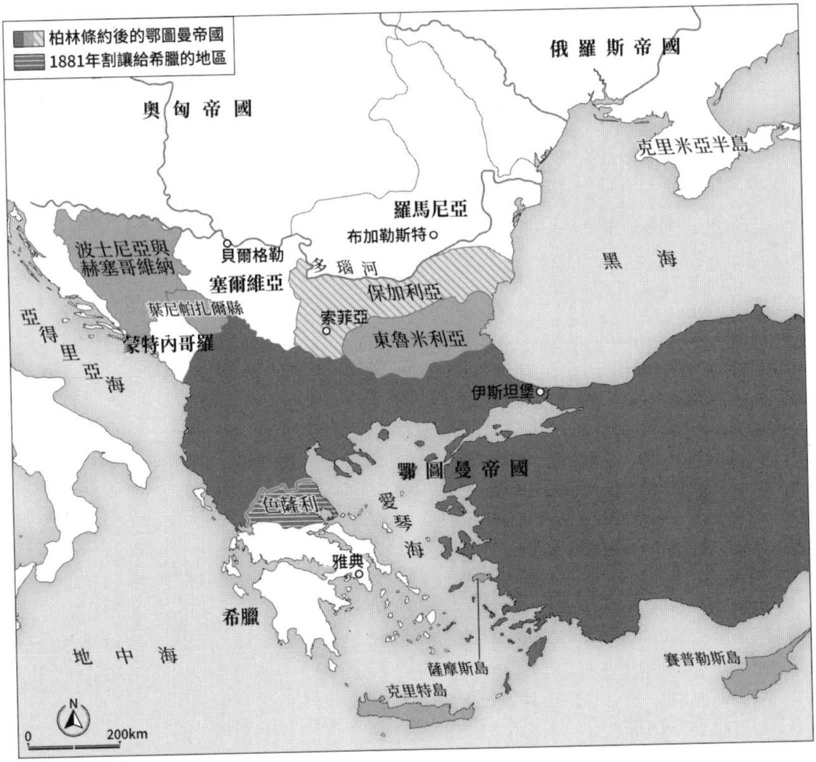

柏林條約後的巴爾幹半島

其後，在俄土戰爭後的一八七八年《柏林條約》締結後不久，鄂圖曼擁有「宗主權」的「半主權」保加利亞公國支持代理總主教，意圖擴大自身勢力。然而這樣的意圖，與希臘企圖囊括鄂圖曼境內「未解放」的東正教徒以擴張自身疆土的「偉大理想」產生了衝突。兩者間的對立在一八九七年希臘戰爭失利後，特別在一九〇三年以後更加激化，因此對希臘來說，與普世牧首的協商就更加重要。考量普世牧首在鄂圖曼帝國內部的重要地位，也使得希臘必須改善與鄂圖曼的關係。對居住在鄂圖曼與希臘兩地的希臘人東正教徒來說，這也導致了他們的主要「敵人」從穆斯林土耳其人變成保加利亞人。換句話說，一八九五年以後發生的克里特叛亂雖然使得鄂圖曼與希臘關係決裂，但結果卻是讓克里特獲得了「自治」，而對於已轉向對付保加利亞的希臘而言，冒著與鄂圖曼關係惡化的風險更進一步干涉克里特的動機也消失無蹤。此外，敵友關係的重組為「東方」的希臘人帶來了希臘與土耳其攜手合作的構想，做為預設對抗「泛斯拉夫主義」的廣域秩序。這種常被稱為是二重帝國論或東方聯邦論的構想，內容究竟有多麼貼近當地憲政體制且符合現實，在不久後爆發的青年土耳其黨人革命便可以看出來。

至於對內方面，一八九七年的戰爭失利本來應當對內追究責任，但在所謂與「泛斯拉夫主義」鬥爭的民族「大義」名下，將國內矛盾轉嫁到外部的希臘政治結構得以持續下去。引領政界長達近二十年的特里庫皮斯已過世，德利安尼斯也遭暗殺，移居經濟較發達的鄂圖曼帝國或是移民到美洲大陸成為解消國內壓力的手段；在中下階層的人民仍無法得到實質政治參與的情況下，立足於裙帶關係，反映希臘唯一大城市雅典的富人階層和伯羅奔尼撒（Peloponnesos）的大地主階層利害關係的既往兩黨制，仍維持慣性繼續存在。然而在此期間，對君權「由下而上」的反彈力道卻變強了。康斯坦丁王子（Constantine，日後繼任的希臘國王康斯坦丁一世）在一八九七年戰爭中指導失誤受到追究，王妃奧爾嘉則被視為是與希臘為敵的「俄羅斯奴才」。之所以會這樣也是因為，在無論內外擁有不少非希臘語使用者「同胞」的希臘王國內，認為統一使用古典時期以來的傳統文字及其象徵權威，對「民族」的整合至關重要。因此，譬如奧爾嘉在教化「人民」時寬容對待「通俗希臘語」（Dimotiki），就被認為有損於象徵希臘連續性及一體性的「純正希臘語」（Katharevousa）；在部分民族主義者眼中，她的存在助長了損害東正教信仰的「泛斯拉夫主義」氣焰。諸如此類的情感雖未立即動搖當前「有國王的共和國」政權本身的正統性，卻處處潛藏著變化的徵兆。

希臘的政治結構，受到攸關全「東方」的國際環境變化影響，開始發生轉變。轉變的契機是日俄戰爭和緊接而來的一九〇五年革命。以此為開端，「東方」各地連續掀起了伊朗立憲革命、青年土耳其黨人革命和辛亥革命的「立憲革命浪潮」，各地的政治體制陸續轉換為憲政體制。克里特的特里索起事和希臘的古迪政變（Goudi coup）亦屬於這波浪潮，而主角正是韋尼澤洛斯。

3 韋尼澤洛斯時代

從一八九九年憲法到一九〇七年憲法

一八六四年，韋尼澤洛斯出生於克里特中心城市哈尼亞（Chania）。他就讀雅典大學法學院，一八八七年起在故鄉擔任執業律師。一八八九年當選克里特省議員，踏入政壇。他在一八九五年後的起事中嶄露頭角，亦參加了在喬治王子主持下起草憲法草案的所謂「十六人委員會」。

這部憲法在字面上賦予克里特「公」很大的權力。一八九九年憲法中並無類同希臘一八六四年憲法第二一條的規定，權力是集中在「政權最高領導者」的「公」手中。不僅制定法律需同時經議會通過與「公」的裁可，相關執行權更完全為「公」所有（第二八、五八條）。輔佐的顧問禁止兼任議員（第六七條），並且顧問僅對擁有任命權的「公」負責，因此是否有議會支持並非必要。儘管議會有法案提案權（第六〇條），但議會「兩年一次」（第四六條），會期更只有短短的兩個月（第四七條）。此外，議會同時存在由「人民」選舉產生的議員，以及十名由「公」任命的議員（第三七、四二條），關於議會召集的延期、停會及解散事宜，「公」亦具有相當大的權限（第三二條）。憲法學者薩里波洛斯（Saripolos）曾解釋，權力如此集中於「公」一人身上，「正如同希臘」，是為了「避免因議會制及人民濫權造成的脫軌」，加上克里特人也對身為「公」的喬治王子「絕對信賴」。他甚至又以「公」不得干預修憲（第一〇〇～一〇三條）為根據，主張克里特亦屬於「主權在民」的類型（《克里特憲法》）。但實際上，憲法制定後更形惡化的是東正教徒內部的派系衝突，其程度超越了東正教徒和穆斯林的對立。關於克里特的國際地位，認為當下應保持現狀、以內政為先的「穩健派」，和將與希臘合併視為首要事項的「激進派」，兩者之間的矛盾不久後以君權與民權對立的形式而浮上檯面。

在克里特當地權力基礎不夠穩固的喬治王子，積極地行使「公」的權力，也稍嫌性急地運用王室外交手段，尤其是謀求在俄羅斯支持下與希臘合併。對此，以克里特居民代表自居的司法顧問韋尼澤洛斯則企圖「由下而上」推動希臘合併，與王室的方式牴觸。而列強各國對於「東方問題」極度重視勢力均衡，因此不得不承認鄂圖曼對克里特的「主權」，拒絕希臘的合併請求，這讓顏面盡失的喬治與韋尼澤洛斯之間更加不和。結果，韋尼澤洛斯甚至不被允許自己「辭職」，而是在一九〇一年四月初被「公」「解任」。喬治專制的政治手段逐漸引發反彈，讓韋尼澤洛斯毅然決然採取強硬行動，此即本章開頭提到的一九〇五年特里索起事。這場起事的性質不同於過去以「高門」及穆斯林居民為敵人的事件。身為列強四國的高級專員，在基督教世界「國際輿論」的目光下，喬治王子不可能以武力鎮壓島上的穆斯林東正教徒，他失去了克里特人還有列強的支持，走投無路的他不得不在一九〇六年九月辭職。這昭示了憲法上應該擁有壓倒性權限的「公」的潰敗。局勢會發展至此，也是拜支持喬治的俄羅斯在一九〇五年革命爆發後，影響力陷入衰微所賜。

一九〇七年離開克里特後，傷心的喬治王子與拿破崙弟弟的曾孫瑪麗（Marie）結婚。喬治對韋尼澤洛斯恨之入骨，頻頻向新婚妻子抱怨，這亦影響了他父兄的行動，也就是當時的國王喬治一世及繼位者康斯坦丁兩位希臘君主，也對希臘本國的君權與民權關係產生了一定影響。至於在克里特，從民權的立場牽制君權，更勝「歐洲協調」一籌的「克里特鬥士」形象，也成為日後韋尼澤洛斯的重要政治資本。以後見之明來看，一八九九年憲法將權力集中於「公」，堪稱是「無可辯駁的重大錯誤」。新憲法的制定便在喬治王子的後繼者、前希臘總理澤米斯（Alexandros Zaimis）領導下展開。

之後頒布的一九〇七年憲法中，「政權最高領導者」不是「公」，而是高級委員（第三六條）。當然，如同過去一八九九年憲法第一〇三條「本憲法所賦予「公」的權限，由現任克里特高級專員，也就是希臘的喬治王子殿下行使之」，過去的喬治「公」亦是高級專員。然而繼任的高級專員澤米斯，他在克里特島的新憲法裡已不再是「公」。此外，由「公」任命的議員席次遭撤廢、顧問不得兼任議員的規定也廢止，另外更規定若未獲高級專員批准的法案，在下一個議會會期再次通過，則可作為法律而成立（第三九條）。立法權由高級專員和議會所共有，兩者都有法案提案權，這點不變（第二六條），但議會的權限顯然擴大了。與過去的「公」不同，高級專員每年召開一次議會（第四〇條）的同時，議會每年五月「應召開」會議（第四八條）。此外，也仿效希臘一八六四年憲法第四四條，「高級專員不具有憲法或基於憲法的特別法所明文規定以外的權力」（第四四條）。

更有趣的是，根據一九〇七年憲法，直到相關法律公布前，若要起訴顧問，將依據「關於大臣責任的希臘一八七六年法律第五一六號」處理（第八四條）。甚且，「身為希臘現任法官的希臘公民」亦可出任克里特法官（第一一二、一一四條）。這位「最高領導者」、列強四國高級專員的權威顯然並非來自克里特人民，可通用希臘的外國法律，外國公民還能就任公職。在這個政權中，「（半）主權」的所在顯得更加曖昧。這樣的政體就連是否算是「國家」都令人懷疑。應該說，克里特人就是在這種「半主權國家」擬制所允許的範圍內，追求與希臘的一體性。

其中的一項表徵，就是宗教。克里特一九〇七年憲法第二條直接沿用了希臘一八六四年憲法第一條的文字，規定「克里特的國教為基督教會的東正教」。並且又再仿效希臘一八六四年憲法第四三、四九、六四條，在第四六條中要求高級專員「以同質不可分的父，子，聖靈之名宣誓」。此外，相對於一八九九年憲法第五一條議員「以各自宗教習慣的形式」宣誓，一九〇七年憲法第五八條改為要求議員「以同質不可分的父，子，聖靈之名宣誓」。也就是說，這部憲法的前提是高級專員及議員皆為東正教徒。與一八九九年相異，一九〇七年的克里特，東正教的優越性亦在憲法被確立。此外在選舉上也出現不少變化。過去一八九九年憲法是單記制，「投票方式盡可能保障少數派代表」（第四一條）。此處的「少數派代表」具體來說是「具備鄂圖曼要素的代表」，即是指穆斯林代表；為了保障他們，一九〇一年制定的克里特選舉法第一五三條將投票方法定為大選區單記非讓渡投票制。然而這些規定皆自一九〇七年憲法中刪除，改為「在議員選舉中，伊拉克利翁

（Iraklion）、雷辛諾（Rethymno）和哈尼亞的穆斯林組成獨立的選舉人團」（第一〇八條）。換句話說，原則上各議員不僅代表自己的選區，也代表全島，但另一方面（一八九九年憲法第四四條、一九〇七年憲法第六十條），穆斯林身為「人民」也好、「國民」也好，只要是其中的一員，基於其信仰的固定投票行動就成為憲法明文的要求。此外，規定法律之前人人平等的第二二條亦明定「公職對所有克里特人皆無分宗教，一律開放，並因應共存的兩種人口進行分配」。

的確，與一八九九年憲法第十一條相同，一九〇七年憲法第三條保障了「所有公認宗教之禮拜行為」的自由。第五八條終究與希臘一八六四年憲法第六四條相同，承認「其他宗教的議員」可「依自身宗教的形式宣誓」。此外，相較於一八九九年憲法，有關「特別規定」而非「過渡規定」的一九〇七年憲法第十一章，在獲得謝赫伊斯蘭委任狀之穆斯林法官及穆夫提的任免（第一〇四條）、伊斯蘭法庭的管轄（第一〇五條）及「謝赫伊斯蘭會議」的組成（第一〇六條）方面，都訂立了更詳細的規定。因而這部憲法在文字上並未明示以穆斯林為區分對象。但在確立東正教優勢和特權的克里特，這些條文展現了「人民」是按宗教而分割的存在，也顯示出其他的「公認宗教」，也就是伊斯蘭教的信徒，是身為主要的「例外」、而應被另外劃分成類的特別存在。正是在這樣的脈絡中，宗教捐獻財的私產化也更進一步發展（第一〇七條）。不過，這部新憲法亦在短時間內宣告終結。原因正是韋尼澤洛斯進軍希臘政壇。

從古迪政變到一九一一年憲法修正

當克里特因「公」的「專制」而爆發叛亂時，希臘也正醞釀著對「寡頭制」，也就是對議會執政黨及王室的不滿。由此發生的就是古迪政變。一九〇九年八月，軍官組成的「軍事聯盟」(Military League) 在雅典郊區的古迪起事。政變之所以發生，是由於一八九七年戰爭失敗後本應動搖希臘政局，卻被抑制不動而呈現閉塞。軍官們譴責議會政黨腐敗無能，持續尋求政治改革「重建」希臘，但掌權者為文官，國政因而夾在「軍事聯盟」與文官政府之間，功能失調。在這樣的狀況下，韋尼澤洛斯曾代表人民對抗克里特「公」，亦不屬於希臘任何政黨，可以在沒有包袱的束縛下指導改革，因而受軍官青睞。在政變後應邀來到雅典的韋尼澤洛斯，則呼籲「軍事聯盟」不要驟然改變體制，以免引起外部特別是三保護國的干涉。希臘的「重建」可以不制定新憲法，而是修訂現行憲法的方式達成。他說服了軍官，並為舉辦修憲大選鋪路。

在翌年一九一〇年八月的選舉中，儘管受到古迪政變的衝擊和韋尼澤洛斯出馬競選的挑戰，基礎穩固的原有政黨席次仍過半。然而，由這次選舉所召集的第一次憲法修訂議會，以反對「表明原則」的方式，任命韋尼澤洛斯為希臘總理。志在脫離既有政黨掣肘、邁向自由「改革」的韋尼澤洛斯立即提議重新選舉，在舉辦了對自己的信任投票後，又以投票結果為由強行解散議會。控訴這一連串程序違憲的既有政黨政客們拒絕參加重新舉辦的選舉，以表抗議。因此，韋尼澤洛斯派在十二月的選舉贏得了壓倒性勝利。以後見之明來看，既有政黨的命運在此時已經決定。違反憲政慣例就任總理的韋尼澤洛斯，在違反憲法明文規定下推動修憲。原本按一八六四年憲法第一〇七條規定，希臘憲法「僅能修改非基本規定」，並需經「連續兩個會期，議員四分之三通過修改」，且召集人數需超過原本議員的兩倍，成立修憲的新議會，由新議會決議後才能修改。如同喬治國王和憲法學者薩里波洛斯所擔心的，這條「不可能實行的規定」使合法的憲法改革難以實現，因而成為非法憲改的誘因。另一方面，因應這場憲改，藉此建立「無國王的共和國」以及要求制定新憲法的聲浪上升，但韋尼澤洛斯加以反對，堅稱該議會並非制憲議會，而是修改「非基本」規定的修憲議會。負責起草修正案的是薩里波洛斯。

第二次修憲議會就這樣開始制定了一九一一年修正憲法。這次修憲內容許多皆與特里庫皮斯時代以來被指出的問題有關，可說是藉著身懷克里特憲法經驗的韋尼澤洛斯而實現了修改。修正後，憲法內做為議會政黨中樞的議會權限縮小，換來的是強化執政機能。公民自由獲得進一步保障，但同時亦明文化了戒嚴、「防衛祖國」與「公共利益」下的限制（第一七、九一、一〇六條）。儘管簡化了憲改程序（第一〇八條），但這次修憲幾乎沒能限制君權，面對非東正教徒的態度也依然冷漠。另一方面，明瞭克里特「公」喬治王子命運的「希臘人國王」喬治一世，則贊同韋尼澤洛斯主導下的「自由主義」修憲，企圖藉此延續王朝的壽命。擁戴韋尼澤洛斯的自由黨在接下來的一九一二年大選中亦獲得了壓倒性勝利，在「從上而下」的近代化路線取得正當性後，該黨推動了一系列的改革立法。

如此，希臘政治迎來了新的時代。曾經的兩黨制已成過去，登場的是韋尼澤洛斯和反韋尼澤洛斯的對立兩派。然而，所謂的反韋尼澤洛斯派，不過是一群對闖入既得權益地盤者抱持不滿的同床異夢之徒，他們要團結成單一政治勢力還需要一段時間。要經過兩次巴爾幹戰爭，在緊接而來的第一次世界大戰爆發之後，希臘政壇才會出現結構上的變化。然而，為了釐清其原委，接下來有必要再次將注意力轉向鄂圖曼方面的動向。

4 鄂圖曼帝國與立憲政治

「國民主權」與「特權諸省」

一九〇八年七月，鄂圖曼境內的馬其頓叛變，瞬間波及整個帝國，憲政制度宣告恢復。此即為青年土耳其黨人革命。這場革命目的是實現「國民主權」，對抗過去長達三十年推行「專制」政治的鄂圖曼蘇丹阿卜杜勒哈米德，而其意識自然是傾向恢復當時在「東方問題」脈絡下，以各種形式受到侵害的「主權」，目標之一即是「高門」實際統治範圍外被稱為「特權諸省」的自治區域。但鄂圖曼在爆發革命後的政局動盪，讓周邊諸國起了擴張領土的野心，反而使鄂圖曼完全喪失了自治區域。哈布斯堡長期占領在《柏林條約》簽訂後以「特權省」名義置於鄂圖曼「主權」下的波士

圖 4-2　〈易幟與鷹徽——克里特問題〉
爭奪象徵「主權」所在旗幟的穆斯林與東正教徒。
《卡萊姆》第 50 號，1909 年 8 月 26 日

尼亞與赫塞哥維納（Bosnia and Herzegovina），保加利亞則實質上兼併了處於同樣地位的東魯米利亞（Eastern Rumelia），雙方皆搶在鄂圖曼試圖收復「主權」前正式兼併各自區域。在鄂圖曼「宗主權」下的「半主權國家」保加利亞同時宣布完全獨立。同樣以「半主權國家」自居的克里特亦迅速回應，在十月初片面宣布與希臘合併。古迪政變便是在此脈絡之下發生。引發「軍事聯盟」行動的重要原因之一，便是希臘議會政黨態度軟弱，顧慮列強有意保障鄂圖曼帝國領土完整，因而無法公然承認克里特合併一事。然而「軍事聯盟」的行動結果讓韋尼澤洛斯進入希臘政壇，進一步加劇了兩國的對立。

保加利亞獨立、波士尼亞遭兼併後，克里特便成了帝國「主權」下的「特權諸省」代表象徵。因此，對克里特保有「主權」，就成為土耳其青年黨人革命後新體制的底線。就鄂圖曼的立場而

言，克里特人韋尼澤洛斯理當是鄂圖曼國民，因此別說擔任總理，當選進入希臘議會也應該是不被承認的。另一方面，基於列強承認鄂圖曼對克里特保有「主權」，希臘亦不能公然否定這一論點。是故，希臘方面的回應也僅說韋尼澤洛斯是克里特人當中的例外，而且已經取得希臘國籍。儘管如此，在多數希臘人的眼中，克里特自一八九九年以來已經是「國家」，宣布與希臘合併也不過是出自它的「（半）主權」意志。當時韋尼澤洛斯也曾在希臘議會發言如下：

為了解決介於我們和土耳其（依原文）之間諸多問題中最重大的問題，也就是克里特問題，我曾有機會對議會表明我做出了多大讓步。為了取代名義上的宗主權，我甚至同意向「高門」納貢。我以為這樣做的話，他們會允許克里特選出的議員參加這個議會。

——《希臘史的五年》（*Cinq ans d'histoire Grecque, 1912-1917*）

然而，就主張自己「主權」的鄂圖曼方面來說，這談不上什麼「讓步」。在青年土耳其黨人革命發生後，多民族多宗教的立憲夢想遍及整個「東方」，過去的希臘—土耳其合作構想再度甦醒。但克里特問題死灰復燃，使得身為鄂圖曼國民的希臘人立場變得微妙。而更加助長兩國穆斯林和東正教徒對立的要因，是當時採行議會制且民權高漲的鄂圖曼帝國內部制度。

從一八七六年憲法到一九〇九年修正憲法

「特權諸省」的主權行使，涉及鄂圖曼帝國的外交處理；而在內政上要處理的，一是君權與民權的對立，另一則是代表民權的帝國議會的代表性。前者是一系列的憲法修訂，後者則是所謂的特權問題。

鄂圖曼帝國一八七六年憲法的特徵之一，是君主擁有涵蓋範圍廣大的特權。帝國議會是兩院制（第四二條），相當於上議院的元老院議員為終身制，由敕令任命（第六〇～六二條），因此元老院成為與政府密切往來的官僚政客堡壘。元老院不僅基於一事不二議原則而擁有強勢的否決權，還擁有代議院所沒有的違憲審查權及憲法解釋權（第五四、五五、六四、一一七條）。另一方面，下議院，即代議院議員的選舉，則是有納稅額門檻的資格限制下，透過選舉人的兩階段選舉，並採大選區全額連記制。因此，代議院是帝國地方人士階層，在保有當地社會權力的狀態下進入中央政界的途徑。但議會會期的延期、停會及解散權則握在君主手中（第七、四四條），內閣首長，即宰相不對議會負責，而是由君主直接任命（第二七條），且若政府與議會陷入對立，君主還可自由選擇更換閣員或解散議會（第三五條）。此外，議會與內閣皆有請求制定新法及修改現行法律的權限，但需先得到君主的許可，且法案的擬定者不是議會，而是國家評議會。於是就憲法條文上來看，便可解釋為法律可不經由議會而制定（第五三、五四條），議會的權限相當小。

不僅如此，憲法頒布後的第一次憲政嘗試還以夭折告終。儘管議會權力薄弱，但由於俄土戰爭使議會對政府的批判聲浪升高，阿卜杜勒哈米德便依憲法規定於一八七八年二月將議會「停會」。此後憲法仍維持形式上的存在，帝國表面上依然是完好的君主立憲制，但遭到「停會」的議會卻未曾復活。由於議會權力薄弱使君主得以「專制」三十年，這個教訓讓人們了解到應當「確立並運用國民主權及憲政體制」。因此可以看到，在青年土耳其黨人革命後的第二次憲政時期，一開始便達成共識，朝重視民權的方向修憲。一九〇九年二月，儘管並無憲法拘束力，但當時的宰相因代議院通過不信任案而被迫內閣總辭。在同年發生的「三月三十一日事件」*中，議會雖成為叛徒的攻擊對象，但兩院議員還是在沒有憲法依據的情況下舉行了「國民公會」。叛變被徹底鎮壓後，議會通過決議，廢除蘇丹阿卜杜勒哈米德。接下來便是八月的修憲。

此次的憲法修訂，伴隨擴大國民權利保障的同時，亦大幅強化了議會權限。修正案明白表示內閣對代議院負有連帶責任（第三十條），亦規定不信任案通過的閣員即失去職位（第三八條）。並且，只有當內閣因提案遭代議院覆議否決而總辭後，且「新內閣沿襲前內閣意見，而議會出具理由並再次否決」的情況下，君主才得以解散內閣。有關媾和、通商、領土變更的條約締結前，需要得到議會的同意（第七條、第三五條），君主亦不再能任意縮短會期（第四四條），代議院的正副議長皆由議會選出，僅在事後上奏選舉結果（第七七條）。另外也明文規定議會有權提出法案，法律必

＊ 31 March Incident，由蘇丹所屬軍隊及伊斯蘭學校的神學家結盟發動的反政變，目的是反對青年土耳其黨人勢力（團結與進步委員會），恢復原本以蘇丹為首的保守體制。

圖 4-3　〈公立教育大臣巴班扎德・伊斯梅爾・哈基——氣球觀測〉

雖長期身為大臣候選人，但卻在就任後短時間內不得已辭職。《傑姆》（*Cem*）第 17 號，1911 年 3 月 4 日

須經由議會通過，由兩院通過的法案需在兩個月內獲得裁可，或為重新審議而退回。在這種情況下，法案需要三分之二以上的多數決才能複決通過（第五三、五四條）。鑑於過去並無明文規定裁可期限，讓蘇丹可選擇擅自不進行裁可或不裁可，這樣的修正內容也可以說是強化了議會權力。

國法學者，巴格達選出的代議院議員巴班扎德・伊斯梅爾・哈基（Babanzade Ismail Hakki）曾講授一九〇九年修正憲法的國家制度，根據他的敘述，國民對所謂青年土耳其黨人革命的「暴力事件默默給予支持」，憲法是由「國民奪回」。「接下來召集的代議院採用極其廣義的方式解釋了修憲權，其在實質上與制憲議會幾乎無異」。這是「抵抗權獲得了正統性」，而帝國議會兩院以各自總額三分之二以上的多數決通過，獲得敕旨，取得了合法的憲改形式（第一一六條），一九〇九年修正憲法順應現實導入「國民主權」原則，實現議會制，就這點而言，該修正案是頗具革命意涵的文件。並且，提升議會權限的修正憲法法典本身不過僅是形式上的文字，實質上「國民主權在憲法之上」更被視為理所當然。和薩利普洛斯相同，採國家法人說的伊斯梅爾・哈基認為，主權當然在於國民，主權更是不可分割或出讓，那麼主權就不會存在於君主，君主被承認擁有的不過是國家這個法人機構的地位。既然君主地位和國民主權得以並存，那麼伊斯蘭教義裡對哈里發的宣誓效忠（Bay'ah），根據其論點，不過是一種「憲法框架下的約束性委託」（《國法》〔*Hukuk-I Esasiye*〕）。這樣的構想亦有憲法規定為證：「皇帝於其即位時的帝國議會中，若遇非議會會期，則在（開會後）首次會議上，宣誓對尊重聖法與憲法規定，以及對祖國及國民的忠誠。」（修正第三條）

如此一來，當國民意志以「國民主權」名義受到重視，那在對抗君權的前提下，應該由哪些人進入代表民權的帝國議會，這樣的紛爭便浮上檯面。

「諸民族的統一」

在多民族多宗教的鄂圖曼帝國，以「國民主權」為基礎的憲政制度首先需解決的問題，就是如何建立反映民意的議會結構，選出議員的選舉制度，這些問題成了爭論的焦點。由於並未制定代議院議員選舉法，第一次憲政期間便以宗教為別、優遇非穆斯林的方式臨時分配了議會席次。因此在青年土耳其黨人革命後，以教派、民族來分配議席的做法便在選舉期間遭受質疑，如何「正確」反映出實際人口比例。然而憲法幾乎沒有談到民族的部分。因此，為了實現「不分民族和宗教」的鄂圖曼人平等，就不能透過法律明文規定議席分配方式，而是完全從實踐層面來達成。例如，在鄂圖曼的憲政體制裡，雖然兩院議長均為穆斯林，而副議長大致都是從非穆斯林或非土耳其裔的穆斯林中選出。另外，除了表明身為「希臘人政黨」的希臘憲政俱樂部以外，各政黨皆標榜黨內議員涵蓋所有教派和民族，並藉此主張自己是代表全體國民利益的政黨。

確實，非穆斯林經常要求以宗教或民族進行配額制選舉，然而對穆斯林來說，一般而言，即使能接受基於政黨協商的議席分配事實，但在涉及有關主權行使的國政制度上，他們並不打算讓宗教或民族的差異固定化。如同伊斯梅爾・哈基的論述，這也是國民主權和議會制度的前提。基於「代議院議員並非其選區之代表，而是全體鄂圖曼人的代表」（第七一條），因應各個選區的情形來分割應當不可分割的主權，是行不通的。連自身選區都不能代表的議員，更不可能代表特定的教派或民族。「所有擁有鄂圖曼國籍者，無論屬於何種宗教教派，皆毫無例外地被稱為鄂圖曼人」（第八條），在涉及整體「國民主權」的「公益」之前，教派或民族的差異應當消失。這樣的公民整合論點是多民族多宗教國家鄂圖曼帝國存續及發展的必要條件，也和被視為憲政體制核心的「諸民族統一」理念相容。同時，這也是一連串希臘—土耳其合作構想的理念。與希臘及克里特不同，在鄂圖曼憲政體制中，國民的多民族多宗教性是理所當然的前提，且民族或宗教差異並不一定會被視為國法學上的「例外」。如伊斯梅爾・哈基的說明，所謂的國民絕非是基於血統、語言、教派及區域的原初性存在；國民是基於身為人類本性歸屬的社會連帶利益之統一而形成的想像的共同體。而現在的準則就是立憲主義。

但是，在應該實現諸民族利益統一的議會，實際上卻盡是諸民族利益的衝突。在攸關東正教徒的地位和利益的問題中，又以特權問題尤為激烈。

特權問題

議會制度的實施，讓應當由議會決定的「公眾事務」範圍成為爭論焦點。排除中間團體，尋求不可分割的國民統合的穆斯林方面，其主張可歸納為「宗教」和「政治」的分離，以及相較於「私益」的「公益」優先性。換句話說，非穆斯林的「宗教特權」應只是涉及信仰的「私人事務」，而不涉及「政治」。但是一九〇九年修正憲法中規定議會立法應遵循伊斯蘭法（第一一八條），明言謝赫穆斯林的地位高於其他大臣（第七、二九條）等，這些都明白表示出鄂圖曼帝國國家制度的「伊斯蘭性」。就穆斯林而言，正如頒布時的敕令所表明，憲法是「尊貴聖法的規定」，憲法符合伊斯蘭法、伊斯蘭教為「國教」（第一一條），鄂圖曼皇帝是哈里發（第三、四條），而這些皆與「不分民族和教派之別」的鄂圖曼人平等沒有任何矛盾。這也是由於在擁有「國教」的國家中，政教合一的君主在西歐已有前例，並非國法學上的「例外」。「所有鄂圖曼人在法律面前都是平等的，除了宗教教派事項外，所有人對國家的權利及義務都是平等的」（第一七條）。

另一方面，就非穆斯林、特別是東正教徒而言，他們將選舉時的宗教配額制以及「宗教特權」視為在信奉「國教」的穆斯林「多數派專制」下的制度性保障。關於信仰自由，鄂圖曼憲政體制以明文保障了「國教」和「宗教特權」兩個制度。對此，非穆斯林對伊斯蘭教為「國教」一事並無異議，而整體上穆斯林對於「宗教特權」的保留亦表贊同。然而，但當涉及各別事務的討論時，雙方便立即在議會產生紛爭，染上宗教對立的色彩。這就是所謂的特權問題。既然教育、兵役、稅收及仲裁等社會事務皆與「宗教」息息相關，那麼應當以民意也就是「主權」為優先的「公眾事務」之政治場域來討論，還是以基於信仰的「特權」「私人事務」之宗教場域來討論，兩者間的界線成為日後左右鄂圖曼立憲政治的重要因素。

雖說如此，這種對立也是現代憲政體制的通病，牽涉到共和主義（republicanism）和社群主義（communitarianism）的競爭，或說是公私之別的矛盾。問題是，在基督教中心主義「漫長十九世紀」的國際秩序中，基督徒被視為理所當然的「文明」，然而穆斯林卻總是被定位在「野蠻」這方。在標榜「世俗性」且反猶太主義高漲的世紀之交轉換期，除了俄羅斯之外，列強諸國的穆斯林政治參與極度受限，因此多宗教下的憲政問題未曾浮現。相反地，鄂圖曼帝國允許基督徒全面政治參與，因此發生的衝突，在基督教世界「國際輿論」的目光下，就變成了「狂熱」穆斯林對「基督徒的壓迫」。在這樣的局面下，自義大利入侵鄂圖曼利比亞的一九一一年之後，鄂圖曼對外受鄰近諸國侵略，對內則受戰時體制的影響，憲政制度不得不走向變質。

5 帝國的解體與政治體制的轉換

憲政與政局

一九〇九年修正憲法在事實上實現了議會制，控制代議院多數席次的團結與進步委員會也支持親近官僚政客所組成的內閣，藉此介入政權。但自一九一一年春天起，議會內外批判政權的氛圍逐漸升溫，面臨對外危機而要求政府權力集中的執政黨，與批判施政弊端而要求現任政府下臺的在野黨之間的對立，也更形激烈。團結與進步委員會打算解散議會起死回生，但現行的一九〇九年修正憲法修訂第三五條對解散議會設下嚴格的限制。因此，執政黨企圖透過再次修憲重新擴大君權，並由內閣主導強化執政機能。

這是革命成果「國民主權」的開倒車，在野黨大力反彈。然而，執政黨真正的意圖不是修正案，而是在修正案被否決後，讓自己支持的現任宰相辭職再重新組閣，藉此讓新內閣再次提出同樣修正案，以此方式來滿足現行修正憲法第三五條所規定的議會解散條件。也就是說，這次修憲案的提出無論能否通過，都只是執政黨主導議會解散的政治鬥爭工具。即便如此，執政黨亦意圖尋求理論上的正當化。他們主張一九〇九年修正憲法為了戒備君主專制而過度擴張議會權限，透過解散議會訴諸民意，即應為最終決定者國民的「主權」的展現機會也被排除了。正因為如此，藉由立法及行政兩權均衡，降低因議會失控而引起的「多數派專制」風險，更有效率地反映「國民主權」，執政黨主張應當簡化解散議會的程序。

但是，先不論法學理論，亦不論執政黨宣稱的程序合法性，在國民輿論未臻成熟的情況下強行推動憲法改革，將會在人民心中留下不少傷痕。執政黨當前的問題，是為了處理義大利侵略利比亞危機，而須強化執政機能，但就連這個目標也僅取得暫時性成果。在議會如執政黨預期解散後，隨之舉辦的一九一二年大選在公權力強力干涉下，團結與進步委員會取得了勝利。然而合法的反政府活動管道卻因此消失，應推動憲政運作的帝國議會信用亦大為受損，結果，特別是在阿爾巴尼亞不斷叛亂的狀況下，前代的舊政客和宮廷親信發起政變，迫使團結與進步委員會在同年七月下臺。就在這時，預期到上述混亂而伺機發兵，更一舉解決了鄂圖曼憲政所面臨各種難題的，是塞爾維亞、保加利亞、蒙特內哥羅（Montenegro），再加上希臘。巴爾幹同盟四國對鄂圖曼發動侵略，也就是第一次巴爾幹戰爭。

巴爾幹戰爭

然而，東正教四國以「基督徒迫害」為名侵略「伊斯蘭國家」鄂圖曼帝國，這樣的巴爾幹戰爭構圖，並非如表面上那般自然形成。一八九七年希土戰爭失利以來，希臘的主要敵人便轉為保加利亞，且正如一連串希臘—土耳其合作構想所展現的，無論在思想還是政治上，擁戴蘇丹哈里發的泛

第二次巴爾幹戰爭結束後的巴爾幹諸國

伊斯蘭主義與以普世牧首為主的普世教會合一運動（Ecumenism），在現存的鄂圖曼帝國體制框架下發揮了互補作用。對此，此次的巴爾幹同盟象徵著一九〇五年後漸次發展的「東方」政治版圖轉換，並成為促進該轉換的推手。在日俄戰爭受挫後，俄羅斯試圖重新進入巴爾幹，然而巴爾幹是尋求擴大勢力範圍的義大利及哈布斯堡等「較弱」列強唯一得以入侵的地區，也是塞爾維亞和保加利亞等在地國家按各自理論所瞄準的擴張領土地區。因此，不管是「歐洲協調」的矛盾還是「東方問題」的矛盾，都讓巴爾幹半島上殘存的鄂圖曼帝國領地歸屬問題漸趨白熱化。

在這當中，希臘總理韋尼澤洛斯的當務之急是內政改革，為避免刺激鄂圖曼，對於故鄉克里特片面宣布與希臘合併一事，他並未立即承認。但同時，許多希臘本國出身者在周邊國家的兼併對峙下對「泛斯拉夫主義」心懷恐懼，來自克里特的韋尼澤洛斯卻很難完全感同身受，對許多希臘出身者感到抗拒的巴爾幹同盟構想，也就能不那麼猶豫地付諸實行。於是，當鄂圖曼憲政的特權問題提供了「壓迫基督徒」如此絕佳的藉口後，又恰巧碰上義土戰爭爆發這個千載難逢的機會，同樣意圖趁火打劫的希臘，便與利害一致的巴爾幹各國攜手合作。一九一二年十月，希臘和保加利亞結為同盟，緊接著巴爾幹諸國便向鄂圖曼領地發動侵略。與此同時，希臘議會宣布接受克里特選出的議員。這無異於向國內外表明了在憲政體制上，克里特已然是希臘的一部分。

出乎大多數人預料，巴爾幹戰爭在短時間內以鄂圖曼方面慘敗而告終。儘管當初列強承諾將維持現狀，卻又收回了前言，追認將鄂圖曼帝國逐出歐洲。這樣的情勢種下了穆斯林對當時基督教中心主義國際秩序的不信任，也讓在團結與進步委員會下臺後，領導內政及戰事的舊世代政客及軍人盡失威信，一九一三年一月的政變讓委員會得以重新掌權。另一方面，意外大獲全勝的巴爾幹同盟內部由於瓜分馬其頓問題，衝突越加立尖銳，最後演變為孤立的保加利亞與其他巴爾幹諸國開戰。此即是第二次巴爾幹戰爭。鄂圖曼帝國也加入這場戰爭，並奪回舊都愛第尼（Edirne）。然而即使如此，失去「本土」歐洲疆域的帝國在物質和精神兩方面損失甚鉅，留下的後遺症亦為日後憲政體制的變質鋪路。一九一一年後接二連三的戰爭，隨著「東方」全境走向極端的宗派主義化，一九〇九年修正憲法的「自由主義」和多民族多宗教的鄂圖曼憲政體制亦告終結。在野黨方面越是沿著「文明諸國」的「國際輿論」脈絡對政權發出強力批判，就越是招致穆斯林大眾對列強基督教中心主義的反彈和不信任，更將在野黨政客打成為私利甘淪非穆斯林的走狗，試圖推翻政權的「非國民」。對希臘人而言，無論國籍如何，「未解放的同胞」都是自身「民族」的一員，是屬於自身憲政體制的人民；同樣地，對許多穆斯林來說，非穆斯林，特別是東正教徒，不論國籍如何，也都逐漸成為「敵人」。伊斯梅爾・哈基如此詮釋這樣的局面：

所有以人道、文明及基督教之名所要求的改革，都是為了撼動我國的基礎、毀壞獨立，總結其目的即為分化國內使我國解體，並製造由外致命一擊的有效條件，這是過去一個世紀的鄂圖曼史所見到最令人痛心之處。

——〈改革的問題〉

這正是經歷了被稱為「二十世紀十字軍」的巴爾幹戰爭，以護衛自身「主權」為職志的穆斯林知識分子，對國際秩序所抱持的印象。正因如此，在巴爾幹戰爭如火如荼之時，「過去一個世紀的鄂圖曼史」，即處理「東方問題」的過程中瘋狂分割鄂圖曼領土的列強諸國之間的勢力均衡，所謂的「歐洲協調」已然瓦解；為了根絕外來干涉而消滅當地的多民族多宗教性，這樣的想法也跟著抬頭。儘管如此，在大戰中亦未中止會期、有著一定數量非穆斯林議員的帝國議會，在一九一四年五月通過了一九一一年年底為加強執政功能而提出的憲法修正案，其後亦相繼進行同樣的修訂，將議會權限削弱到最初一八七六年憲法頒布時的程度。

「新領土」和「舊領土」

另一方面，巴爾幹戰爭的勝利者希臘獲得了與過去「舊領土」相匹敵的廣大「新領土」。長期以來懸而未決的克里特亦在一九一三年五月的《倫敦條約》(*Treaty of London*)中與希臘正式合併。然而「新領土」無論在宗教或民族上均是多元紛雜，擁有和「舊領土」同樣眾多的人口，進而改變了希臘「民族」在「舊領土」發展出來的既存政治結構。過去希臘合併色薩利(Thessalia)時締結的一八八一年協定中確實保障了穆斯林「所展現之禮拜行為」，然而這份協定的重點在於劃定國界，保障內容有限。到了一九一三年十一月鄂圖曼與希臘兩國間締結的《雅典條約》(*Treaty of Athens*)，根據第十一、十二條及附屬的第三議定書內容，不僅保障了穆斯林「所展現之禮拜行為」，其中關於「遵從謝赫伊斯蘭的聖職人員之首」即穆夫提，特別是希臘國王從三位候選人中任命並由謝赫伊斯蘭發給委任狀的「大穆夫提」之權限、「伊斯蘭學校」之經營，以及「穆斯林社群自治及位階組織」等部分，都立下了詳細規定。有趣的是，《雅典條約》尊重伊斯蘭宗教捐獻制度，亦未將穆斯林劃成獨自的選舉人團。這情況與憲法中明文規定「特別」看待穆斯林的克里特一九〇七年憲法有不少差異。也就是說，《雅典條約》在未變更對非東正教徒幾乎毫無關心的一九一一年修正憲法本身文字與精神的前提下，附加入了穆斯林的「特別」制度（不涉及有關「主權」的「公眾事務」選舉領域，而是在「私人事務」的「宗教」領域），希臘的憲政體制因而發生了實質轉變。在接收大量「舊領土」中幾乎不存在的非東正教徒成為「國民」的現實下，希臘憲政體制為了展現自身的「自由主義」，無可避免會出現這番對應方式。

另一方面，戰爭後脫離鄂圖曼統治的「新領土」教區究竟應仍由普世牧首座管轄，或是應隨國界變更而移交希臘東正教會管理，該問題也浮上檯面。鄂圖曼方面主張根據國界劃分管轄範圍，將教區移交希臘東正教會；但希臘方面則為避免代表鄂圖曼境內「未解放同胞」的普世牧首威信下降，也為了能繼續干預鄂圖曼內政，決定讓「新領土」教區維持伊斯坦堡管轄。然而，希臘也抱持這樣的意圖：當「偉大理想」隨領土進一步擴張而實現後，現行「新舊領土」及鄂圖曼領土的區別將不再，不管是哪個教區，所有東正教徒都將再次聚集於普世牧首座下。最終，「新領土」教區採取與過去克里特「都主教問題」相似的方法解決，名義上普世牧首座擁有管轄權，實質上則由希臘東正教會管理。這個問題在後面將討論的小亞細亞「悲慘結局」發生、偉大理想崩潰後的一九二八年之際，塵埃落定。

在上述政教雙方的脈絡下，巴爾幹戰爭撼動了領土、居民，以及與之對應的權力關係。巴爾幹戰爭結束後一年，有「第三次巴爾幹戰爭」之稱的第一次世界大戰爆發，更放大並突顯了這些問題。

「國民分裂」

相較於早已成為協約國瓜分對象的鄂圖曼帝國，在局勢所逼下加入同盟國陣營參戰，希臘王國的參戰稍遲了些。在此期間，希臘承受著國內輿論面對參戰與否的「國民分裂」(National Schism)。喬治一世在巴爾幹戰爭開戰後不久遭暗殺，長子康斯坦丁在大戰爆發時登上國王寶座。身為德意志皇帝威廉二世 (Wilhelm II) 的妹婿，加上與對德友善的軍方關係密切，康斯坦丁主張維持親德的中立路線。當然，該主張背後也存在著必須優先穩定因兩次巴爾幹戰爭而疲憊的新舊領土，不應跟隨英法採取冒險擴張策略的施政判斷。然而總理韋尼澤洛斯認為，既然鄂圖曼帝國和仇敵保加利亞都支持同盟國陣營，那麼加入協約國參戰，正是獲得列強同意，實現「偉大理想」千載難逢的好機會。而根據同盟條約，希臘有義務援助遭受第三國攻擊的塞爾維亞，這個理由也支持了他的論點。此外還有這樣的因素：

眾島圍繞的希臘和土耳其（按原文）之間的戰爭至今仍未結束，若能有如此強大的同盟國並肩同行，將可帶來很大的助益。若我們不參與土耳其加入的任一場戰爭，當土耳其獲勝，小亞細亞的希臘人便從此根絕，希臘也不得不歸還亞洲沿岸諸島；而若土耳其戰敗，在解決小亞細亞問題時希臘則將被排除在外。

——《希臘史的五年》

早在一九一四年，韋尼澤洛斯便曾因和康斯坦丁意見相左而一度辭職，又再次擔任總理；但進入一九一五年後，由於英法正式要求希臘參戰，雙方的對立更形激烈，韋尼澤洛斯於三月再度辭職。不過自由黨在六月大選獲勝後，他三度就任總理。然而是否參戰的對立仍未解決，同樣的衝突再次上演。由於國王的抵抗，拖延到八月才組閣，十月保加利亞亦加入同盟國參戰，伺機進攻希臘的「新領土」，但康斯坦丁終究主張保持中立，主張參戰的韋尼澤洛斯再次辭職。繼任內閣意圖解散議會並實施總選舉，韋尼澤洛斯以此舉違憲為由加以反對，決定不參加選戰以表抗議。宛如一九一〇年的選舉重演那般，在沒有自由黨的十二月選舉中，保王派（royalists，又稱反韋尼澤洛斯派，anti-Venezelists）大獲全勝。

就像這樣，「國民分裂」基本上是如何應對大戰的政治問題，卻化為國王、總理及議會之間法理關係的憲法問題，成為爭論焦點。一九一一年修正憲法並未限制君權，所以該部憲法保留了自

圖 4-4　康斯坦丁與索菲亞王妃
《古列留茲》（*Guleryuz*，意為「歡顏」）第 25 號，1921 年 10 月 20 日

一八六四年憲法以來範圍廣大的君主特權。對此韋尼澤洛斯派主張，儘管依憲法規定，國王有權否決總理和議會的意見，但在參戰與否這個議題上，既然民意已透過大選明白展現，那麼做為「主權在民」的「有國王的共和國」希臘，「希臘人國王」康斯坦丁就該遵從民意，才符合憲政慣例。對此保王派則主張，依憲法規定，君主在宣戰媾和等重要國家問題上握有決策權，況且前次和這次解散議會理由相同，本身就是一種隨意的解釋，故韋尼澤洛斯的主張並無正當性。在這些爭議的背後，隱含著社會經濟的對立。進入二十世紀後，以「舊領土」的城市領導階級和大地主階級為基礎的議會政黨支持者，與逐漸成長的中產階級及勞動階級支持的韋尼澤洛斯派（Venizelists）對立。巴爾幹戰爭後「新領土」居民加入，「舊領土」的既得利益階層以

「小而光榮的希臘」為口號紛紛集結簇擁國王，抵抗藉民族「大義」之名煽動中下階層、放肆奔馳在對外擴張之路的韋尼澤洛斯派。

不參加大選的韋尼澤洛斯回到克里特，但事態的進展讓他無法留在家鄉。部分軍官對坐視保加利亞威脅且主張保持中立的康斯坦丁抱持不滿，便在「新領土」主要城市塞薩洛尼基(Thessaloniki)成立「民族防衛協會」(Provisional Government of National Defence)，力圖憑實力保衛領土。一九一五年十月，英法軍隊無視希臘的事實主權進駐「新領土」，翌年保加利亞終於向「新領土」發動進攻。即使如此，希臘國王仍然維持中立，深感不耐的民族防衛協會便於同年十月迎接韋尼澤洛斯為首領，在塞薩洛尼基建立了臨時政府。英法兩國基本上仍承認雅典的保

圖 4-5　韋尼澤洛斯遭開除教籍

王派政府，卻也同時半公開地援助臨時政府。一九一六年十一月，來自英法的壓力演變為雅典的武裝衝突，保王派大規模追捕韋尼澤洛斯派。一向反對自由黨主導的「近代化」及「自由主義」希臘東正教會亦與之站在同一陣線，宣布開除身為「國王之敵」的「信仰敵人」韋尼澤洛斯教籍。最後，為這場覆水難收的「國民分裂」畫上句點的，是一九一七年俄國革命。

身為協約國成員，俄羅斯一方面對戰後希臘發言權的強化保持警戒，另一方面要求維護國王的正統地位，反對英法動用武力迫使希臘參戰。但二月革命的爆發削弱了俄羅斯對君主制的堅持。一九一七年六月，英法終於將康斯坦丁驅逐出境。該事件的主導者是喬治王子之妻瑪麗的情人，過去曾在政教分離法制定過程中嶄露頭角的人物——法國總理布里昂（Aristide Briand）。流亡的康斯坦丁本人拒不退位，但韋尼澤洛斯擁其次子亞歷山大（Alexander I）即位。韋尼澤洛斯表示，自己反對的始終只是康斯坦丁個人「不符憲政精神」的態度，並非反對當時的政體與王朝，力圖正當化自身行為，然而卻又同時大規模肅清保王派。塞薩洛尼基臨時政府從克里特招攬大量人才，對過去與喬治「公」的對立仍記憶猶新的克里特人，亦與保王派保持距離。在康斯坦丁遭到放逐後，為了報復去年以來保王派對韋尼澤洛斯派的追捕，包括克里特人在內的「新領土」人們壟斷了官職，「舊領土」官民因而更加憎惡韋尼澤洛斯。同時，韋尼澤洛斯又以一九一五年十月的解散議會和十二月的大選無效為由，根據同年六月大選結果，再度招集自由黨占多數席次的議會，但保王派不承認這項決定。兩派的衝突擴大，互相否認對方。在「國民分裂」至如此程度下，韋尼澤洛斯終於在一九一七年七月實現參戰的夙願。但此時一次大戰已接近尾聲，自覺貢獻甚少的韋尼澤洛斯，為

圖 4-6　〈清掃安納托利亞的韋尼澤洛斯〉
《新話報》（*Neologos*）第 4002 號，1920 年 7 月 3 日

圖 4-7　〈色佛爾條約——簽訂之後〉
散發勝者餘裕的韋尼澤洛斯。《新話報》第 4039 號，1920 年 8 月 12 日

了在戰後處理過程實現「偉大理想」，需要對英法有更進一步的貢獻。

因此在權衡之下，希臘軍隊於一九一九年初進攻敖得薩（Odessa），並在同年五月進攻伊茲密爾（Izmir）。然而，前者做為蘇維埃俄羅斯軍事干涉行動的一環，卻遭到布爾什維克（Bolsheviks）的反擊提早撤軍，結果只是讓俄羅斯境內希臘人的處境更加艱難。後者是對安納托利亞（Anatolia）內陸的攻勢，引起鄂圖曼的強烈反彈，除了導致日後的土耳其獨立戰爭，也成為日後希臘人「悲慘結局」的導火線。即使如此，在韋尼澤洛斯的行動下，一九二〇年八月的《色佛爾條約》（*Treaty of Sèvres*）承認希臘在取得東色雷斯（East Thrace）和伊茲密爾周邊地區，「五海二洲」的大希臘有望實現。韋尼澤洛斯乘勝追擊，出馬參加一九一五年以來的首次大選。但他擁立的國王亞歷山大在大選前夕的一九二〇年十月因遭猴子咬傷而驟逝，次月大選在國內外動盪不安的氛圍中舉行，韋尼澤洛斯派意外吃下敗仗。值得注意的是，這次敗選背景是「國民分裂」以來保王派的反彈，以及自巴爾幹戰爭後接連出兵造成的國內厭戰氛圍。早在大選之前，韋尼澤洛斯派和保王派之間已是相互暗殺的不穩局面。韋尼澤洛斯因敗北而退出，十二月康斯坦丁一世成功歸國和復位。

過去以「小而光榮的希臘」為口號的保王派接手了進行中的小亞細亞侵略行動，但面對「國民分裂」時期不同意加入協約國參戰的康斯坦丁，英法明白表示不予支持。另一方面，被肅清的韋尼澤洛斯派則以協約國占領下保王派無法插手的鄂圖曼帝國首都伊斯坦堡為據點。這點亦影響了居住在鄂圖曼領地的「未解放同胞」。韋尼澤洛斯擔任總理期間的一九一九年三月，伊斯坦堡的東正教徒社群片面宣布與「高門」斷交，表明希望與希臘合併。而在一九二二年，曾在「國民分裂」時期

圖 4-8 〈韋尼澤洛斯的成果——大希臘〉
《新話報》第 4040 號，1920 年 8 月 13 日

被開除教籍的韋尼澤洛斯重新掌權後，他推舉的雅典都主教梅萊蒂烏斯（Meletius）也當選為普世牧首。韋尼澤洛斯派和鄂圖曼境內東正教徒的聯繫逐漸強化，看在穆斯林眼裡，正是巴爾幹戰爭以來東正教徒「通敵」的確鑿證據。在這種情況下，土耳其獨立戰爭爆發了。

土耳其一九二一年憲法

戰敗後不久，團結與進步委員會的領袖逃亡，鄂圖曼政界的領導權掌握在最後的蘇丹穆罕默德六世（Mehmed VI Vahideddin）手中。他在一九一八年十二月解散了將一九一四年以來的任期延長一年的帝國議會，力圖恢復君主特權的同時，亦試圖委全協約國來延長帝國壽命。但英法早已決定瓜分鄂圖曼領土，不久後又因一九二〇年的《色佛爾條約》，鄂圖曼須放棄阿拉伯地區，同時割讓領土給希臘，安納托利亞更因亞美尼亞獨立和庫德斯坦（Kurdistan）自治區的設置遭到瓜分。另一方面，相對於政府的「軟弱」，敗戰後「由下而上」的抵抗運動也應運而生。除了阿拉伯地區外，全國各地紛紛倡導居民「自決」，更成立了反對占領及瓜分的權利擁護協會。希臘占領伊茲密爾的行動，更是刺激了抵抗運動。穆斯林自認不過是敗給了英法等列強諸國，「小國」希臘的占領讓他們憤怒異常。在經過了未於阿拉伯地區舉行，亦拒絕除猶太人以外的非穆斯林參加的一九一九年大選後，由權利擁護協會勢力獲得多數席次，一九二〇年一月召開的最後的鄂圖曼帝國議會通過了《國民公約》（*Misak-ı Millî*），表明死守「穆斯林鄂圖曼人」居住地區安納托利亞。當抵抗運動因此日益高昂時，協約國厭煩無法維持治安的「高門」，在三月進駐了帝國首都，起身抵抗的議員們群聚安卡拉，領導日後的獨立戰爭。

在此局勢下召開的土耳其大國民議會（Grand National Assembly of Turkey）第一次會議，則沿襲了鄂圖曼帝國議會第四次會議，也扮演了二個不同國家——鄂圖曼帝國與土耳其共和國之間的過渡角色。該議會制定的一九二一年憲法明示了「國民主權」原理（第一條），規定立法和行政相關的所有權力集中於大國民議會的內閣制（第二條），國號為「土耳其國」（第三條）。做為該憲法原型、於一九二〇年九月提出的「人民主義綱領」第五條已經保障了蘇丹，也就是哈里發「在基本法框架內高貴的榮譽地位」，這些規定將君權從屬於「國民主權」的概念成文化，其劃時代意義亦引人注目。

這樣的想法，在青年土耳其黨人革命時期已經出現。象徵「國民主權」的帝國議會，特別是代議院就常被稱為「國民議會」，「三月三十一日事件」期間還曾召開過凌駕法規之上的「國民公會」。據此，「大國民議會」這名稱並非要宣示與鄂圖曼「帝國議會」的斷絕，反而是曖昧化兩者間的連續性問題。同樣的效果也出現於一九二一年憲法的《基本組織法》名稱上。這名稱也不是要宣示與被稱為《基本法》的鄂圖曼帝國憲法的斷絕，而是從一開始便要模糊化效力的有無及兩憲法的位階優劣問題。巴班扎德．伊斯梅爾．哈基《國法》的忠實讀者穆斯塔法．凱末爾（Mustafa Kemal），即日後的阿塔圖克在《基本組織法》審議時，面對有意見認為該法應包含接軌鄂圖曼憲法的過渡性條款，他雖認為這「極度正確、極度當然」，但仍要求不予採用為條文。鑑於凱末爾本來就宣稱大國民議會是實際上的制憲議會，無疑地，他將《基本組織法》視為新的憲法法典（《大國民議會議事錄》第七卷）。因此，凱末爾的發言也可說是反映出他的政治考量，打算迴避明確表示該法與鄂圖曼憲法的連續性問題，亦即土耳其的政治體制是否出現轉換。

也就是說，在幾乎不討論君權的情況下，大國民議會在提出「國民主權」的同時不論及蘇丹與哈里發，以漸進的方式制定了一九二一年憲法，事實上轉換了政治體制。《基本法》和《基本組織法》並存的「雙憲法時期」，最後依據一九二四年憲法第一〇四條劃上了休止符，然而在此期間，不論是一九二二年十一月廢除蘇丹制或是一九二三年十月實施的共和制宣言，皆不過是對既定事實的追加承認。更貼切地說，這也是為什麼會出現這段發言的原因：「自一九〇八年革命以後，哈里發的歷史權利已不再存在。一九〇八年革命發生的同時，法律上的統治權也完全轉移到國民身上。」（《大國民議會祕密會議事錄》第一卷）。以「國民主權」為正統，視「國民議會」為展現手段，自青年土耳其黨人革命以來的討論，即便針對蘇丹與哈里發的地位及其討論被擱置不提，國家亦已朝著遵從「國民意志」的方向轉變。

另一方面，一九二一年憲法的原型「人民主義綱領」中明定「主權無條件屬於國民。基於人民的命運由人民決定的原則，來決定統治方式」（第六條），並堅信這會讓「視恢復生存與獨立為唯一目標的人民從帝國主義及資本主義的壓迫中解放，使其成為統治和主權真正的所有者」（第二條）。無論是鄂圖曼帝國《基本法》還是《國民公約》，過去的憲政體制雖會談到「國民

（Millet）」，卻很少提及「人民（Halk）」。正因如此，一九二一年憲法的審議過程中，相較於主張「國民主權」的第一條或規定議會統治制的第二條無異議通過，是否設置與「人民」有關的職業團體代表，則引來了爭議。《基本組織法》第四條的原本構想，是排除地區代表制，僅以職業代表制構成一院制。促成這條法律的原因之一，是對過去立基於傳統宗教社群政治的反彈。過去多民族多宗教的鄂圖曼帝國，是在保證實現「國民主權」的前提下，提倡「各民族的統一」。這時被設定為「國民」組成要素的是宗教，乃至民族社群。然而在一九二〇年的大國民議會中，非穆斯林，特別是基督徒已被視為「敵人」，因此在「基督徒掌控國內各產業」這樣的認識下，最終成了憲法採用職業代表制的阻礙。但在此過程中，非穆斯林從「國民」中排除，「人民」概念重新浮現，促進了政治體制的實質轉換。對處於內憂外患的一九二〇年土耳其大國民議會而言，擁有共同敵人「帝國主義」列強的蘇維埃俄羅斯，幾乎是唯一的「友邦」，因而也能看出當時對「人民」的討論亦明顯偏向社會主義。但在獨立戰爭勝利後，力圖與西方列強重建關係的大國民議會，便費盡心思地消除「人民」概念的社會階級色彩。就如同過去希臘憲政體制曾誘使人們將「民族」視為「人民」，在將單一不可分的「國民」視為克服了階級鬥爭的「人民」的狀態下，「人民主義」與「國民主權」重新被確立，並列為新生土耳其共和國的正統論述。

圖 4-9　退出伊斯坦堡的普世牧首梅萊蒂烏斯
《古列留茲》第 117 號，1923 年 7 月 10 日

人口互換

一九二二年九月，土耳其軍隊奪回了伊茲米爾，將希臘軍隊逐出安納托利亞，期間有大量東正教徒被殺害驅逐。翌年一九二三年一月的協定，決定交換希臘穆斯林與土耳其東正教徒居民。這是暨大戰爆發前夕一九一四年夏天後，再次舉行的人口互換協商。在經過暴力的戰爭手段後，藉由「和平」的協商方式，繼續嘗試從人口學角度出發的領土內部均質化。如此結果下，過去克里特一九〇七年憲法及一九一三年《雅典條約》創造出的希臘「穆斯林社群」幾乎消失殆盡。一度屬於保加利亞，在巴爾幹戰爭後劃入希臘的西色雷斯地區被排除在人口互換之外，但東正教徒的優越性和特權地位，與希臘「民族」的一體性相同，在日後的憲政體制中仍持續不證自明。但此次人口互換在兩國集體記憶的地位並不均等。在土耳其方面，那不過是貫穿「漫長十九世紀」一系列難民遷移浪潮的最後一幕，並且還被經由獨立戰爭實現建國的勝利民族史觀所沖淡。這場勝利在一九二三年七月的《洛桑條約》（*Treaty of Lausanne*）中獲得國際承認，新生的土耳其共和國經歷了一九二五年的庫德斯坦叛亂，以及將翌年的凱末爾暗殺未遂事件視為天賜良機所策劃的一場「鬧劇審判」，*逐漸走上一黨獨裁的道路。在凱末爾領導的共和人民黨強權統治下，土耳其為了排除對「政治」的

* 指 Trial of the Six，因應希臘出兵小亞細亞失利，為了平息希臘民眾的憤怒，由韋尼澤洛斯派發起政變，並對時任主導者保王派官員進行叛國罪審判。因九名被告中有六名遭定罪處決，故稱為六人審判。之後六人的名聲被平反，六人的叛國罪被撤銷。

一切「宗教」干涉，便加強推動「世俗主義」。此後，被趕入「私人事務」領域的伊斯蘭教便由宗務廳管理，一九二四年憲法第二條的伊斯蘭國教條款亦於一九二八年刪除。

相較於此，對戰敗方希臘而言，無論是安納托利亞的敗戰或人口互換，都代表著「悲慘結局」。這意味希臘貫穿「漫長十九世紀」的國是「偉大理想」最終受挫，過去遍布「東方」全境、跨越國家疆界的東正教徒社會實質消滅。因普世牧首座的存在而勉強得到承認的伊斯坦堡東正教徒亦失去了以往的「特權」，淪為普通的「少數派」。原本《洛桑條約》規定的「保護少數族群」，也在堅持主權不可分割與不可侵犯的土耳其共和國面前淪為空談。另一方面，在希臘本國，自巴爾幹戰爭以來新舊領土對立造成的傷害尚無法癒合，加上多年戰爭帶來民生疲弊，上百萬難民形成了嚴重的社會問題。這些過去的「未解放同胞」由城市貧困階層組成，他們被新舊領土的「本地居民」當成「外來者」差別對待。這群人將不滿情緒轉化成反猶主義加以發洩，不但助長了法律歧視，亦讓社會主義快速增長。共產勢力的擴張雖然可提高「民族」道德表率的東正教會重要性，更讓教會得以自主擴權，但國民的兩極化也帶來了政局不安。早在「悲慘結局」後不久，韋尼澤洛斯派便將自己推動的出兵小亞細亞責任轉嫁給後繼的保王派，藉此進行肅清。一九二二年九月的政變中，康斯坦丁被迫退位，保王派的政客和軍人因鬧劇審判而遭處刑。之後韋尼澤洛斯派又藉一九二四年二月的國民投票廢除君主制，但伴隨著流血的政體轉換並未帶來政局穩定。此後，在保王派和韋尼澤洛斯派的對峙下，軍方頻繁介入政治。奠定共和制的一九二七年憲法完成後，韋尼澤洛斯自一九二八年起開始他最後的執政。他的成果之一，是在一九三〇年達成與土耳其關係的正常化。

然而，此舉卻激怒了無法放棄收復失地和返鄉夢想的前「未解放同胞」，因此他們大多數都轉為支持保王派或共產黨。一九三三年大選失敗後，韋尼澤洛斯於一九三六年在流亡地巴黎去世。在這段期間，一九三五年希臘王制復辟，一九一一年修正憲法雖然復活，但「國民分裂」情況持續，政黨政治功能不彰。結果，過去是康斯坦丁心腹的軍人建立了強權統治，憲法的主要條款被迫停止。在這樣的局勢下，喬治王子的妻子瑪麗以希臘王族身分繼續活動，亦以法國的精神分析學者身分活躍於學界。她庇護了老師弗洛伊德免受納粹迫害，但第二次世界大戰開戰後，希臘面臨了義大利及德國的侵略占領。克里特島發生了激烈戰鬥，過去占塞薩洛尼基人口近一半的猶太人也成了「最終解決方案」＊的犧牲者。在對德合作和抵抗運動的夾縫間，被占領的希臘陷入同胞相殘的絕境，解放後仍如同過去「國民分裂」的再現，英美支持的保王派和接受南斯拉夫支持的共產主義者之間掀起了慘烈的內戰。

轉換期的憲法

正如本章所論述的，從日俄戰爭開始、經巴爾幹戰爭到第一次世界大戰，在這過程中「東方」政治版圖出現了轉變。大戰不僅使過去擔負國際秩序的「歐洲協調」解體，各地的君主制亦遭推

＊ Die Endlösung，即納粹對猶太人的種族滅絕計畫。

翻，進入了立基於大眾政治的共和制時代。在這個轉換期裡，「東方」各地的憲政體制皆因受外部也就是列強的干涉，變質為以「民族」為主的排他性政體，而且在過程中，君權敗給民權，普世宗教敗給世俗國家，多民族多宗教的廣域秩序敗給單一民族國家論。克里特、希臘、鄂圖曼，還有土耳其各自的憲政體制及其變遷，皆反映出此現象。這些憲法往往具備類似的制度，但經常將同一對象賦予不同的定位，藉此相互傾軋；它們與形成或瓦解時所處的局勢都有著極深牽扯，也常相互繼承彼此的制度。特別是在宗務行政方面，鄂圖曼、希臘以及位於兩者間的克里特「國家」，彼此的交互作用尤為顯著。這也是為何根據「民族史觀」，以現存主權國家疆界為前提，並專注於與「先進」歐美各國異同處的國別史憲法論的單純「比較」下，會無法充分理解前述「東方」各地憲政體制及各制度的意義，以及演變過程。

此外，本章所討論的世紀之交轉換期「東方」各地的憲政體制和對立諸現象，並不只是存在於當時的歷史遺物。舉例來說，在克里特「公」喬治王子過世的一九五七年，做為西方陣營的最前線、反共防線土耳其和希臘的分擔者，賽普勒斯的問題同樣嚴峻。和過去的克里特一樣，島上的穆斯林和東正教徒關係亦逐漸惡化，最終導致今日賽普勒斯的分裂。賽普勒斯問題以及對土耳其及希臘問題該如何處理，至今仍然考驗著歐盟。至於冷戰結束後，除了普世宗教再次「復興」之外，重視人民發聲的立憲政治逐漸屈服於萬民擁戴的威權主義（authoritarianism），宛如裙帶關係（nepotism）和世襲統治的君主制再次復辟的「總統制」也流行了起來。以「保護」之名干預「失敗國家」主權的聲浪再次高漲，歐盟周邊的「未承認國家」大量出現，位於國際機構管理下的實質「半主權國家」更不再稀奇。「帝國」的重返已是既成事實。如今更可明確看出，無論是世俗對宗教的勝利，還是民權對君權的勝利，抑或是「文明」對「野蠻」的勝利，都並非是不可逆的歷史進程，也不是如預想般的穩健「進步」。若是我們忽略各時期的國際秩序和歷史脈絡，一味評判伊斯蘭教及東正教等特定宗教與立憲主義的對立，其愚昧昭然若揭。

因此，在檢視國際秩序轉換期的憲法和憲法論之際，我們反而應該提出這樣的問題：看起來已在「漫長十九世紀」的西方列強及「短暫二十世紀」的西方陣營中實現的民主主義，究竟是在怎樣的條件下成立？在「漫長十九世紀」的「歐洲協調」下，無論是「西方」和平或民主主義，前提皆是「文明」的基督教各國剝削「野蠻」的非西歐地區，「東方」只能做為維持列強勢力均衡的籌碼，才得以存續。「東方」各地的憲政體制及其變遷，不過是以立法形式來表現當地各民族對該種結構的共助與抵抗過程。因此，變遷的過程本身便是一種回應，來因應「西方」民主主義、或說對歐洲以外地區的帝國主義的侵略，以確保國內的和平。「短暫二十世紀」的「西方」和平是如此，民主主義也是如此，皆是「西側」與「東側」對峙下欲誇示自身對「東側」的優越性，並以此為前提而成立。冷戰結束後上述局面瓦解，「西側」的民主和憲政制度也不可避免地變質。正因如此，研究「東方」各地的憲政體制包含了怎樣的制度，在國際秩序的轉換期如何變遷並發揮作用，以及這些問題在過去是如何被討論，這些都是必要的步驟。我們應該跳脫現今國際秩序的內在價值觀，盡可能以自由的視角看待，透過歷史，來理解現代「文明」從過去赤裸裸的基督教中心主義那裡繼承了什麼，又以什麼為前提而成立。

圖2-8	Исхаков С.М., Первая русская революция и мусульмане Российской империи, Москва, 2007.
圖2-9	Загидуллин И.К., Мусульманское богослужение в учреждениях Российской империи, Казань, 2006.
圖3-1	Iqbal: An Illustrated Biography, Lahore, 2006.
圖3-2~3-4	山根聰提供
圖3-5上	Ghālib, Mirzā Asad Allāh Khān, Dīwān-e Ghālib, Lahore, 1969.
圖3-5下	Ghālib, Mirzā Asad Allāh Khān, Dīwān-e Ghālib, Delhi, 1984.
圖3-6	Iqbal: An Illustrated Biography, Lahore, 2006.
圖3-7~3-8	山根聰提供
圖4-1~4-4	藤波伸嘉提供
圖4-5	Theodosis Ath. Tsironis, Ekklisia Politevomeni: 0 politikos logos kai rolos iis Ekklisias tis Elados (1913-1941), Thessaloniki, 2010.
圖4-6~4-9	藤波伸嘉提供

圖片來源

圖總-1	*Molla Nəsrəddin*, 1.Cild (1906-1907), Bakı: Azərbaycan Dövlət Nəşriyyatı, 1996.
圖總-2	*Molla Nəsrəddin*, 1.Cild (1906-1907), Bakı: Azərbaycan Dövlət Nəşriyyatı, 1996.
圖總-3	*Molla Nəsrəddin*, 2.Cild (1908-1909), Bakı: Azərbaycan Dövlət Nəşriyyatı, 2002.
圖總-4	*Molla Nəsrəddin*, 2.Cild (1908-1909), Bakı: Azərbaycan Dövlət Nəşriyyatı, 2002.
圖總-5	Oskar Şmerlinq(CC BY-SA 4.0)
圖總-6	*Molla Nəsrəddin*, 1.Cild (1906-1907), Bakı: Azərbaycan Dövlət Nəşriyyatı, 1996.
圖1-1~1-6	八尾師誠提供
圖2-1	Waqt, 20. 05. 1911:3.
圖2-2	公眾領域
圖2-3	Ризаэтдин Фахретдинов : научно-биографический сборник, Казань, 1999.
圖2-4~2-5	長繩宣博提供
圖2-6	Тілекқабыл Боранғалиұлы, Жәңгір хан, Алматы, 2014.
圖2-7	長繩宣博提供

Adıyeke, Ayşe Nükhet, *Osmanlı İmparatorluğu ve Girit Bunalımı (1896-1908)*, Ankara: Türk Tarih Kurumu, 2000.

Alivizatos, Nikos K. Νίκος Αλιβιζάτος, *Το σύνταγμα και οι εχθροί του στη Νεοελληνική ιστορία 1800-2010*, Αθήνα: Πόλις, 2011.

Fujinami, Nobuyoshi, "Georgios Streit on Crete: International Law, Greece, and the Ottoman Empire," *Journal of Modern Greek Studies*, 34(2), 2016.

Kitromilides, Paschalis M. (ed.), *Eleftherios Venizelos*: The Trials of Statesmanship, Edinburgh: Edinburgh University Press, 2006.

Maroniti, Niki. Νίκη Μαρωνίτη, *Πολιτική εξουσία και"θνικό ζήτημα"στην Ελλάδα, 1880-1910*, Αθήνα: Αλεξάνδρει] , 2009.

Nanakis, Andreas. Ανδρέας Νανάκης, *Το μητροπολιτικό ζήτημα και η εκκλησιαστική οργάνωση της Κρήτης (1897-1900)*, Αθήνα: Επέκταση, 1995.

Perakis, Manos. Μάνος Περάκης,, *Το τέλος της Οθωμανικής Κρήτης. Οι όροι της κατάρρευσης του Καθεστώτος της Χαλέπας(1878-89)*, Αθήνα: Βιβλιόραμα, 2008.

Svolopoulos, Konstandinos D. Κωνσταντίνος Δ. Σβολόπουλος, *Ο Ελευθέριος Βενιζέλος και η πολιτική κρίσις εις την αυτόνομον Κρήτην, 1901-1906*, Αθήνα: Ίκαρος 2005.

Tanör, Bülent, *Osmanlı-Türk Anayasal Gelişmeleri (1789–1980)*, İstanbul: Yapı Kredi Yayınları, 2005.

Tsiros, Nikolaos. Νικόλαος Τσίρος, *Κράτος, εξουσία, κοινοβουλευτικό σύστημα σε κρίση κατά την περίοδο 1914-1920*: Ο Ελευθερίου Βενιζέλος και η λειτουργία του πολιτεύματος, Αθήνα: Παπαζήση, 2013.

Maccas, autorisée par le gouvernement grec, Paris: Berger-Levnault, 1917.〔《ギリシア史の五年間》〕

Νικόλαος Ν. Σαρίπολος, *Το Κρητικόν Συνταγματικόν Δίκαιον έν συγκρίσει προς το ημέτερον και τα των ξένων κρατών / υπό Νικολάου Ν. Σαριπόλου*. 1902.〔《クレタ憲法》〕

Nikolaus N. Saripolos, *Das Staatsrecht des Königreichs Griechenland*, Tübingen: J.C.B. Mohr (Paul Siebeck), 1909〔《ギリシア王国国法》〕

TBMM Gizli Celse Zabrtlari, Vol. 1, Ankara: TBMM Basumevi, 1980.〔《大国民議会秘密会議事録》〕

T.B.M.M. Zabit Ceridesi, 2nd ed., Vol. 7, Ankara: TBMM Basımevi, 1944.〔《大国民議会議事録》〕

Болгурцев В. Н., Русский флот на Дальнем Востоке (1860–1861 гг.): Пекинский договор и Цусимский инцидент, Владивостк, 1996.

参考文獻

秋葉淳、橋本伸也編《近代・イスラームの教育社会史——オスマン帝国からの展望》昭和堂 2014年

新井政美《トルコ近現代史——イスラム国家から国民国家へ》みすず書房 2001年

新井政美《憲法誕生——明治日本とオスマン帝国 二つの近代》河出書房新社 2015年

池田嘉郎編《第一次世界大戦と帝国の遺産》山川出版社 2014年

岡本隆司編《宗主権の世界史——東西アジアの近代と翻訳概念》名古屋大学出版会 2014年

藤波伸嘉〈国民主権と人民主義——トルコ《1921 年憲法》審議過程における職能代表制論談〉《日本中東学会年報》第25巻第1號 2009年

藤波伸嘉《オスマン帝国と立憲政——青年トルコ革命における政治, 宗教, 共同体』名古屋大學出版會 2011年

藤波伸嘉〈ババンザーデ・イスマイル・ハックのオスマン国制論——主権, 国法学, カリフ制〉《史学雑誌》第 124 編第8號 2015年

Ḥālī, Maulānā Alṭāf Ḥusain, *Madd o Jazr Islām al-Ma'rūf Musaddas Ḥālī*, Aligarh, 1903. 〔《イスラームの盛衰──ハーリーの六行詩》〕

Hasan, Mushirul, *Islam and Indian Nationalism: Reflections on Abul Kalam Azad*, Delhi, 1992.

Hasan, Mushirul, *Islam in the Subcontinent:Muslims in a Plural Society*, Delhi, 2002.

Hāshmī, Rafī'al-Dīn, *Taṣānīf-e Iqbāl*, Lahore, 1977.〔《イクバールの著作》〕

Iqbāl, Muḥammad, *Kulliyāt-e Iqbāl*, Lahore, 1989.〔《イクバール全詩集》〕

Iqbāl, Muḥammad, Barnī, Saiyid Muzaffar Ḥusain(ed.), *Kulliyāt-e Makātībe Iqbāl*, Delhi, 1989.〔《イクバール書簡全集》〕

Jāved Iqbāl, *Zindah Rūd ('Allāma Iqbāl kī Mukammal Sawāniḥ Ḥayāt)*, Lahore, 2014. 〔《生き生きとした河》〕

Khān, Muḥammad Aḥmad, *Iqbāl kā Siyāsī Kārnāmah*, Lahore, 1977.〔《イクバールの政治的功績》〕

Niyāzī, Saiyid Nadhīr, *Dānā-e Rāz Sawāniḥ Ḥakīm al-Ummat Ḥazrat 'Allāma Muḥammad Iqbāl*, Lahore, 1979.〔《秘儀を知る──イクバール伝》〕

Qureshi, Ishitiaq Husain, *The Struggle for Pakistan*, Karachi: University of Karachi, 1969.

Sālik, 'Abd al-Majīd, Dhikr-e Iqbāl, Lahore, 1993.〔《イクバール伝》〕

Shafīq, Khurram *'Alī, Iqbāl Tashkīrī Daur 1905 se 1908 tak*, Lahore: Iqbāl Akāḍemī Pākistān, 2009.〔《イクバール初期──1905年から1908年まで》〕

Shāhid, Ḥanīf, Iqbāl aur Anjuman-e Ḥimāyat-e Islām, Lahore, 2009.〔《イクバールとイスラーム擁護協会》〕

第四章　轉換期的憲法

史料

Babanzade İsmail Hakkı, *Hukuk-ı Esasiye*, 2nd ed., Kostantiniye: Müşterekü'l-Menfaa Osmanlı Matbaası, 1329r.〔《国法》〕

Babanzade İsmail Hakkı, "Islahat Meselesi," *Tanin*, 1528: 1.〔〈改革の問題〉〕

Cinq ans d'histoire Grecque 1912-1917: discours prononcés à la chambre des députés en aout 1917 par E. Venizélos, N. Politis, E. Répoulis, G. Cafandaris; Traduction de M. Léon

第三章　伊克巴勒的倫敦

上田知亮《植民地インドのナショナリズムとイギリス帝国観——ガーンディー以前の自治構想》ミネルヴァ書房2014年

大石高志〈全インド・ムスリム連盟の創立(一九〇六年)〉歷史學研究會編《世界史史料 8 帝国主義と各地の抵抗1 南アジア・中東・アフリカ》岩波書店 2009年

加賀谷寛、浜口恒夫《南アジア現代史II パキスタン・バングラデシュ》山川出版社1977年

古賀勝郎〈諺歌百首——バーラテンドゥ・ハリシュチャンドラに捧ぐ〉《印度民俗研究》5巻 大阪外國語大學 1978年

近藤治《インド史研究序說》世界思想社 1996年

藤井毅〈近現代インドの言語社会史〉小谷汪之編《社会・文化・ジェンダー》(現代南アジア)東京大学出版会 2003年

松村耕光〈初期イクバールのインド・ナショナリズム〉《外国語・外国文学研究』6 外國語大學大學院修士會 1982年

山根聡〈19世紀初めインドにおけるウルドゥー語の正書法〉《西南アジア研究》67 號2007年

山根聡〈19世紀北インドにおけるウルドゥー語とイスラームの親和性〉三尾稔、山根聡編《英領インドにおける諸宗教運動の再編——コロニアリズムと近代化の諸相』人間文化研究機構地域研究間の推進事業〈南アジアとイスラーム〉2015年

Aḥmad, Nadhīr, Sibt-e Hasan(ed.), Ibn al-Wagt, Lahore, 2004.〔《時の迎合者》〕

Aḥmad, Ḥāfiz Nadhīr, *Lekcar, Ijās Cehlum Muḥammadan Ejukeshnal Kāngres, Muna'qida 27, 28, 29, 30 Desembar 1889*, Agra, 1889.〔《第4回ムハンマダン教育会議講演録, 1889 年 12 月 27, 28, 29, 30日開催》〕

'Aqīl, Mu'īn al-Dīn, Iqbāl aur Jadīd Duniyā-e Islām, Masā'il, Afkār aur Taḥrīkāṭ, Lahore, 2008.〔《イクバールと現代イスラーム世界》〕

Aziz, K.K., *A Chronology of Muslim India 1700-1947*, Lahore, 1997.

Barrier, N., Genald and Wallace, Paul, *The Punjab Press 1880-1905.*, Michigan University Press, 1970.

Bīgī, Mūsā Jār Allāh, *Iṣlāḥāt asāslarī*, Petrograd, 1917.

Crews, R., "Empire and the Confessional State: Islam and Religious Politics in Nineteenth-Century Russia," *American Historical Review 108*, no.1, 2003.

Kappeler, A., *The Russian Empire: A Multiethnic History*, Harlow, 2001.

Ma'lūmāt〔《報知》) (引用數字依序為號／刊行年／頁)

Meyer, James H., *Turks across Empires: Marketing Muslim Identity in the Russian-Ottoman Borderlands*, 1856-1914, New York: Oxford University Press, 2014.

Muṭahhar ibn Mullā Mīr Ḥaydar, *Īskī Qīshqī Tārīkhī*, Orenburg, 1911.

Nūr〔《光》〕(引用數字依序為日、月、年：頁)

Riḍā' al-Dīn b. Fakhr al-Dīn, *Rūsīya muslimānlarīning ihtiyājlarī wa ānlar haqqinda intiqād*, Orenburg, 1906.

Riḍā' al-Dīn b. Fakhr al-Dīn, *Islāmlar ḥaqqinda ḥukūmat tadbīrlarī, īkinchī juz'*, Orenburg, 1908.

Rieber, A. J., *The Struggle for the Eurasian Borderlands: From the Rise of Early Modern Empires to the End of the First World War*, Cambridge University Press, 2014. Ross, D., "Caught in the Middle: Reform and Youth Rebellion in Russia's Madrasas, 1900-10," *Kritika: Explorations in Russian and Eurasian History* 16, no. 1, 2015. Sohrabi, N., "Global Waves, Local Actors: What the Young Turks Knew about Other Revolutions and Why It Mattered," *Comparative Studies in History and Society* 44, issue1, 2002.

Shūrā〔《評議會》〕(引用數字依序為號／出版年／頁)

Steinwedel, Ch., *Threads of Empire: Loyalty and Tsarist Authority in Bashkiria, 1552-1917*, Bloomington: Indiana University Press, 2016.

Sulaimānuf, Niyāz Muhammad, *Pītirbūrgh Siyāḥatnāmasī*, Kazan, 1907.

Tāng Yuldūzī〔《曉の星》〕(引用數字依序為日.月.年:頁)

Ūṣāl, M-F., *Birinchī, īkinchī wa ūchūnchī Dūmāda muslimān dīpūtāṭlār ham ālārining qulghan ishlari*, Kazan, 1909.

Walīduf, Jamāl al-Dīn, *Millat wa milliyat*, Orenburg, 1914.

Waqt〔《時》〕(引用數字依順為日.月.年:頁)

Werth, P. W., *The Tsar's Foreign Faiths: Toleration and the Fate of Religious Freedom in Imperial Russia*, New York: Oxford University Press, 2014.

ЦИА РБ, Центральный исторический архив Республики Башкортостан. (在本文中，依序記為文庫(fond, фонд)／目錄(opis, опись)／檔案(дело, delo)／含封面頁碼лист, List)

Ямаева Л.А., Мусульманский либерализм начала XX века как общественно политическое движение, Уфа, 2002.

其他史料、參考文獻

磯貝真澄〈19世紀後半ロシア帝国ヴォルガ・ウラル地域のマドラサ教育〉、《西南アジア研究》76 2012年

土屋好古《「帝国」の黄昏, 未完の「国民」——日露戦争・第一次革命とロシアの社会》成文社 2012年

豊川浩一《ロシア帝国民族統合史の研究——植民政策とバシキール 人》北海道大學出版會 2006年

長縄宣博〈総力戦のなかのムスリム社会と公共圏———20世紀初頭のヴォルガ・ウラル地域を中心に〉塩川伸明等編《ユーラシア世界4 公共圏と親密圏》東京大學出版會 2012年

長縄宣博〈ロシア·ムスリムがみた 20世紀初頭のオスマン帝国——ファーティフ・ケリミー《イスタンブルの手紙》を読む〉中嶋毅編《新史料で読むロシア史》山川出版社 2013年

長縄宣博〈イスラーム教育ネットワークの形成と変容——19世紀から20世紀初頭のヴォルガ・ウラル地域〉橋本伸也編《ロシア帝国の民族知識人——大学・学知・ネットワーク》昭和堂 2014年

長縄宣博《イスラームのロシア——帝国・宗教・公共圏　1905-1917》名古屋大學出版會 2017年

濱本真実《共生のイスラーム——ロシアの正教徒とムスリム》山川出版社 2011年

Aḥmīrūf, 'Abd al-Khāliq b. ʻAin al-Dīn, *Yāpūn muḥārabasī yākhūd tādār ṣāldātī*, Kazan, 1909.

Battāl, 'Abdullāh, 'Abd al-Walī Yāwshif, Orenburg, 1912.

Bīgī, Mūsā Jār Allāh, 1906 sana 16-21 *āwghūstda ijtimā' ītmish Rusyā muslimānlarīning nadwasī, Kazan*, 1906. (本文簡稱《議事錄》)

Yazdānī, Sohrāb, *Mojāhedān-e Mashrūte*, Tehrān, 1388Kh.

Veyjaviyye'ī, Hājī Mohammad Bāqer, 'Alī Kātebī (be-kūshesh), *Tārīkh-e Enqelāb-e Ādharbājān va Balvā-ye Tabrīz*, Tehrān, 2535Sh(chāp-e dovvom).

Wilson, S. G., *Persian Life and Customs: With Scenes and Incidents of Residence and Travel in the Land of the Lion and the Sun*, New York, 1973(3rd edition).

第二章　「俄羅斯穆斯林」的出現

西里爾文字史料及參考文獻

Амирханов Р.У., Татарская демократическая печать (1905-1907 гг.), Москва, 1988. Арапов Д.Ю., Система государственного регулирования ислама в Российской империи (последняя треть XVIII – начало XX вв.), Москва, 2004.

Арапов Д.Ю., Императорская Россия и мусульманский мир, Москва, 2006. Валидов Дж., Очерк истории образованности и литературы татар, Казань, 1998. Загидуллин И.К., Исламские институты в Российской империи: Мусульманская община в Санкт-Петербурге. XVIII – начало XX вв., Казань, 2003.

Загидуллин И.К., Татарское национальное движение в 1860-1905 гг., Казань, 2014.

Ибрагимов Г., Татары в революции 1905 года, Казань, 1926.

Исхаков С.М., Первая русская революция и мусульмане Российской империи, Москва, 2007.

Каримуллин А.Г., Татарская книга начала XX века, Казань, 1974.

Материалы, Материалы по истории Татарии второй половины XIX века. Ч.1: Аграрный вопрос и крестьянское движение 50-70-х годов XIX в., Москва, 1936. РГИА, Российский государственный исторический архив. (在本文中，依序記為文庫(fond,　фонд)／目錄(opis, опись)／檔案(дело, delo)／含封面頁碼(лист, List)

Усманова Д.М., Мусульманские представители в российском парламенте: 1906-1916 гг., Казань, 2005.

Фархшатов М.Н., Самодержавие и традиционные школы башкир и татар в начале XX века (1900-1917 гг.), Уфа, 2000.

第一章　薩塔爾汗的伊朗立憲革命

佐藤次高、八尾師誠、清水宏祐、三浦徹《イスラム世界のヤクザ——歴史を生きる任侠と無頼》第三書館 1994年

八尾師誠《イラン近代の原像——英雄サッタール・ハーンの革命》東京大學出版會、1998年。

Adīb ol-Molk, Abdol-'Alī, *Dāfe' ol-Ghorūr*, Tehrān, 1349Kh.

Amīr Khīzī, Esma'īl, *Qiyām-e Ādharbāyjān va Sattār khān*, Tehrān va Tabrīz, 1339Kh.

Aubin, Eugene, *Le Perse D'aujourd'hui*, Paris, 1908.

Browne, Edward G., *The Persian Revolution 1095-1909*, 1966(New Imp.).

'Ebādollāhī Vāhed, Dāryūsh, Mājerā-ye Sattār Khān, Tabrīz, 1353Kh.

Ebrāmī, Hūshang, *Sattār Khān, Sardār-e Mellī, Tehrān*, 1353Kh.

E'temād os-Saltane, Mohammad Hasan Khān, *Chenel Sāl-e Tārīkh dar Īrān dar Dowre ye Pādshāhī-ye Nāser od-Dīn Shāh (al-Mā'ther va al-Āthār)*, Tehrān, 1363Kh.

Hasanzāde, Narīmān, Shāhmorsī (tarjome), *Sattār Khān va Jonbesh-e Āzarbāyjān*, Tehrān, 1386Kh.

Jūrābchī, Hājī Mohammad Taqī, *Harfi az Hezārān Kander 'Ebrāt Āmad*, Tehrān, 1363Kh.

Kasravī, Ahmad, *Tārīkh-e Mashrūte-ye Īrān*, Tehrān, 2535Sh(chāpe sīzdahom).

Ordūbādī, Mohammad Sa'īd, Monīrī, Sa'īd(tarjome), *Tabriz-e Mehālūd*, 3 jeld, Tabriz, 1362-65Kh.

Pedrām, Mohammad Hasan, *Bāniyān va Hāmiyān-e Markaz-e Gheybī-e Tabrīz*, Tabrīz, 1394Kh.

Ra'īs niyā, Rahīm va Nāhīd, 'Abdol-Hoseyn, *Do Mobārez-e Jonbesh-e Mashrūte*, Tabrīz, 1348Kh.

Sanī od-Dowre, *Mer'āt ol- Boldān*, Tehrān, 1294Q (chap-e sangi).

Sardārīniyā, Samad, *Naqsh-e Markaze Gheybī-ye Tabrīz dar Engelāb-e Mashrūtiyyat*, Tabrīz, 1363Kh.

Semnānī, Panāhī, *Sattār Khān: Sardār-e Mellī*, Tehrān, 1376kh.

Tabātabā'ī, Mohammad Rezā, *Tārīkh-e Owlād ol-Āthār*, Tabrīz, 1304Q(chap-e sangī).

Tāherzāde Behzād, Karīm, Qiyām-e Adharbāyjān dar Enqelāb-e Mashrtiyyat-e Īrān, Tehrān, bī tārīkh.

主要參考文獻

總論　革命的浪潮與團結的夢想

〔イブラヒム〕〈本会韃靼評議員イ氏の書簡〉《大東》5-1、1912年
イブラヒム アブデュルレシト著、小松香織、小松久男譯《ジャポンヤ——イブラヒムの明治日本探訪記》岩波書店 2013年
木畑洋一《二〇世紀の歴史》岩波新書、2014年
小松久男《革命の中央アジア一あるジャディードの肖像》東京大學出版會、1996年
小松久男《イブラヒム、日本への旅—ロシア・オスマン帝国・日本》刀水書房、2008年
トロツキイ著、桑野隆譯《文学と革命》下、岩波文庫、1993年
トロッキー レオン著、清水昭雄譯《バルカン戦争》柘植書房新社、2002年
ミシュラ パンカジ著、園部哲譯《アジア再興——帝国主義に挑んだ志士たち》白水社、2014年
Allworth, E.A. et al. ed., *The Personal History of a Bukharan Intellectual: The Diary of Muhammad-Sharif-i Sadr-i Ziya*, Leiden-Boston, 2004.
Browne, E.G., *The Persian Revolution of 1905-1909*, London, 1966.
İbrahim, Abdürreşid, *Âlem-i İslâm*, 1-2, İstanbul, 1910-1913.
Sharīf jān Makhdūm-i Ṣadr-i Ziyā, *Rāznāma-i Ṣadr Ẓ̤iyā*, ed., Muḥammad jān Shakūrī-yi Bukhārāyī, Tehrān: Markaz-i asnād va khadamāt-i pazhūheshī, 1382/2003-04 Арапов Д. Ю., Императорская Россия и мусульманский мир, Москва, 2006.

山根聰

神戶大學大學院國際文化學研究科副教授。東京大學大學院人文社會系研究科博士課程肄業，文學博士。1973年出生。專長為俄羅斯近現代史。

主要著作、論文：

〈南亞．伊斯蘭的視野——伊克巴勒與馬杜迪〉，小杉泰、小松久男編，《現代伊斯蘭思想與政治運動》（伊斯蘭地域研究叢書2）（東京大學出版會，2003）

《現代巴基斯坦分析——民族．國民．國家》（共編著）（岩波書店，2004）

《四億人口的少數派——南亞的伊斯蘭》（認識伊斯蘭8）（山川出版社，2011）

《跨境人民的歐亞大陸》（共編著）（系列．歐亞地域大國論5）（Minerva書房，2015）

藤波伸嘉

津田塾大學學藝學部副教授。1978年生，專長為近代鄂圖曼史。

主要著作、論文：

《鄂圖曼帝國與立憲政治——青年土耳其黨人革命的政治、宗教、共同體》（名古屋大學出版會，2011）

〈制裁與治外法權——從1901 年鄂圖曼．希臘領事協定看近代國際法〉，《史學雜誌》第125篇第 11號，2016年

The First Ottoman History of International Law, Turcica, 48 (Leuven, 2017)

作者

八尾師誠

東京外國語大學名譽教授。1950年生，專長為伊朗近現代史、伊朗區域研究、現代伊斯蘭論。

主要著作・譯作：

《來去澡堂・伊斯蘭篇——追溯泡湯的起源》（編著）（TOTO出版，1993）

《伊斯蘭世界的流氓——歷史上活躍的騎士與無賴》（共著）（第三書館，1994）

《近代伊朗的原型——英雄薩塔爾汗的革命》（中東伊斯蘭世界9）（東京大學出版會，1998）

《新版世界各國史　西亞史II ——伊朗・土耳其》（共著）（山川出版社，2002）

《全譯　伊朗・埃及・土耳其議事規則》（共編）（東洋文庫，2014）

《伊朗的歷史——伊朗伊斯蘭共和國高中歷史教科書》（譯作）（世界的教科書史系列45）（明石書店，2018）

長縄宣博

北海道大學斯拉夫・歐亞研究中心教授，東京大學大學院總合文化研究科博士課程、博士（學術）。1977年生，專長為中亞近現代史。

主要著作：

《跨境人民的歐亞大陸》（共編著）（系列・歐亞地域大國論5）（Minerva書房，2015）

《西北亞的歷史空間——前近代俄羅斯與周邊世界》（編著）（斯拉夫・歐亞叢書 12）（北海道大學出版會，2016）

《伊斯蘭的俄羅斯——帝國・宗教・公共圈 1905-1917》（名古屋大學出版會，2017）

作者簡介

叢書監修

木村靖二

東京大學名譽教授。專長為西洋近現代史，德國史。

岸本美緒

御茶之水女子大學教授。專長為明清社會經濟史。

小松久男

東京大學名譽教授。專長為中亞史。

編者

小松久男

東京大學名譽教授。東京大學大學院人文科學研究科博士課程肄業。1951年出生。專長為中亞近現代史。

主要著作：

《革命的中亞——某扎吉德的肖像》（東京大學出版會，1996年）

《新版世界各國史 中央歐亞史》（編著）（山川出版社，2000年）

《易卜拉欣，日本之旅——俄羅斯・鄂圖曼帝國・日本》（刀水書房，2008年）

《激動中的伊斯蘭——中亞近現代史》（山川出版社，2014年）

《中央歐亞史研究入門》（共編著）（山川出版社，2018年）

《近代中亞群像——革命世代的軌跡》（世界史Libretto人80）（山川出版社，2018年）

歷史的轉換期 10

革命的浪潮與團結的夢想 1905 年

革命のうねりと連帯の夢

Turning Points In World History

編　　者　小松久男
譯　　者　蔡蕙光
發 行 人　王春申
選書顧問　林桶法、陳建守
總 編 輯　張曉蕊
責任編輯　洪偉傑
封面設計　萬勝安
內文排版　康學恩
版　　權　翁靜如
業 務 部　王建棠、張家舜、謝宜華
出版發行　臺灣商務印書館股份有限公司
23141 新北市新店區民權路 108-3 號 5 樓
（同門市地址）
電　　話　(02) 8667-3712
傳　　真　(02) 8667-3709
服務專線　0800-056193
郵　　撥　0000165-1
信　　箱　ecptw@cptw.com.tw
網路書店　www.cptw.com.tw
臉　　書　facebook.com.tw/ecptw
印　　刷　鴻霖印刷傳媒股份有限公司
定　　價　新台幣 430 元
2022 年 12 月　初版 1 刷

臺灣商務印書館

局版北市業字第 993 號
法律顧問　何一芃律師事務所

國家圖書館出版品預行編目 (CIP) 資料

1905年・革命的浪潮與團結的夢想／小松久男編；蔡蕙光譯
——初版——新北市：臺灣商務印書館股份有限公司，2022.12
面；　公分（歷史的轉換期 10）
譯自：1905 年：革命のうねりと連帯の夢
ISBN　978-957-05-3458-0（平裝）
1. 文化史　2. 世界史

713　　111017099